Homer's Iliad 6 and 22

Greek Text with Facing Vocabulary and Commentary

Geoffrey Steadman

Homer's Iliad 6 and 22
Greek Text with Facing Vocabulary and Commentary

First Edition

© 2012 by Geoffrey D. Steadman

revised April 2013, June 2013, May 2014

The Greek text is the edition by T. W. Allen, first published by Oxford University Press in 1920.

ISBN-13: 978-0-9843065-9-6
ISBN-10: 0-9843065-9-5

Published by Geoffrey Steadman
Cover Design: David Steadman

Fonts: Times New Roman, Times-Roman, GFS Porson, New Athena Unicode

geoffreysteadman@gmail.com

Table of Contents

Text and Commentary

Greek-Only Text

Glossary

Preface to the Series

The aim of this commentary is to make all 1044 lines of Homer's *Iliad* Books 6 and 22 as accessible as possible to intermediate and advanced Greek readers so that they may experience the joy, insight, and lasting influence that comes from reading one of the greatest works in classical antiquity in the original Greek.

Each page of the commentary includes 10 lines of Greek verse (Allen's third edition, Oxford Classical Text) with all corresponding vocabulary and grammar notes below the Greek. The vocabulary contains all words occurring 9 or fewer times, arranged alphabetically in two columns. The grammatical notes are organized according to line numbers and likewise arranged in two columns. The advantage of this format is that it allows me to include as much information as possible on a single page and yet insure that entries are distinct and readily accessible to readers.

To complement the vocabulary within the commentary, I have added a list of words occurring 10 or more times at the beginning of this book and recommend that readers review this list before they read. Together, this book has been designed in such a way that, once readers have mastered the core list, they will be able to rely solely on the Greek text and commentary and not need to turn a page or consult dictionaries as they read. Those who wish to review common vocabulary more regularly may go to the website and consult a running list of all words that occur 5 or more times. Lastly, I have provided Greek-only pages of the text for teachers who want their students to review in a class setting without the assistance of notes.

The grammatical notes are designed to help beginning readers read the text, and so I have passed over detailed literary and philosophical explanations in favor of short, concise, and frequent entries that focus exclusively on grammar and morphology. The notes are intended to complement, not replace, an advanced level commentary. Assuming that readers finish elementary Greek with varying levels of ability, I draw attention to subjunctive and optative constructions, identify unusual aorist and perfect forms, and in general explain aspects of the Greek that they should have encountered in first year study but perhaps forgotten. As a rule, I prefer to offer too much assistance rather than too little.

Better Vocabulary-Building Strategies

One of the virtues of this commentary is that it eliminates time-consuming dictionary work. While there are many occasions where a dictionary is absolutely necessary for developing a nuanced reading of the Greek, in most instances any advantage that may come from looking up a word and exploring alternative meanings is outweighed by the time and effort spent in the process. Many continue to defend this practice, but I am convinced that such work has little pedagogical value for intermediate and advanced students and that the time saved by avoiding such drudgery can be better spent reading more Greek, reviewing morphology, memorizing vocabulary, mastering verb stems, and reading advanced-level commentaries and secondary literature.

As an alternative to dictionary work, this commentary offers two approaches to building knowledge of vocabulary. First, I isolate the most common words (10 or more times) for immediate drilling and memorization. These words are not included elsewhere in the commentary but have been gathered into a running list in the introduction to this book. Second, I have included a longer running vocabulary list of words occurring 5 or more times in the glossary of this volume. Readers who desire a quick review of core vocabulary before reading should consult and master the core list (10 or more times); while those who want a daily review of vocabulary may single out, drill and memorize the 5 or more list in the glossary. Altogether, I am confident that readers who follow this regimen will learn Homer's vocabulary more efficiently and develop fluency more quickly than with traditional methods.

Print on Demand Books

This volume is a self-published, print-on-demand (POD) book, and as such it gives its author distinct freedoms and limitations that are not found in traditional publications. After writing this commentary, I simply purchased an ISBN number (the owner is *de facto* the publisher) and submitted a digital copy for printing. The most significant limitation of a POD book is that it has not undergone extensive peer-review or general editing. This is a serious shortcoming that should make readers wary. Because there are so many vocabulary and commentary entries, there are sure to be typographical and factual errors that an extra pair of eyes would have spotted immediately. Until all of the mistakes have been identified and corrected, I hope the reader will excuse the occasional error.

The benefits of POD, however, outweigh the costs. This commentary and others in the series simply would not exist without POD. Since there is no traditional publisher acting as a middle man, there is no one to deny publication of this work because it may not be profitable *for the publisher*. In addition, since the production costs are so low, I am able to offer this text at a comparatively low price. Finally, since this book is no more than a .pdf file waiting to be printed, I am able to make corrections and place a revised edition of a POD book for sale as often as I wish. In this regard, we should liken PODs to software instead of typeset books. Although the first edition of a POD may not be as polished as a traditional book, I am able to respond very quickly to readers' recommendations and criticisms and create an emended POD that is far superior to previous editions. Consider, therefore, what you hold in your hand as an inexpensive beta version of the commentary. If you would like to recommend changes or download a free .pdf copy, please see one of the addresses below. All criticisms are welcome, and I would be grateful for your help.

Lastly, I would like to thank Grant Robinson from Cape Town, South Africa for recommending many changes both large and small in the latest revision. All readers will benefit from his assiduous attention to detail.

Geoffrey Steadman Ph.D.
geoffreysteadman@gmail.com
www.geoffreysteadman.com

How to Use this Commentary

Research shows that, as we learn how to read in a second language, a combination of reading and direct vocabulary instruction is statistically superior to reading alone. One of the purposes of this book is to encourage active acquisition of vocabulary.

1. Master the list of words occurring 5 or more times as soon as possible.

A. Develop a daily regimen for memorizing vocabulary before you begin reading. Review and memorize the words in the running list that occur 5 or more times (glossary, pp. 150-156) *before* you read the corresponding pages in Greek.

B. Download and use the digital flashcards (5 or more times) available online in ppt or jpg formats. Research has shown that you must review new words at least seven to nine times before you are able to commit them to long term memory, and flashcards are efficient at promoting repetition. Develop the habit of deleting flashcards that you have mastered and focus your efforts on the remaining words.

2. Read actively and make lots of educated guesses

One of the benefits of traditional dictionary work is that it gives readers an interval between the time they encounter a questionable word or form and the time they find the dictionary entry. That span of time often compels readers to make educated guesses and actively seek out understanding of the Greek.

Despite the benefits of corresponding vocabulary lists there is a risk that without that interval of time you will become complacent in your reading habits and treat the Greek as a puzzle to be decoded rather than a language to be learned. *Your challenge, therefore, is to develop the habit of making an educated guess under your breath each time before you consult the commentary.* If you guess correctly, the vocabulary and notes will reaffirm your understanding of the Greek. If you answer incorrectly, you will become more aware of your weaknesses and therefore more capable of correcting them.

3. Reread a passage immediately after you have completed it.

Repeated readings not only help you commit Greek to memory but also promote your ability to read the Greek as Greek. You learned to read in your first language through repeated readings of the same books. Greek is no different. The more comfortable you are with older passages the more easily you will read new ones.

4. Reread the most recent passage immediately before you begin a new one.

This additional repetition will strengthen your ability to recognize vocabulary, forms, and syntax quickly, bolster your confidence, and most importantly provide you with much-needed context as you begin the next selection in the text.

5. Consult an advanced-level commentary for a more nuanced interpretation

After your initial reading of a passage and as time permits, consult the highly readable notes in books by Graziosi and Haubold (Book 6, see Additional Resources) or by de Jong (Book 22) for a more detailed and learnéd discussion than this commentary can provide.

Outline of Books 6 and 22

Book 6

1-36 The battle continues.

37-65 **Agamemnon** convinces **Menelaus** not to spare Adrestes.

66-118 Helenus urges Hector to go to Troy to encourage the women to pray to Athena to stop Diomedes, the foremost Greek fighter.

119-143 **Diomedes** encounters the enemy **Glaucus** and asks about his lineage.

144-211 Glaucus explains his lineage and relates the story of Bellerophon.

212-236 Diomedes claims his ancestor was a guest-friend of Bellerophon. Diomedes exchanges armor with Glaucus as a gesture of guest-friendship and agrees to avoid Glaucus on the battlefield.

237-285 **Hector** comes to Troy, refuses his mother's gift of wine, and bids that she and the Trojan women pray to **Athena** to stop Diomedes.

286-311 **Hecuba** and the Trojans honor Athena with a robe. Athena refuses to help the Trojans.

312-368 Hector finds **Helen** and **Paris** in their bedchamber and refuses Helen's offer that he sit. He bids Paris to return with him, and Paris says that he will make preparations and catch up with Hector.

369-493 Hector looks for **Andromache** and finds her and his infant son **Astyanax** on the city walls overlooking the battle. Andromache offers their son as a reason to stay, but Hector refuses.

494-502 Hector departs as Andromache and the servants mourn for him as if he were dead.

503-529 As Hector leaves the city, Paris catches up with his brother, and the two leave for battle.

Book 22

1-24 **Apollo** distracts Achilles on the battlefield as the Trojans retreat.

25-89 **Priam** and **Hecuba** call Hector from the wall and plead with him to enter with the rest of the Trojans.

90-130 **Hector** deliberates whether to go within the walls or await Achilles.

131-166 Hector flees as Achilles chases him around the walls.

167-223 **Zeus** laments Hector's doom, weighs the fates of Achilles and Hector, and sends Athena, goddess of victory, to help Achilles.

224-272 In the form of **Deïphobus**, Hector's brother, **Athena** deceives Hector and agrees to help him fight Achilles.

273-336 Hector wishes to make a pact with Achilles, but Achilles refuses. During the battle, Hector notices that Deïphobus is missing and is mortally wounded by Achilles in the neck.

337-374 In a final speech, Hector asks for burial, but Achilles refuses. The Achaians marvel at Hector's corpse and defile the body with stab-wounds.

375-404 Achilles ties Hector behind a chariot and drags him around the walls.

405-436 **Priam** and **Hecuba** wail at the death and treatment of Hector.

437-515 **Andromache** emerges from her house to learn the fate of her husband.

Outline of the *Iliad* Books 1-24

Summary of Major Differences
between Homeric and Attic Greek

Read the following two pages thoroughly and return to them frequently as you read the text.

1. Verb Augments: The past augment ἐ- is frequently missing from verbs.

ἐκάθευδε → καθεῦδε (*was sleeping*)   ἔβη → βῆ (*set out*)   ἦγε → ἄγε (*led*)

2. Infinitives: Infinitives may end not only with -ειν but also with -έμεν or -έμεναι.

ἰέναι (*to go*) → ἰέναι, ἴμεν or ἴμεναι   εἶναι (*to be*) → εἶναι, ἔμεν or ἔμμεναι

3. Three different meanings for the pronoun ὁ, ἡ, τό:

The most common use is *demonstrative* which you may translate as personal: *he, she, it.*

A. Demonstrative: *this, that (he, she, it)*   frequently before μέν, δέ, and γε.
B. Relative: *who, which, that*   accented and often following commas
C. definite: *the* (weak *that*)   preceding a noun (not frequent in Homer)

	m. sg.	f. sg.	n. sg.	m. pl	f. pl.	n. pl.
Nom.	ὁ	ἡ	τό	οἱ, τοί	αἱ, ταί	τά
Gen.	τοῦ, τοῖο	τῆς	τοῦ, τοῖο	τῶν	τάων	τῶν
Dat.	τῷ	τῇ	τῷ	τοῖσι, τοῖς	τῇσι, τῆς	τοῖσι, τοῖς
Acc.	τόν	τήν	τόν	τούς	τάς	τά

N.B. Do not confuse the nom. pl. form with the far more frequently used form οἱ, a 3rd person dat. sg. pronoun: "to him," "to her," or "to it" (see below).

4. Personal pronouns

Homer often uses gen. οὗ, dat. οἱ, acc. ἕ (μιν) in place of 3rd sg. αὐτοῦ, αὐτῷ, αὐτόν.

	1st person sg.		**2nd person sg.**		**3rd person sg.**	
Nom.	ἐγώ	*I*	σύ, τύνη	*you*	——	
Gen.	ἐμέο, ἐμεῖο	*my*	σέο, σεῖο	*your*	εἷο, ἕο	*his, her, its*
	ἐμεῦ, μευ, ἐμέθεν		σεῦ, σευ, σέθεν		εὗ, ἕθεν	
Dat.	μοι	*to me*	σοί, τοι	*to you*	οἱ, ἑοῖ	*to him, her, it*
Acc.	μέ	*me*	σέ, σε	*you*	ἕ, μιν	*him, her, it*

	1st person pl.		**2nd person pl.**		**3rd person pl.**		
Nom.	ἡμεῖς, ἄμμες	*we*	ὑμεῖς, ὔμμες	*you*	——		*they*
Gen.	ἡμέων, ἡμείων	*our*	ὑμέων, ὑμείων	*your*	σφέων, σφείων		*their*
Dat.	ἡμῖν	*to us*	ὑμῖν	*to you*	σφίσι(ν), σφι(ν)		*to them*
Acc.	ἡμέας, ἄμμε	*us*	ὑμέας, ὔμμε	*you*	σφέας, σφας, σφε		*them*

Possessive Adjectives

1st	ἐμός, ή, όν	*my, mine*	ἡμέτερος, η, ον (ἁμός, ή, όν)	*our(s)*
2nd	σός, σή, σόν (τεός, τεή, τεόν)	*your(s)*	ὑμέτερος, η, ον (ὑμός, ή, όν)	*your(s)*
3rd	ἑός, ἑή, ἑόν (ὅς, ἥ, ὅν)	*his, her(s), its*	σφέτερος, η, ον (σφός, ή, όν)	*their(s)*

5. Prepositions: It is sometimes difficult to distinguish uses (A) and (B) below

    A. Some prepositions are adverbial in force, particularly at the beginning of clauses.

    ἐν δέ   *and therein, and in (it)*   παρὰ δέ   *and besides, and beside (her)*

    B. Tmesis ("Cutting"): The separation of a prefix from the verb by one or more words is common. The reader may translate the preposition as a prefix or as an adverb (A).

    ἐκ δὲ καὶ αὐτοὶ βῆμεν ἐπὶ ῥηγμῖνι θαλάσσης = ἐξέβημεν

6. Declension Endings: All endings are common. Without articles, context is the best guide.

1ˢᵗ declension feminine

Nom.	-η, -α, -ᾱ	-αι	
Gen.	-ης, -ᾱς	-ῶν, -άων, -έων	
Dat.	-ῃ, -ᾳ	-αις, -ῃσι, -ῃς	
Acc.	-ην, -αν, -ᾱν	-ᾱς	

1ˢᵗ declension masculine

Nom.	-ης, -α, -ᾱς	-αι	
Gen.	-ᾱο, -εω, -ω	-ῶν, -άων, -έων	
Dat.	-ῃ, -ᾳ	-ῃσι, -ῃς	
Acc.	-ην, -ᾱν	-ᾱς	

2ⁿᵈ declension masculine

Nom.	-ος, -ως, -ους	-οι
Gen.	-οιο, -ου, -ω, -οο	-ων
Dat.	-ῳ	-οισι(ν), -οις
Acc.	-ον, -ων	-ους, -ως

2ⁿᵈ declension neuter

Nom.	-ον	-α
Gen.	-οιο, -ου, -ω, -οο	-ων
Dat.	-ῳ	-οισι(ν), -οις
Acc.	-ον	-α

3ʳᵈ declension masc. and fem.

Nom.	-ς	-ες, -εις, -ους
Gen.	-ος, -ους, -ως	-ων
Dat.	-ι, -ῑ	-εσσι(ν), -σι(ν)
Acc.	-α, -ν, -η, -ω	-ας, -εις, -ς

3ʳᵈ declension neuter

Nom.	--	-α, -η, -ω
Gen.	-ος, -ους, -ως	-ων
Dat.	-ι, -ῑ	-εσσι(ν), -σι(ν)
Acc.	--	-α, -η

7. Common Irregular Verbs:

εἰμί **(to be)**

	present		**imperfect**		**participle**
1ˢᵗ	εἰμί	εἰμέν	ἦα (ἔα, ἔον)	ἦμεν	ἐών, ἐοῦσα, ἐόν
2ⁿᵈ	ἐσσί (εἶς)	ἐστέ	ἦσθα (ἔησθα)	ἦτε	
3ʳᵈ	ἐστί	εἰσί (ἔᾱσι)	ἦεν (ἤην, ἔην, ἦν)	ἦσαν (ἔσαν)	

	subjunctive		**optative**	
1ˢᵗ	ἔω	ἔωμεν	εἴην	εἶμεν
2ⁿᵈ	ἔῃς	ἔητε	εἴης (ἔοις)	εἶτε
3ʳᵈ	ἔῃ (ἔῃσι, ἦσι)	ἔωσι (ὦσι)	εἴη (ἔοι)	εἶεν

εἶμι **(to go)**

	present (fut. of ἔρχομαι)		**imperfect**		**participle**
1ˢᵗ	εἶμι	ἴμεν	ἤια (ἤιον)	ἤομεν	ἰών, ἰοῦσα, ἰόν
2ⁿᵈ	εἶς (εἶσθα)	ἴτε	ἤεις (ἤεισθα)	ἦτε	
3ʳᵈ	εἶσι	ἴᾱσι	ἤει (ἤιε, ἤε, ἴε)	ἤισαν (ἤσαν, ἤιον, ἴσαν)	

	subjunctive		**optative**	
1ˢᵗ	ἴω	ἴωμεν	ἴοιμι	ἴοιμεν
2ⁿᵈ	ἴῃς (ἴῃσθα)	ἴητε	ἴοις	ἴοιτε
3ʳᵈ	ἴῃ (ἴῃσι)	ἴωσι	ἴοι (ἰείη)	ἴοιεν

Scansion

♩ ♩ ♩ ♩ ♩ ♫ ♩ ♩ ♩ ♫ ♩ ♩

¯ ¯ / ¯ ¯ / ¯ ˘ ˘ / ¯ ¯ / ¯ ˘ ˘ / ¯ ¯

ἀλ-λή-λων ῑ-θῡ-νο-μέ-νων χαλ-κή-ρε-α δοῦ-ρα, — s-s-d-s-d-s, line 6.3

♩ ♫ ♩ ♫ ♩ ♫ ♩ ♩ ♩ ♫ ♩ ♩

¯ ˘ ˘ / ¯ ˘ ˘ / ¯ ˘ ˘ / ¯ ¯ / ¯ ˘ ˘ / ¯ ¯

ἄν-δρα βα-λὼν ὃς ἄ-ρισ-τος ἐ-νὶ Θρῄ-κεσ-σι τέ-τυκ-το — d-d-d-s-d-s, line 6.7

While the rhythms of English poetry are based on word-stress (stressed and unstressed syllables), Greek poetry relies on the length of syllables (long and short syllables). Long syllables are pronounced twice as long as short syllables, as demonstrated in the musical notation above. To mark the length of a syllable, we place the notation ¯ (here equal to ♩) above a long syllable and the notation ˘ ˘ (here equal to ♫) above the two short syllables.

I. Epic meter: Dactylic Hexameter

A. Dactyl = "finger"

♩ ♫

¯ ˘ ˘

B. Spondee = " (solemn) libation"

♩ ♩

¯ ¯

♩ = ♫

¯ = ˘ ˘

Every line of the *Iliad* includes six (*hex*) feet (*metra*) of **dactyls** and **spondees**. A **dactylic**, "fingerlike," foot is a combination of 3 syllables, long-short-short (¯ ˘ ˘), just like the long and short segments of a finger. A **spondaic** foot is a combination of 2 syllables, long-long (¯ ¯), which takes just as long to pronounce as a dactylic foot. Slight metrical stress (Lat. **ictus**) is placed on the first syllable of each foot.

An epic poet uses a combination of six dactyls and spondees in every line of verse. The combination can vary from line to line depending on the poet's needs. Note in line 6.3 above (book 6, line 3), the line has 2 dactyls and 4 spondees (s-s-d-s-d-s). In line 6.7, the poet uses 4 dactyls and 2 spondees (d-d-d-s-d-s). Although the second line contains more short syllables and appears visibly longer than the first line, the second takes just as long to pronounce as the first. Every line takes an equal amount of time to pronounce.

While the first four feet vary between dactyls and spondees, the last two feet are dactyl-spondee in over 95% of the verses. The final syllable, called the **anceps**, "two-headed," may be short or long but is considered as long for metrical purposes. You may mark a short syllable anceps with the letter "x" or with a long mark.

$$^{-}/\ ^{-}\ ^{\smallsmile}\ ^{\smallsmile}/\ ^{-}\ \ \text{X} \quad \text{or} \quad ^{-}/\ ^{-}\ ^{\smallsmile}\ ^{\smallsmile}/\ ^{-}\ ^{-}$$

... χαλ-κή-ρε-α δοῦ-ρα,   ... χαλ-κή-ρε-α δοῦ-ρα   6.3

II. Dividing up Syllables in a Greek Word

A Greek word has as many syllables as vowels. Diphthongs count as one vowel.

ἀλ-λή-λων ῑ-θῡ-νο-μέ-νων χαλ-κή-ρε-α δο͟ῦ-ρα,   6.3

When there are two or more consonants between vowels, the first is pronounced with the preceding syllable and the rest are pronounced with the following syllable:

ἀλ͟-λή-λων ῑ-θῡ-νο-μέ-νων χαλ͟-κή-ρε-α δοῦ-ρα,   6.3

When there is one consonant between vowels, that consonant is pronounced with the 2nd syllable. ζ (σδ), ξ (κσ), ψ (πσ) count as 2 consonants in different syllables.

ἀλ-λή-λ͟ων ῑ-θ͟ῡ-ν͟ο-μέ-ν͟ων χαλ-κή-ρ͟ε-α δοῦ-ρ͟α,   6.3

A consonant followed by a liquid λ, ρ is considered a single consonant unit in the second syllable and may count as one or two consonants in the rules below.

ἄν-δ͟ρα βα-λὼν ὃς ἄ-ρισ-τος ἐ-νὶ Θ͟ρή-κεσ-σι τέ-τυ-κτο   6.7

III. Determining the Length of a Syllable

A. A syllable is long ($^{-}$) by nature if it contains

    1. a long vowel (η, ω, ᾱ, ῑ, ῡ), * these are <u>unmarked</u> in the Greek text

    2. a diphthong (αι, ει, οι, αυ, ευ, ου)

B. A syllable is long ($^{-}$) by position if

    3. a vowel is followed by 2 consonants (not necessarily in the same word).

    4. the vowel is followed by double consonants ζ (σδ), ξ (κσ), ψ (πσ) or ῥ.

C. Any syllable that does not follow these rules is by default a short syllable ($^{\smallsmile}$).

    For convenience, I have put the number of the rule above the long syllables.

$$\overset{3}{-}\quad ^{\smallsmile}\ \overset{1}{^{\smallsmile}}/\ \overset{3}{-}\ ^{\smallsmile}\ ^{\smallsmile}/\ \overset{3}{-}\ \overset{1}{^{\smallsmile}}\ \overset{3}{-}/\ \overset{}{-}\ ^{\smallsmile}\ ^{\smallsmile}/\ \overset{2}{-}\ \overset{x}{-}$$

ἄν-δρα βα-λὼν ὃς ἄ-ρισ-τος ἐ-νὶ Θρή-κεσ-σι τέ-τυκ-το   d-d-d-s-d-s 6.7

Scansion Practice (Set 1)

For many, it is easier to recite hexameter aloud than to write out the long and shorts. There are variations to the rules, but before you learn them, use the rules on the facing page and pencil in the long (¯) and short (˘) notations above the lines below. Before you consult the answers on page xvi, perform the following check: (1) Are there six dactyls and spondees? (2) Are the final two a dactyl-spondee?

1. μεσ-ση-γὺς Σι-μό-εν-τος ἰ-δὲ Ξάν-θοι-ο ῥο-ᾱ-ων.   6.4

2. Αἴ-ας δὲ πρῶ-τος Τε-λα-μώ-νι-ος, ἔρ-κος Ἀ-χαι-ῶν,   6.5

3. Τρώ-ων ῥῆ-ξε φά-λαγ-γα, φό-ως δ᾽ ἑ-τά-ροι-σιν ἔ-θη-κεν   6.6

4. τόν ῥ᾽ ἔ-βα-λε πρῶ-τος κό-ρυ-θος φά-λον ἱπ-πο-δα-σεί-ης,   6.9

Scansion Practice with Variations (Set 2)

__Diaeresis__ ("Division"):

A vowel with a double dot over it indicates that it is pronounced separately from the vowel preceding it and is therefore not part of a diphthong. (e.g. ἐ-ϋ not ἐυ)

5. υἱ-ὸν Ἐ-ϋσ-σώ-ρου, Ἀ-κά-μαντ᾽ ἠ-ϋν τε μέ-γαν τε.   6.8

__Elision__ ("cutting out"):

When a short vowel (and at times final -αι) is followed with a word beginning with a vowel, the short vowel is elided, "cut out," from pronunciation. In our text the editor leaves out the vowel and includes an apostrophe: δὲ → δ᾽   ἄρα → ἄρ᾽

6. ἐν δὲ με-τώ-πῳ πῆ-ξε, πέ-ρη-σε δ᾽ ἄρ᾽ ὀσ-τέ-ον εἴ-σω   6.10

__Correption__ ("taking away"):

Although diphthongs are considered long by nature, -οι and -αι at the end of a word (e.g. σοι, και and seldom long vowels) are often considered short when followed by a word that begins with a vowel. Scan the underlined diphthongs as short syllables.

7. Τρώ-ων δ᾽ οἰ-ώ-θη καὶ Ἀ-χαι-ῶν φῡ-λο-πις αἰ-νή·   6.1

8. πολ-λὰ δ᾽ ἄρ᾽ ἔν-θα καὶ ἔν-θ᾽ ῑ-θῡ-σε μά-χη πε-δί-οι-ο   6.2

								Answer Key

1. μεσ-ση-γὺς Σι-μό-εν-τος ἰ-δὲ Ζάν-θοι-ο ῥο-ᾱ-ων. 6.4

2. Αἴ-ας δὲ πρῶ-τος Τε-λα-μώ-νι-ος, ἕρ-κος Ἀ-χαι-ῶν, 6.5

3. Τρώ-ων ῥῆ-ξε φά-λαγ-γα, φό-ως δ' ἐ-τά-ροι-σιν ἔ-θη-κεν 6.6

4. τόν ῥ' ἔ-βα-λε πρῶ-τος κό-ρυ-θος φά-λον ἱπ-πο-δα-σεί-ης, 6.9

5. υἱ-ὸν Ἐ-ῠσ-σώ-ρου, Ἀ-κά-μαντ' ἠ-ῠν τε μέ-γαν τε. 6.8

6. ἐν δὲ με-τώ-πῳ πῆ-ξε, πέ-ρη-σε δ' ἄρ' ὀσ-τέ-ον εἴ-σω 6.10

7. Τρώ-ων δ' οἰ-ώ-θη καὶ Ἀ-χαι-ῶν φῡ-λο-πις αἰ-νή· 6.1

8. πολ-λὰ δ' ἄρ' ἔν-θα καὶ ἔν-θ' ῑ-θῡ-σε μά-χη πε-δί-οι-ο 6.2

Other Variations Worthy of Note

Digamma (ϝ):

The consonant digamma (pronounced "w") dropped out of Greek, but it still affects the pronunciation and scansion of many words in hexameter. As an extra consonant, a missing digamma can change the length of preceding syllables from short to long.

(ϝ)οἶκος	(ϝ)οἶνος	(ϝ)ἔργον	(ϝ)ἰδεῖν	(ϝ)οἱ
house	*wine*	*deed*	*to see*	*to her*

Synizesis ("setting together"):

At times, a group of vowels (not a diphthong) at the end of a word are run together and pronounced as a long vowel. This is common in combinations such as εο, εω, and εα in words like θεοί, gen. sg. Ἀτρείδεω and the pronouns ἡμέας and σφέας.

θεοί	Ἀτρείδεω	ἡμέας

V. Pauses: Caesura and Diaeresis

In addition to the pause at the end of each line, there are natural pauses between words within the verse which effect the rhythm of the hexameter, and it is worthwhile for you to recognize the conventions that Homer employed regarding these pauses.

A **caesura** (Lat. "cut") is the audible pause that occurs when a word ends *within* a dactylic or spondaic foot.

A **diaeresis** (Grk. "division") is the audible pause that occurs when a word ends at the end of a foot.

In general, the pause after each word in a verse is either a caesura or a diaeresis, and each hexameter line contains multiple examples of caesura and diaeresis. But, when you are asked in a classroom setting to identify the caesurae in a line, you are *actually* being asked to identify the principal or main caesurae in a line.

The **principal (or main) caesura** is a caesura that coincides with a major pause in the sense or thought within the line (often the equivalent of a comma or period in prose). Every line contains at least one principal caesura, and Homer frequently places main caesurae in one of four places:

(A) *penthemimeres* (5th half-foot): in 3rd foot after the first long ¯ || ˘ ˘
(B) in the 3rd foot after the first short syllable ¯ ˘ || ˘
(C) *hepthemimeres* (7th half-foot): in 4th foot after the first long ¯ || ˘ ˘
(D) *trihemimeres* (3rd half-foot): in the 2nd foot (less frequent) ¯ || ˘ ˘

Scansion Practice (Set 3)

Scan. Then label the || as a diaeresis or as a caesura type A, B, C or D above.

||
9. ὣς φάτο, τῷ δ' ἄρα θῡμὸν ἐνὶ στήθεσσιν ἔπειθε· 6.51

||
10. καὶ δή μιν τάχ' ἔμελλε θοᾱς ἐπὶ νῆας Ἀχαιῶν 6.52

||
11. δώσειν ᾧ θεράποντι καταξέμεν· ἀλλ' Ἀγαμέμνων 6.53

|| ˘ ηῠ=diphthong
12. ἀντίος ἦλθε θέων, καὶ ὁμοκλήσας ἔπος ηὔδᾱ· 6.54

|| ||
13. 'ὦ πέπον, ὦ Μενέλᾱε, τί ἦ δὲ σὺ κήδεαι οὕτως 6.55

|| ˘ correption
14. ἀνδρῶν; ἦ σοὶ ἄριστα πεποίηται κατὰ οἶκον 6.56

|| ˘ correption
15. πρὸς Τρώων; τῶν μή τις ὑπεκφύγοι αἰπὺν ὄλεθρον 6.57

Answer Key for Scansion Practice (Set 3)

1   Dia 1   1   3   1   3   2   X
—   ˘   ˘ / ‖   —   ˘   ˘ / —   ˘   ˘ / —   — / —   ˘   ˘ / —   —

9. ὡς φάτο, τῷ δ᾽ ἄρα θῡμὸν ἐνὶ στήθεσσιν ἔπειθε·   6.51

2   1   3   3   B   1   1   2   1
—   — / —   ˘   ˘ / —   ˘ ‖ ˘ / —   ˘   ˘ / —   ˘   ˘ / —   —

10. καὶ δή μιν τάχ᾽ ἔμελλε θοᾱς ἐπὶ νῆας Ἀχαιῶν   6.52

1   2   1   3   3   Dia 3   3   1
—   — / —   ˘   ˘ / —   ˘   ˘ / —   ˘   ˘ /‖ —   ˘   ˘ / —   —

11. δώσειν ᾧ θεράποντι καταξέμεν· ἀλλ᾽ Ἀγαμέμνων   6.53

3   1   1 A   3   1   3   2   1
—   ˘   ˘ / —   ˘   ˘ / — ‖   ˘   ˘ / —   — / —   ˘   ˘ / —   —

12. ἀντίος ἦλθε θέων, καὶ ὁμοκλήσας ἔπος ηὔδᾱ·   6.54

1   Dia 1   1   1   1   2   1
—   ˘   ˘ / ‖ —   ˘   ˘ / —   ˘   ˘ / —   ˘   ˘ / —   ˘   ˘ / —   —

13. ὦ πέπον, ὦ Μενέλᾱε, τί ἢ δὲ σὺ κήδεαι οὕτως   6.55

3   1 Dia 1   3   2   1   2   2   X
—   — / ‖ —   ˘   ˘ / —   ˘   ˘ / —   — / —   ˘   ˘ / —   —

14. ἀνδρῶν; ἦ σοὶ ἄριστα πεποίηται κατὰ οἶκον   6.56

3   1   1 D   1   1   3   2   3   X
—   — / — ‖ — / —   ˘   ˘ / —   ˘   ˘ / —   ˘   ˘ / —   —

15. πρὸς Τρώων; τῶν μή τις ὑπεκφύγοι αἰπὺν ὄλεθρον   6.57

VI. Oral Recitation

Finally, it is common when first reading hexameter to give stilted, mechanical recitations that place excessive word stress (**ictus**) on the first long syllable of each of the six feet in each verse at the expense of the natural accentuation. This tendency is both useful and perhaps necessary when you first learn to recite in meter. Both online and in classroom settings, teachers sometimes encourage this habit because they recognize that new readers are accustomed to hearing word stress and that stilted recitations will help students recognize the individual feet within the verse. Many readers choose never to pass beyond this stage. Over time, however, you should focus on natural accentuation and try to develop an ear for the rhythmic long and short syllables of each line.

Do not be intimidated by the rules or the terminology. Since the text does not include macrons over long vowels or indicate missing digammas, you are sure to make the occasional mistake. But in the end you must remember the first and most important rule when singing a song over 2700 years old: enjoy it.

Homer's *Iliad* 6 and 22
Core Vocabulary (10 or more times)

The following is a running list of all words that occur ten or more times in *Iliad* 6 and 22. These words are not included in the commentary and therefore must be reviewed as soon as possible. The number of occurrences, indicated at the end of the dictionary entry, were tabulated by the author. The only exceptions are the demonstrative ὁ, ἡ, τό and relative ὅς, ἥ, ὅ, which were too numerous for the author to distinguish adequately. The left column indicates the number of the page where the word first occurs.

1 ἀλλήλων, -λοις, -λους: one another, 11
1 ἀνήρ, ἀνδρός, ὁ: a man, 39
1 ἄρα: then, therefore, it seems, it turns out, 68
1 Ἀχαιός, ὁ: Achaian, 30
1 δέ: but, and, on the other hand, 405
1 δόρυ, δουρός, τό: spear, tree, stem, 10
1 ἐν: in, on, among. (+ dat.), 79
1 ἔνθα: there, thither; then, at that time, 17
1 καί: and; even, also, 198
1 μέγας, μεγάλη, μέγα: big, great, important, 35
1 ὁ, ἡ, τό: this, that; he, she, it, 850?
1 ὅς, ἥ, ὅ: who, which, that, 205?
1 πεδίον, τό: a plain, 11
1 πολύς, πολλά, πολύ: much, many, 35
1 πρῶτος, -η, -ον: first, earliest; foremost, 11
1 τε: and, both, 145
1 τίθημι: to make; set, put, place, arrange, 16
1 Τρώς, Τρωός, ὁ: Trojan, 46
1 υἱός, -οῦ, ὁ: a son, 24

2 ἀλλά: but, yet, 68
2 αὐτός, -ή, -ό: -self; he, she, it; the same, 41
2 βοή, ἡ: shout, 34
2 γάρ: for, since, 47
2 γε: at least, at any rate; indeed, 46
2 εἰμί: to be, exist, 88
2 θυμός, ὁ: heart, soul, mind, spirit, 33
2 οὐ, οὐκ, οὐχ: not, 56
2 πᾶς, πᾶσα, πᾶν: every, all, the whole, 31
2 τίς, τί: who? which?; τις, τι, anyone, -thing, 55
2 φίλος, -η, -ον: dear, friendly; friend, 31

3 ἀπό: from, away from. (+ gen.), 18
3 βαίνω: to walk, step, go, 17
3 ἕ: him, her, it (acc. reflex; gen. οὗ, dat. οἷ) 10
3 ἐπί: to, toward (acc.), near, at (dat., gen.), 42
3 μέν: on the one hand, 58
3 μένος, τό: might, force, prowess, 15
3 μετά: with (+ gen.); after (+ acc.), 11
3 μήτηρ, ἡ: a mother, 19
3 παῖς, παιδός, ὁ, ἡ: child, boy, girl; slave, 26
3 ποτέ: ever, at some time, once, 12

3   τεῦχος, -εος, τό: armor, arms; tool, 11
3   τίκτω: beget, conceive, bear, bring forth, 16

4   αἱρέω: to seize, take; *mid.* choose (aor. ἑλ) 12
4   δῖος, -α, -ον: god-like, divine, wondrous, 24
4   ἔγχος, -εός, τό: spear, lance, 17
4   ἔπειτα: then, next, secondly, 14
4   παρά: from, at, to the side of, 12
4   φεύγω: to flee, escape; defend in court, 11

5   ἄλλος, -η, -ο: other, one...another, 29
5   γόνυ, γουνός, τό: the knee, 14
5   ἐκ: out of, from (+ gen.), 32
5   ἔχω: to have, hold; be able; be disposed, 20
5   ἵστημι: to make stand, stand, 21
5   κε, κεν: modal adv., (Att. ἄν) 54
5   ναῦς, ἡ: ship, 15
5   πατήρ, ὁ: a father, 25
5   πέρ: very, even, indeed, just, 19
5   πόλις, ἡ: a city, 19
5   πρός: to, towards (+ acc.), near (+ dat.), 16
5   σύ: you, 38

6   δή: indeed, surely, really, certainly, just, 35
6   δίδωμι: to give, offer, grant, provide, 17
6   ἐγώ: I, 99
6   ἔπος, -εος, τό: a word, 12
6   ἔρχομαι: to come, go, 23
6   ἦ: in truth, truly (begins open question) 83?
6   ἤ: or (either...or); than, 19
6   Ἴλιος, ἡ: Ilium, Troy, 14
6   κατά: down (acc., gen.); throughout, over (acc) 33
6   μή: not, lest, 29
6   μιν: him, her, it, 36
6   πείθω: to persuade, win over; *mid.* obey, 16
6   φέρω: to bring, carry, bear, 10
6   φημί: to say, claim, assert; think, 27
6   χείρ, χειρός, ἡ: hand, 24
6   ὦ: O! oh! (article introducing vocative) 10

7   εἶπον: *aor.*, said, spoke, 20
7   κτείνω: to kill, slay, 12
7   νῦν: now; as it is, 40
7   φρήν, φρενός, ἡ: mind, wits, understanding, 11
7   ὡς: as, thus, so, that; when, since, 85

8   αὖτε: again, this time, in turn, 16
8   δαμάζω: to overcome, subdue, tame, 12
8   εἰ: if, whether, 27
8   Ἕκτωρ, -ορος, ὁ: Hector, 76
8   ἐπεί: when, after, since, because, 34
8   θνήσκω: to die, be dying, perish, 12
8   λαός, ὁ: people, 14
8   μάχομαι: to fight, contend, 13

8 πύλαι, αἱ: gates, 13
8 ὑπό: because of, from (gen.), under (dat.), 17

9 Ἀθήνη (Ἀθηναίη) ἡ: Athena, 24
9 αὐτάρ, ἀτάρ: but, yet, 23
9 γίγνομαι: to become, come to be, be born, 15
9 γυνή, γυναικός, ἡ: a woman, wife, 13
9 δόμος, ὁ: house, abode, 10
9 ἐμός, -ή, -όν: my, mine, 19
9 ἠδέ: and, 16
9 μάλα: very, very much, exceedingly, 17
9 μένω: to stay, wait for, await, 14
9 σός, -ή, -όν: your, yours, 12

10 αἴ: if, whether, 11
10 ἄλοχος, ἡ: wife, spouse, 17
10 ἄστυ, τὸ: a city, town, 19
10 Ἀχιλλεύς, ὁ: Achilles, 32
10 μέγαρον, τό: hall, chief-room, large room, 13
10 οὐδέ: and not, but not, nor, not even, 45

12 ἀμφί: on both sides, round, 14
12 ἄν: modal adv., (else κε) 14
12 κορυθ-αίολος, -η, -ο: with glancing helm, 12
12 ὄφρα: until, while; in order that, so that, 18

13 εἰς: into, to, in regard to (+ acc.), 22
13 ἑός, -ή, -όν (ὅς, ἥ, ὅν): his, her, its own 13
13 θεός, ὁ, ἡ: god, goddess, 39
13 ὅτε: when, at some time, 20
13 προσ-εῖπον: spoke to, addressed, 10

14 ἔτι: still, besides, further, 18
15 ἐθέλω: to be willing, wish, desire, 10
15 οἶδα: to know, 10
15 οὗτος, αὕτη, τοῦτο: this, these, 13
15 προσ-αυδάω: to speak, address, accost, 11
16 Ζεύς, ὁ: Zeus, 17
16 κακός, -ή, -όν: bad, base, ignoble, 16
18 εἶδον: saw; *pass.* appear (aor. ὁράω) 20
20 καλός, -ή, -όν: beautiful, fair, noble, fine, 14
21 πόλεμος, ὁ: battle, fight, war, 10
22 ἦμαρ, -ατος, τό: day, 11
23 ὅδε, ἥδε, τόδε: this, this here, 17
23 πούς, ποδός, ὁ: a foot (dat. pl. ποσίν) 15
25 Πρίαμος, ὁ: Priam, 18
26 περί: around, about, concerning (gen, dat, acc), 15
29 Ἀΐδης, Ἀΐδος/Ἀΐδαο ὁ: Hades, 12
29 ἀμφί-πολος, ἡ: handmaid, attendant, 12
30 ἄγω: to lead, bring, carry, convey, 18
33 τεῖχος, -εος, τό: a wall, 16
35 κύων, κυνός, ὁ: a dog, 15
36 οὔ-τε: and not, neither...nor, 12
56 τοι: to you (σοι); you know, to be sure, 29

Abbreviations

abs.	absolute	imp.	imperative	pf.	perfect
acc.	accusative	impf.	imperfect	pl.	plural
act.	active	imper.	impersonal	plpf.	pluperfect
adj.	adjective	indic.	indicative	pred.	predicate
adv.	adverb	i.o.	indirect object	prep.	preposition
aor.	aorist	inf.	infinitive	pres.	present
app.	appositive	inter.	interrogative	pron.	pronoun
comp.	comparative	m.	masculine	reflex.	reflexive
dat.	dative	n.	neuter	rel.	relative
dep.	deponent	nom.	nominative	seq.	sequence
d.o.	direct object	obj.	object	sg.	singular
f.	feminine	opt.	optative	subj.	subject
fut.	future	pple.	participle	superl.	superlative
gen.	genitive	pass.	passive	voc.	vocative

Additional Resources: Lexica and Commentaries

Homeric Dictionary for Schools and Colleges (1904) by Georg Autenrieth is an excellent lexicon devoted to Homer. Translated from the original German, this work is available in paperback, PDF (Google Books), and html formats (perseus.tufts.edu).

Lexicon of the Homeric Dialect (1924) by Richard J. Cunliffe is a well-crafted dictionary devoted to the vocabulary in the *Odyssey*, *Iliad*, and Homeric Hymns. Each dictionary entry displays book and line references to other occurrences of that word in the Homeric corpus.

A Grammar of the Homeric Dialect (1891) by D. B. Monro is an excellent grammar specific to Homer and is available for free in .pdf form on Google books.

Selections from Homer's Iliad (1903) by Allen R. Benner has been a standard textbook for students of Homer for over 100 years. Among other readings, the book includes the Greek for 6.237-529 and 22.1-515 with notes and vocabulary at the end of the volume. The book includes a short but useful 50-page Homeric Grammar and is available in Google Books.

Homer: Iliad VI (2010) by B. Graziosi and J. Haubold is a highly recommended commentary in the Cambridge Greek and Latin Series (Yellow and Green volumes). The book includes a 55-page introduction for non-experts on Homeric verse, the structure of Book 6, and its main episodes and a 22-page extensive bibliography. The commentary itself includes the Greek text and 159 pages of notes.

Homer: Iliad XXII (2012) by Irene J. F. de Jong is in the same Cambridge series as the Graziosi and Haubold commentary and is likewise highly recommended.The book includes a 41-page introduction and a 12-page selected bibliography. In addition to the Greek text, there are 150 pages of notes.

The Homeric culture, in other words, is a 'shame culture.' The heroes do not distinguish personal morality from conformity; in a world where 'what people will say' is the most reliable guide to right and wrong, the two are practically identical.

- James Redfield, *Nature and Culture in the Iliad*

To make the ancients speak, we must feed them with our own blood.

- von Wilamowitz-Moellendorff

Homer's *Iliad*
Book 6

ILIAD 6.1-10

Τρώων δ' οἰώθη καὶ Ἀχαιῶν φύλοπις αἰνή· 1

πολλὰ δ' ἄρ' ἔνθα καὶ ἔνθ' ἴθυσε μάχη πεδίοιο 2

ἀλλήλων ἰθυνομένων χαλκήρεα δοῦρα, 3

μεσσηγὺς Σιμόεντος ἰδὲ Ξάνθοιο ῥοάων. 4

Αἴας δὲ πρῶτος Τελαμώνιος, ἕρκος Ἀχαιῶν, 5

Τρώων ῥῆξε φάλαγγα, φόως δ' ἑτάροισιν ἔθηκεν, 6

ἄνδρα βαλὼν ὃς ἄριστος ἐνὶ Θρήκεσσι τέτυκτο, 7

υἱὸν Ἐϋσσώρου, Ἀκάμαντ' ἠΰν τε μέγαν τε. 8

τόν ῥ' ἔβαλε πρῶτος κόρυθος φάλον ἱπποδασείης, 9

ἐν δὲ μετώπῳ πῆξε, πέρησε δ' ἄρ' ὀστέον εἴσω 10

Αἴας, -αντος, ὁ: Ajax, 2
αἰνός, -ή, -όν: terrible, dire, dread, grim, 8
Ἀκάμας, -αντος, ὁ: Acamas, 1
ἄριστος, -η, -ον: best, most excellent, 9
βάλλω: to throw, shoot, hit, strike, 8
εἴσω: inside, within; into, to within, 4
ἕρκος, τό: fence, wall, 1
ἑταῖρος, ὁ (ἕταρος): comrade, companion, 5
Ἐϋσσῶρος, ὁ: Eüssorus, 1
ἠΰς, ἠΰ (ἐΰς, ἐΰ): noble, good, 1
Θρῇξ, Θρῇκός, ὁ: Thracian, 1
ἰδέ: and, 3
ἰθύνω: to guide or drive straight, direct, 1
ἰθύω: to go straight, press on, 1
ἱππο-δάσεια, ἡ: bushy with horse-hair, 1
κόρυς, κόρυθος ἡ: helmet, 5
μάχη, ἡ: battle, fight, combat, 6

μεσσηγύς: in the middle, between (gen), 1
μέτ-ωπον, τό: forehead, between the eyes, 1
Ξανθός, ὁ: Xanthus river, 2
οἰόομαι: to be left behind, be abandoned, 1
ὀστέον, τό: bone, 1
περάω: to cross, traverse, pass through, 1
πήγνυμι: to stick, fix, 4
ῥήγνυμι: to break, burst, rend, 1
ῥοή, ἡ: river, stream, flow, 1
Σιμόεις, -όεντος, ὁ: Simois river, 1
Τελαμώνιος, ὁ: son of Telamon, 1
τεύχω: to make, build, construct, prepare, 7
φάλαγξ, φάλαγγος: phalanx, line of battle 2
φάλος, ὁ: ridge of the helmet (for a plume) 1
φόως, τό: light, daylight (φῶς) 1
φύλοπις, -ιδος, τό: battle-cry, din of battle, 2
χαλκήρης, -ες: fitted with bronze, 1

1 δ': δέ; elision, see box below
οἰώθη: *was abandoned*; i.e. by the gods;
3rd sg. aor. dep. οἰόομαι
2 πολλὰ: *many times, often*; adverbial acc.
ἔνθα καὶ ἔνθα: *here and there*
πεδίοιο: *on the plain*; gen. place within
3 ἀλλήλων ἰθυνόμενων...δοῦρα: *each
side driving straight*...; gen. absolute
5 ἕρκος Ἀχαιῶν: in apposition to Αἴας
ῥῆξε: aor. ῥήγνυμι (stem ῥηγ)
6 φόως: acc.; i.e. a hole in the phalanx line

ἔθηκε: *made*; aor. τίθημι
7 βαλὼν: nom. sg. aor. pple βάλλω
ὅς: *who...*; the antecedent is ἄνδρα
ἐνὶ: *among*; ἐν, usual alternative spelling
τέτυκτο: 3rd sg. plpf. τεύχω; this verb
governs a nom. predicate ἄριστος
8 υἱὸν...: in apposition to ἄνδρα
τε...τε: *both...and*
9 τὸν: *him*; this demonstrative, 'this one,' is
very often translated as a personal pronoun
10 πῆξε: aor. πήγνυμι (stem ῥηγ); add obj.

Elision: Final short vowels are often dropped before a word beginning with a vowel and
marked with an apostrophe: δὲ ἄρα ἔνθα καὶ ἔνθα ἴθυσε → δ' ἄρ' ἔνθα καὶ ἔνθ' (6.2).
Nota Bene: ἄρα is ἄρ' before a consonant; ῥά often after a monosyllable, and ῥ' with elision.

αἰχμὴ χαλκείη· τὸν δὲ σκότος ὄσσε κάλυψεν.   11

Ἄξυλον δ' ἄρ' ἔπεφνε βοὴν ἀγαθὸς Διομήδης   12

Τευθρανίδην, ὃς ἔναιεν ἐϋκτιμένῃ ἐν Ἀρίσβῃ   13

ἀφνειὸς βιότοιο, φίλος δ' ἦν ἀνθρώποισι·   14

πάντας γὰρ φιλέεσκεν ὁδῷ ἔπι οἰκία ναίων.   15

ἀλλά οἱ οὔ τις τῶν γε τότ' ἤρκεσε λυγρὸν ὄλεθρον   16

πρόσθεν ὑπαντιάσας, ἀλλ' ἄμφω θυμὸν ἀπηύρα,   17

αὐτὸν καὶ θεράποντα Καλήσιον, ὅς ῥα τόθ' ἵππων   18

ἔσκεν ὑφηνίοχος· τὼ δ' ἄμφω γαῖαν ἐδύτην.   19

Δρῆσον δ' Εὐρύαλος καὶ Ὀφέλτιον ἐξενάριξε·   20

ἀγαθός, -ή, -όν: good, brave, noble, 6
αἰχμή, ἡ: spearpoint, 3
ἄμφω: both (dual), 2
ἄνθρωπος, ὁ: human being, 6
Ἄξυλος, ὁ: Axylus, 1
ἀπ-αυράω: rob (acc) from (acc), deprive of 2
Ἀρίσβη, ἡ: Arisbe, 1
ἀρκέω: to ward off, keep away, 1
ἀφνειός, -όν: wealthy, rich in (gen.), 2
βίοτος, ὁ: life, livelihood, goods; property, 1
γαῖα, ἡ: earth, ground, land, country, 8
Διομήδης, -εος, ὁ: Diomedes, 5
Δρῆσος, ὁ: Dresus, 1
δύω: come, go; go into, put on (garments) 9
ἐξ-εν-αρίζω: to strip from armor, 6
ἐϋ-κτίμενος -η -ον: well-built, -constructed 2
Εὐρύαλος, ὁ: Euryalus, 1
θείνω: to slay; strike, wound (aor. ἔπεφνα) 5
θεράπων, -οντος ὁ: attendant, assistant, 3

ἵππος, ὁ: horse, 8
Καλήσιος, ὁ: Calesius, 1
καλύπτω: to conceal, cover, 5
λυγρός, -ή, -όν: mournful, baneful, ruinous, 3
ναίω: to inhabit, dwell, live, abide, 5
ὁδός, ἡ: road, way, path, journey, 3
οἰκία, τὰ: a house, home, dwelling, 1
ὄλεθρος, ὁ: ruin, destruction, death, 4
ὄσσε: (two) eyes (neuter dual), 1
Ὀφέλτιος, ὁ: Opheltius, 1
πρόσ-θεν: before, in front, 5
σκότος, ὁ: darkness, gloom, 1
Τευθρανίδης, ὁ: son of Teuthras, 1
τότε: at that time, then, τοτέ, at some time, 8
ὑπ-αντιάω: to encounter, come to meet, 1
ὑφηνίοχος, ὁ: charioteer, 1
φιλέω: to love, befriend, 3
χάλκειος, -εα, -εον: bronze, brazen, copper, 4

11 τὸν: this one, him; again, a demonstrative which is translated as a personal pronoun
ἔπεφνε: 3ʳᵈ sg. aorist, θεινω
12 βοὴν: in/at the battle cry; acc. of respect is common after an adj., here ἀγαθὸς
13 ὅς: who…; relative clause
14 ἦν: 3ʳᵈ sg. impf. εἰμί
15 φιλέεσκεν: used to befriend, entertain; -σκ indicates iterative impf., see also line 19
ὁδῷ ἔπι: on the roadway; anastrophe
16 οἱ: him; dat. obj. of ὑπαντιάσας

τις τῶν γε: any of those; see page 8, partitive gen., refers to πάντας
17 ὑπαντιάσας: nom. sg. aor. pple
ἄμφω θυμὸν: double acc. object
ἀπηύρα: ἀπ-ηύραε, 3ʳᵈ sg. impf.
18 αὐτὸν: him and…; in apposition to ἄμφω
τόθ': τότε, elision before aspirated vowel
19 ἔσκεν: was; iterative impf. of εἰμί, cf. l. 15
τὼ: these; dual nom. pl., as ἄμφω; p. 3
ἐδύτην: went beneath; 3ʳᵈ dual aor. δύω, 'entered,' i.e. to the underworld, p. 24

Note: οἱ is rarely a nom. pl. article 'the,' instead, it is most often 3rd pers. dat sg.: to him/her.

βῆ δὲ μετ' Αἴσηπον καὶ Πήδασον, οὕς ποτε νύμφη   21
νηῒς Ἀβαρβαρέη τέκ' ἀμύμονι Βουκολίωνι.   22
Βουκολίων δ' ἦν υἱὸς ἀγαυοῦ Λαομέδοντος   23
πρεσβύτατος γενεῇ, σκότιον δέ ἑ γείνατο μήτηρ·   24
ποιμαίνων δ' ἐπ' ὄεσσι μίγη φιλότητι καὶ εὐνῇ,   25
ἣ δ' ὑποκυσαμένη διδυμάονε γείνατο παῖδε.   26
καὶ μὲν τῶν ὑπέλυσε μένος καὶ φαίδιμα γυῖα   27
Μηκιστηϊάδης καὶ ἀπ' ὤμων τεύχε' ἐσύλα.   28
    Ἀστύαλον δ' ἄρ' ἔπεφνε μενεπτόλεμος Πολυποίτης· 29
Πιδύτην δ' Ὀδυσεὺς Περκώσιον ἐξενάριξεν   30

Ἀβαρβαρέη, ἡ: Abarbarea, 1
ἀγαυός, -ή, -όν: noble, illustrious, 1
Αἴσηπος, ὁ: Aesepus, 1
ἀμύμων, -ονος: blameless, noble, 9
Ἀστύαλος, ὁ: Astyalus, 1
Βουκολίων, -ονος, ὁ: Bucolion, 2
γείνομαι: γίγνομαι, give birth, 3
γενεή, ἡ: race, family, lineage, 6
γυῖα, τά: joint, limbs, 2
διδυμάων, -ονος, ὁ, ἡ: twin, two, double, 1
ἐξ-εν-αρίζω: to strip from armor, 6
εὐνή, ἡ: bed, marriage-bed, 3
θείνω: to slay; strike, wound (aor. ἔπεφνα) 5
Λαομέδων, -ονος, ὁ: Laomedon, 1
μενε-πτόλεμος, -ον: steadfast in battle, 1
Μηκιστηϊάδης, ὁ: son of Mecisteus, 1
μίγνυμι: to mix, mingle, have intercourse, 3

νηῒς, ἡ: nymph of a river or spring, 1
νύμφη, ἡ: nymph, young wife, bride, 2
Ὀδυσσεὺς, ὁ: Odysseus, 1
ὄις, ὄιος, ὁ, ἡ: sheep, ram, 3
Περκώσιος, ὁ: Percote, 1
Πήδασος, ὁ: Pedasus, 2
Πιδύτης, ὁ: Pidytes, 1
ποιμαίνω: to tend, tend sheep, 1
Πολυποίτης, ὁ: Polypoetes, 1
πρέσβυς: old, elder, 1
σκότιος, -ον: in the dark, in secret; dark, 1
συλάω: to strip off, 4
ὑπο-κύομαι: to become pregnant, conceive, 1
ὑπο-λύω: to loose from under, undo, 1
φαίδιμος -η -ον: glistening, shining, bright 7
φιλότης, -ητος, ὁ: friendship, love, kinship 3
ὦμος, ὁ: shoulder, 7

21 βῆ: ἔβη, 3ʳᵈ sg. aor. βαίνω, no augment
   μετ': after…; μετὰ, i.e. in pursuit
   οὕς: acc. pl. relative pronoun
22 τέκ': τέκε, 3ʳᵈ sg. aor. τίκτω, no augment
   βουκολίωνι: to…; dat. of interest
24 πρεσβύτατος: superlative
   γενεῇ: in…; dat. of respect, γενεή
   ἑ: him; 3ʳᵈ sg. pronoun, acc. obj.
25 ἐπ' ὄεσσι: over the sheep; dat. pl.

μίγη: he mingled; 3ʳᵈ sg. aor. pass. dep.
   μίγνυμι, i.e. had sexual intercourse
   φιλότητι…εὐνῇ: in… in…; dat. of respect
26 ἣ δ': and she…; "this one"
   διδυμάονε…παῖδε: dual acc., see below
27 τῶν: of these; demonstrative, i.e. twins
   μένος…γυῖα: neuter acc.
28 τεύχε': τεύχεα; acc. pl. τὸ τεῦχος
29 ἔπεφνε: 3ʳᵈ sg. aorist, θεινω

Dual Noun Forms: There are at least 25 separate instances of dual forms in Books 6 and 22.

	demonstrative	1ˢᵗ decl.	2ⁿᵈ decl.	3ʳᵈ decl.	
Nom./Acc.	τὼ²⁶ these two		ἄμφω¹⁹ both	παῖδε²⁶	two boys
Gen./Dat.	τοῖν of/to these two		ἀμφοῖν of/to both	παιδοῖν	of/to boys

ἔγχεϊ χαλκείῳ, Τεῦκρος δ' Ἀρετάονα δῖον.   31

Ἀντίλοχος δ' Ἄβληρον ἐνήρατο δουρὶ φαεινῷ   32

Νεστορίδης, Ἔλατον δὲ ἄναξ ἀνδρῶν Ἀγαμέμνων·   33

ναῖε δὲ Σατνιόεντος ἐϋρρείταο παρ' ὄχθας   34

Πήδασον αἰπεινήν. Φύλακον δ' ἕλε Λήϊτος ἥρως   35

φεύγοντ'· Εὐρύπυλος δὲ Μελάνθιον ἐξενάριξεν.   36

   Ἄδρηστον δ' ἄρ' ἔπειτα βοὴν ἀγαθὸς Μενέλαος   37

ζωὸν ἕλ'· ἵππω γάρ οἱ ἀτυζομένω πεδίοιο   38

ὄζῳ ἔνι βλαφθέντε μυρικίνῳ ἀγκύλον ἅρμα   39

ἄξαντ' ἐν πρώτῳ ῥυμῷ αὐτὼ μὲν ἐβήτην   40

Ἄβληρος, ὁ: Ablerus, 1
ἀγαθός, -ή, -όν: good, brave, noble, 6
Ἀγαμέμνων, ὁ: Agamemnon, 3
ἀγκύλος, -η, -ον: curved, crooked, 2
ἄγνυμι: to break, bend; shiver, 2
Ἄδρηστος, ὁ: Adrestus, 3
αἰπεινός, -ή, -όν: high, lofty, sheer, 1
ἄναξ, -ακτος, ὁ: a lord, master, 4
Ἀντίλοχος, ὁ: Antilochus, 1
Ἀρετάων, -ονος, ὁ: Aretaon, 1
ἅρμα, -ατος, τό: chariot, war-chariot, 1
ἀτύζω: to be dazed, distraught, bewildered, 4
βλάπτω: to hinder, mislead; hurt, 2
Ἔλατος, ὁ: Elatus, 1
ἐν-αίρω: to slay, kill, 2
ἐξ-εν-αρίζω: to strip from armor, 6
ἐϋρρείτης, -ες: fair-flowing, 1
Εὐρύπυλος, ὁ: Eurypylus, 1

ζωός, ή, όν: alive, living, 5
ἥρως, ὁ: hero, warrior, 5
ἵππος, ὁ: horse, 8
Λήϊτος, ὁ: Leïtus, 1
Μελάνθιος, ὁ: Melanthius, 1
Μενέλαος, ὁ: Menelaus, 3
μυρίκινος, ὁ: tamarisk, 1
ναίω: to inhabit, dwell, live, abide, 5
Νεστορίδης, ὁ: son of Nestor, 1
ὄζος, ὁ: shoot, twig, 1
ὄχθη, ἡ: bank, dyke, a rising ground, 1
Πήδασος, ὁ: Pedasus, 2
ῥυμός, ὁ: pole (of a chariot), 1
Σατνιόεις, -εντος, ὁ: Satnioeis river, 1
Τεῦκρος, ὁ: Teucer, 1
φαεινός, -ή, -όν: shining, beaming, radiant, 4
Φύλακος, ὁ: Phylacus, 1
χάλκειος, -εα, -εον: bronze, brazen, copper, 4

---

31 Τεῦκρος: add verb ἐξενάριξεν from l. 30
32 ἐνήρατο: aor. ἐναίρω
33 Ἀγαμέμνων: ellipsis, add ἐνήρατο, l. 32
34 ναῖε: impf., Elatus is subject; δέ suggests a change of subject from the previous line
   ἐϋρρείταο: gen. sg.
35 ἕλε: 3rd sg. aor. αἱρέω
37 βοὴν: in/at the battle cry; acc. of respect again with ἀγαθὸς, see 6.12
38 ἕλ': ἕλε, see l. 35 above
   ἵππω, ἀτυζομένω, βλαφθέντε: dual nom.
   οἱ: his; 'to him,' dat. of possession

πεδίοιο: within the plain; gen. of place within (type of partitive), see also 6.507
39 ὄζῳ ἔνι...μυρικίνῳ: preposition ἐν
   βλαφθέντε: hindered; dual aor. pass. pple
40 ἄξαντε: dual aor. act. pple ἄγνυμι
   ἐν πρώτῳ ῥυμῷ: on the front of the pole, i.e. where the pole drawing the chariot attaches to the harness of the horses
   αὐτὼ μὲν: they on the one hand; dual aor. act. pple ἵππω, μὲν anticipates a contrast with αὐτὸς δὲ in 6.42
   ἐβήτην: 3rd dual aor. βαίνω; see p. 24

πρὸς πόλιν, ᾗ περ οἱ ἄλλοι ἀτυζόμενοι φοβέοντο,   41

αὐτὸς δ' ἐκ δίφροιο παρὰ τροχὸν ἐξεκυλίσθη   42

πρηνὴς ἐν κονίῃσιν ἐπὶ στόμα· πὰρ δέ οἱ ἔστη   43

Ἀτρεΐδης Μενέλαος, ἔχων δολιχόσκιον ἔγχος.   44

Ἄδρηστος δ' ἄρ' ἔπειτα λαβὼν ἐλίσσετο γούνων·   45

'ζώγρει, Ἀτρέος υἱέ, σὺ δ' ἄξια δέξαι ἄποινα·   46

πολλὰ δ' ἐν ἀφνειοῦ πατρὸς κειμήλια κεῖται,   47

χαλκός τε χρυσός τε πολύκμητός τε σίδηρος,   48

τῶν κέν τοι χαρίσαιτο πατὴρ ἀπερείσι' ἄποινα   49

εἴ κεν ἐμὲ ζωὸν πεπύθοιτ' ἐπὶ νηυσὶν Ἀχαιῶν.'   50

Ἄδρηστος, ὁ: Adrestus, 3
ἄξιος, -η, -ον: worthy, due, 1
ἀ-περείσιος, -ον: countless, 2
ἄποινα, τὰ: ransom, 4
Ἀτρεΐδης, ὁ: son of Atreus, Atreides, 4
Ἀτρεύς, Ἀτρέος, ὁ: Atreus, 1
ἀτύζω: to be dazed, distraught, bewildered, 4
ἀφνειός, -όν: wealthy, rich in (gen.), 2
δέχομαι: to accept, receive; wait for, expect 5
δίφρος, ὁ: chariot-floor, chariot, 4
δολιχόσκιος, -ον: casting a long shadow, 4
ἐκ-κυλίνδω: to roll out, roll from, 1
ἐλίσσω: to coil, roll, 2
ζωγρέω: to take alive, take captive, 1
ζωός, ή, όν: alive, living, 5

κεῖμαι: to lie down, be laid, 9
κειμήλιον, τό: treasure, a thing stored up, 1
κονίη, ἡ: dust, a cloud of dust, 4
λαμβάνω: to take, receive, catch, grasp, 5
Μενέλαος, ὁ: Menelaus, 3
πολύ-κμητος, -ον: wrought with much toil, 1
πρηνής, -ές: head-foremost, face-down, 2
πυνθάνομαι: to learn by hearsay or inquiry, 4
σίδηρος, ὁ: iron; sword, knife, 1
στόμα, -ατος, τό: the mouth, 2
τροχός, ὁ: wheel, 1
φοβέω: to put to flight, terrify, frighten, 8
χαλκός, ὁ: copper, bronze, 9
χαρίζομαι: to show favor, grant, gratify, 1
χρυσός, ὁ: gold, 4

---

41 ᾗ περ: *in which very place*; place where
42 αὐτὸς δ: *but he himself*; see note l. 40
   ἐξεκυλίσθη: 3rd sg. aor. pass. ἐκ-κυλίνδω
43 ἐπὶ: *onto*...; acc. place to which
   πὰρ...οἱ: *beside him*: παρά + dat., sg. or
   an example of tmesis ('cutting' of the
   compound παρέστη into two words) and
   οἱ is the obj. of a compound verb
   ἔστη: 3rd sg. aor. ἵστημι
44 ἔχων: nom. sg. pres. pple ἔχω
45 λαβὼν: nom. sg. aor. pple λαμβάνω
   ἐλίσσετο: *began to*...; inchoative impf.
   γούνων: *by*...; partitive gen. with λαβὼν
46 ζώγρει: ζώγρε-ε, note the accent: not
   3rd sg. but sg. imperative
   υἱέ: vocative direct address υἱός

δέξαι: δέκσαι, aor. mid. imper. δέχομαι
47 ἐν...πατρὸς: *in... father's (house)*
   κεῖται: 3rd sg. with neut. pl. subject
49 τῶν: *of which (wealth)*; partitive gen. or
   possibly gen. of source 'from which'
   τοι: *to you*; dat. sg. alternative to σοι,
   τοι also frequently functions as a particle
   which means 'to be sure,' or 'you know'
   κὲν χαρίσαιτο... εἴ...πεπύθοιτο: *he
   would grant...if he should learn*; future-
   less-vivid condition (εἰ + opt., κέ/ἄν +
   opt), here with aor. optatives, χαρίζομαι,
   πυνθάνομαι; the κεν in the protasis εἰ κεν
   in line 48 is unnecessary and perhaps a
   repetition of κέν in the apodosis in line 49
50 ἐπὶ νηυσὶν: *near the ships*...; dat. pl.

ὡς φάτο, τῷ δ' ἄρα θυμὸν ἐνὶ στήθεσσιν ἔπειθε·   51

καὶ δή μιν τάχ' ἔμελλε θοὰς ἐπὶ νῆας Ἀχαιῶν   52

δώσειν ᾧ θεράποντι καταξέμεν· ἀλλ' Ἀγαμέμνων   53

ἀντίος ἦλθε θέων, καὶ ὁμοκλήσας ἔπος ηὔδα·   54

'ὦ πέπον, ὦ Μενέλαε, τί ἦ δὲ σὺ κήδεαι οὕτως   55

ἀνδρῶν; ἦ σοὶ ἄριστα πεποίηται κατὰ οἶκον   56

πρὸς Τρώων; τῶν μή τις ὑπεκφύγοι αἰπὺν ὄλεθρον   57

χεῖράς θ' ἡμετέρας, μηδ' ὅν τινα γαστέρι μήτηρ   58

κοῦρον ἐόντα φέροι, μηδ' ὃς φύγοι, ἀλλ' ἅμα πάντες   59

Ἰλίου ἐξαπολοίατ' ἀκήδεστοι καὶ ἄφαντοι.'   60

Ἀγαμέμνων, ὁ: Agamemnon, 3
αἰπύς, -εῖα, -ύ: steep, utter; hard, 2
ἀ-κήδεστος, -ον: uncared for, unburied, 2
ἅμα: at the same time; along with (+ dat.), 9
ἀντίος, -η, -ον: opposite, facing; in reply, 4
ἄριστος, -η, -ον: best, most excellent, 9
αὐδάω: to say, speak, utter, 1
ἄ-φαντος, -ον: blotted out, made invisible, 1
γαστήρ, -έρος, ἡ: belly, stomach, 1
ἐξ-απ-όλλυμι: destroy utterly; mid. perish 1
ἑός, -ή, -όν: his own, her own, its own, 14
ἡμέτερος, -α, -ον: our, 3
θεράπων, -οντος ὁ: attendant, assistant, 3
θέω: to run, rush, 5
θοός, -ή, -όν: swift, quick, nimble, 1

κατ-άγω: to bring back or down, 3
κήδομαι: be troubled; care for (gen) 2
κοῦρος, ὁ: boy, young man, son, 2
μέλλω: to be about to, to intend to, 4
Μενέλαος, ὁ: Menelaus, 3
μη-δέ: and not, but not, nor, 3
οἶκος, ὁ: a house, abode, dwelling, 6
ὄλεθρος, ὁ: ruin, destruction, death, 4
ὁμό-κλάω: to call out, 1
οὕτως: in this way, thus, so, 2
πέπων, -ον: gentle, kind; ripe, mellow, 1
ποιέω: to do, make, create, compose, 2
στῆθος, τό: chest, breast, 5
τάχα: soon, presently; quickly, forthwith, 6
ὑπ-εκ-φεύγω: to flee, escape, 2

---

51 ὥς: *thus*
   φάτο: 3rd sg. aor. mid. φημί, see p. 40
   τῷ: *his*; "to this one," dat. of possession
      with θυμὸν, the antecedent is Menelaus
   ἔπειθε: *began to persuade*; inchoat. impf.
52 καὶ δή...: *and indeed, and in fact*
   δώσειν: fut. inf. δίδωμι with μέλλω
53 ᾧ: *his*; ἑῷ, dat. sg. ἑός
   καταξέμεν: *to lead down*; inf. of purpose;
      aor. inf. κατ-άγω (Att., καταγαγεῖν)
54 ἦλθε: aor. ἔρχομαι
   θέων: nom. sg. pres. pple θέω, the gen.
      pl. for god, θεός, is θεῶν
   ὁμοκλήσας: nom. sg. aor. pple ὁμοκλάω
   ηὔδα: *began to speak*; ηὔδαε, inchoative
      impf. αὐδάω, very often inchoative
55 ὦ πέπον: *soft-hearted man, gentle man*

vocative, used as a term of endearment
   τί ἦ δὲ...ἦ: *why then...(or) truly...?*; ἦ...ἦ
      set up a disjunctive not always expressed
   κήδε(σ)αι: 2nd sg. pres. mid. κήδομαι
56 πεποίηται: 3rd sg. pf. passive ποιέω;
      ἄριστα is neuter pl. subject
   κατὰ οἶκον: *at home*; i.e. Sparta
57 πρὸς Τρώων: *by...*; gen. of agent
   τῶν: *of these*; partitive gen.
   μή...ὑπεκφύγοι: *May...escape*; aor. opt.
      without κέ is an optative of wish
58 μηδ' ὅν τινα..μηδ' ὅς: *neither whomever...
      nor (anyone) who...*; appositive to μή τις
59 φέροι, φύγοι: pres., aor. opt. (φεύγω)
      attracted into optative by the main clause
   ἐόντα: *being*; acc. sg. pple εἰμί
60 ἐξαπολοίατ': *let...perish*; aor. opt., wish

ὣς εἰπὼν ἔτρεψεν ἀδελφειοῦ φρένας ἥρως　　61

αἴσιμα παρειπών· ὃ δ' ἀπὸ ἕθεν ὤσατο χειρὶ　　62

ἥρω' Ἄδρηστον· τὸν δὲ κρείων Ἀγαμέμνων　　63

οὖτα κατὰ λαπάρην· ὃ δ' ἀνετράπετ', Ἀτρεΐδης δὲ　　64

λὰξ ἐν στήθεσι βὰς ἐξέσπασε μείλινον ἔγχος.　　65

Νέστωρ δ' Ἀργείοισιν ἐκέκλετο μακρὸν ἀΰσας·　　66

'ὦ φίλοι ἥρωες Δαναοί, θεράποντες Ἄρηος,　　67

μή τις νῦν ἐνάρων ἐπιβαλλόμενος μετόπισθε　　68

μιμνέτω, ὥς κε πλεῖστα φέρων ἐπὶ νῆας ἵκηται,　　69

ἀλλ' ἄνδρας κτείνωμεν· ἔπειτα δὲ καὶ τὰ ἕκηλοι　　70

Ἀγαμέμνων, ὁ: Agamemnon, 3
ἀδελφός, ὁ: brother, 2
Ἄδρηστος, ὁ: Adrestus, 3
αἴσιμος, -η, -ον: in due measure, due, fated, 2
ἀνα-τρέπω: to fall back or supine, overturn 1
Ἀργεῖος, -η, -ον: Argive, 6
Ἄρης, ὁ: Ares; battle, 4
Ἀτρεΐδης, ὁ: son of Atreus, Atreides, 4
αὔω: to call aloud, shout, 3
Δαναοί, οἱ: Danaans, Greeks, 2
ἔκηλος, -η, -ον: free from care, at ease, 1
ἐκ-σπάω: to draw out, 1
ἔναρα, τά: spoils, loot; an enemy's armor, 3
ἐπι-βάλλω: to throw oneself on; desire, 1
ἥρως, ὁ: hero, warrior, 5
θεράπων, -οντος ὁ: attendant, assistant, 3

ἵκω: to come, arrive, reach, 4
κέλομαι: to command, bid, exhort (dat) 4
κρείων, ὁ: ruler, lord, master, 1
λάξ: with a foot, 1
λαπάρη, ἡ: soft part of body, flank, 1
μακρός, ά, όν: long, far, distant, large, 5
μέλινος, -ον: ashen, 2
μετ-όπισθε : from behind, backwards, back, 4
μίμνω: to stay, remain, abide; await, 5
Νέστωρ, ὁ: Nestor, 1
οὐτάω: to wound, stab, thrust, 2
παρ-εῖπον: to talk over, win over, persuade 2
πλεῖστος, -ον: most, greatest, 1
στῆθος, τό: chest, breast, 5
τρέπω: to turn, change 2
ὠθέω: to push, thrust, 1

---

61 ὣς εἰπὼν: *speaking thus*; aor. pple εἶπον
62 αἴσιμα: *what is right, what is due*; object of aor. pple παρ-εῖπων
　　ὃ δ': *and he*; demonstrative i.e. Menelaus
　　ἀπὸ...ὤσατο: tmesis, aor. ἀπ-ωθέω
　　ἕ-θεν: *from him*; θεν is a suffix expressing place from which, ἑ is 3rd sg. pronoun
　　χειρὶ: dat. of means
63 τὸν δὲ: *him*; "this one," i.e. Adrastus
64 οὖτα: οὔταε, 3rd sg. impf. α-contract
　　ὃ δ': *and he*; demonstrative i.e. Adrastus
65 βὰς: nom. sg. aor. pple βαίνω

66 ἐκέκλετο: reduplicated aor. mid. κέλομαι
　　μακρὸν: *loudly*; 'greatly,' adverbial acc.
　　ἀΰσας: nom. sg. aor. pple. ἀύω
68 μή...μιμνέτω: *let no one remain*; 3rd sg. pres. imperative
　　ἐνάρων: partitive gen. governed by the pple; compare λαβὼν + gen. in 6.45
69 ὥς κε...ἵκηται: *so that...*; purpose clause, ὡς + κέ + aor. subj. ἱκνέομαι; see p. 16
　　νῆας: *ships*
70 κτείνωμεν: *let us...*; hortatory subj.
　　τὰ: *those things*; i.e. the ἐνάρων above

Noun Suffixes:	-θι	place where (locative)	αὖθι	*on the spot, here* [p. 9]
	-θεν	place from which	ἔθεν	*from him* [p. 7]
	-δε	place to which	πόλινδε	*to the city* [p. 9]
	-φι	instrumental, locative	ἧφι βίηφι	*by his might* [p. 65]

νεκροὺς ἂμ πεδίον συλήσετε τεθνηῶτας.'   71

ὣς εἰπὼν ὄτρυνε μένος καὶ θυμὸν ἑκάστου.   72

ἔνθά κεν αὖτε Τρῶες ἀρηϊφίλων ὑπ' Ἀχαιῶν   73

Ἴλιον εἰσανέβησαν ἀναλκείῃσι δαμέντες,   74

εἰ μὴ ἄρ' Αἰνείᾳ τε καὶ Ἕκτορι εἶπε παραστὰς   75

Πριαμίδης Ἕλενος, οἰωνοπόλων ὄχ' ἄριστος·   76

'Αἰνεία τε καὶ Ἕκτορ, ἐπεὶ πόνος ὕμμι μάλιστα   77

Τρώων καὶ Λυκίων ἐγκέκλιται, οὕνεκ' ἄριστοι   78

πᾶσαν ἐπ' ἰθύν ἐστε μάχεσθαί τε φρονέειν τε,   79

στῆτ' αὐτοῦ, καὶ λαὸν ἐρυκάκετε πρὸ πυλάων   80

Αἰνείας, ὁ: Aeneas, 2
ἀνά: up, upon (+ dat.); up to, on to (+ acc.), 6
ἀν-άλκεια, ἡ: lack of strength, cowardice, 1
ἀρηί-φιλος, -ον: dear to Ares, 1
ἄριστος, -η, -ον: best, most excellent, 9
αὐτοῦ: on the very spot, here, there, 1
ἐγ-κλίνω: to lie upon, lie on, 1
εἰσ-ανα-βαίνω: to go up to, 1
ἕκαστος, -η, -ον: each, every one, 2
Ἕλενος, ὁ: Helenus, 1
ἐρύκω: to keep, check, curb, restrain, 2
ἰθύς, ἡ: a straight course; a direct attempt, 1
Λύκιος, -η, -ον: Lycian, 2

μάλιστα: most of all; certainly, especially, 7
νεκρός, ὁ: corpse, the dead, 3
οἰωνο-πόλος, ὁ: augur, one busied with birds
ὀτρύνω: to stir up, rouse, encourage, 3
οὕνεκα: for which reason, 1
ὄχα: by far, 1
παρα-ίστημι: to stand beside, 4
πόνος, ὁ: work, labor, toil, 5
Πριαμίδης, ὁ: son of Priam, 1
πρό: before, in front; in place of (+ gen.), 2
συλάω: to strip off (acc) from (acc), 4
φρονέω: to think, devise, be prudent, 6

71 ἄμ: ἀνά + acc.; before a labial consonant such as π- in epic, the preposition is ἄμ
συλήσετε: not an imperative; 2nd pl. fut.
τεθνηῶτας: acc. pl. pf. pple. θνήσκω
72 ὣς εἰπὼν: *speaking thus*; aor. pple εἶπον
73 κεν…εἰσανέβησαν, εἰ…εἶπε: *would have gone up to, if… had told…*; past contrary-to-fact condition (εἰ + aor. indicative, ἄν/κε aor. indicative) aor. εἰσ-ανα-βαίνω
74 ἀναλκείῃσι: dat. pl. of cause, ἀν-άλκεια
δαμέντες: aor. pass. pple δαμάζω
75 παραστὰς: nom. aor. pple παρα-ίστημι
77 ἐπεί: *since*

ὑπ' Ἀχαιῶν: *by…;* gen. of agent
ὕμμι: dat. pl. for 2nd pl. pronoun ὑμεῖς
78 ἐγκέκλιται: *rests on* + dat.; pf. pass. 'is leaned,' ἐγ-κλίνω
79 πᾶσαν ἐπ' ἰθύν: *in every attempt*; i.e. "in every going straight-on"
ἔστε: 2nd pl. pres. εἰμί
μάχεσθαι…φρονέειν: explanatory (epexegetical) infinitives, equivalent to acc. of respect, which qualifies ἄριστοι
τε…τε: *both…and*
80 στῆτε: aor. imperative ἵστημι
αὐτοῦ: *here*; adv. "in this very place"

Perhaps best translated in English as a change of pitch (italics or boldface in print), γε is often emphatic, restrictive, or both at the same time.

(1) emphatic	ἔγωγε [p. 13]	*I in particular, I in fact, I for my part*
	τις ἀθανάτων γε [13]	*any of the immortals in particular*
(2) restrictive	πρὶν…νῦν γε [13]	*beforehand….now at least, now in fact*
	ὧδε γε [10]	*in this way at least, in this way at any rate*

πάντῃ ἐποιχόμενοι, πρὶν αὖτ᾽ ἐν χερσὶ γυναικῶν   81
φεύγοντας πεσέειν, δηΐοισι δὲ χάρμα γενέσθαι.   82
αὐτὰρ ἐπεί κε φάλαγγας ἐποτρύνητον ἁπάσας,   83
ἡμεῖς μὲν Δαναοῖσι μαχησόμεθ᾽ αὖθι μένοντες,   84
καὶ μάλα τειρόμενοί περ· ἀναγκαίη γὰρ ἐπείγει·   85
Ἕκτορ, ἀτὰρ σὺ πόλινδε μετέρχεο, εἰπὲ δ᾽ ἔπειτα   86
μητέρι σῇ καὶ ἐμῇ· ἡ δὲ ξυνάγουσα γεραιὰς   87
νηὸν Ἀθηναίης γλαυκώπιδος ἐν πόλει ἄκρῃ,   88
οἴξασα κληῖδι θύρας ἱεροῖο δόμοιο,   89
πέπλον, ὅς οἱ δοκέει χαριέστατος ἠδὲ μέγιστος   90

ἄκρος, -α, -ον: topmost, top, excellent, 7
ἀναγκαίη, ἡ: necessity, force, constraint, 1
ἅπας, ἅπασα, ἅπαν: every, quite all, 6
αὖ-θι: on the spot, here, there, 6
γεραιός, -ά, -όν: old; ancient, elder, 4
γλαυκ-ῶπις, -ιδος: bright-eyed, grey-eyed, 5
Δαναοί, οἱ: Danaans, Greeks, 2
δήϊος, -ον: hostile, destructive; enemy, 4
δοκέω: to seem, seem good, think, imagine, 2
ἐπείγω: to press hard, impel, urge on, 3
ἐπ-οίχομαι: to go, approach, go to and fro, 2
ἐπ-οτρύνω: to rouse, stir up, excite, incite, 2
ἡμεῖς: we, 2
θύρα, ἡ: door, 3

ἱερός -ή -όν: holy, divine; n. temple, victim 4
κληΐς, -ῖδος ἡ: key, bolt; oarlock, collarbone 2
μετ-έρχομαι: to go after or among; pursue, 2
νηός, ὁ: temple, 7
οἴγω: to open, 2
πάντῃ: in every way, in every direction, 2
πέπλος, ὁ: robe, dress, clothing, 4
πίπτω: to fall, fall down, drop, 5
πρίν: until, before, 8
συν-άγω: to bring together, gather, 1
τείρω: to wear out, distress, afflict, 4
φάλαγξ, φάλαγγος: phalanx, line of battle 2
χαρίεις, -εσσα, -εν: graceful, lovely, 4
χάρμα, -ατος, τό: joy, delight, pleasure, 1

---

81 πάντῃ: *on every side, in every way*
   πρὶν...πεσέειν: *before...*; πρὶν + inf., here
    aor. inf. πίπτω
   αὖτε: *again*; as a criticism
82 φεύγοντας: *those...*; acc. subject; pple
   δηΐοισι: *for the enemy*; dat. pl. of interest
   γενέσθαι: inf. γίγνομαι following πρὶν
83 ἐπεὶ κε: *whenever...*; κε + subjunctive in a
   general temporal clause; equivalent to a
   future-more-vivid (εἰ + ἄν + aor. subj.,
   fut. indicative), the subj. is future in sense
   ἐπ-οτρύνητον: *you rouse up*; 2ⁿᵈ person
   dual aor. subjunctive
84 ἡμεῖς μὲν: in contrast with ἀτὰρ σὺ in 86
85 καὶ...περ: *although...*; introducing a pple
   concessive in sense; often 1 word, καίπερ

86 πόλινδε: *to the city*; suffix -δε indicates
   place to which
   μετ-έρχε(σ)ο: pres. sg. imperative
   εἰπὲ: aor. sg. imperative, not 3ʳᵈ sg. aor.
87 σῇ καὶ ἐμῇ: Helenus is Hector's brother
   and has the same mother; σός, ἐμός
   ἡ δὲ...θεῖναι: *let this one...place*; aor
   inf. τίθημι is used as 3ʳᵈ pers. imperative;
   infinitives in Homer are often used as
   2ⁿᵈ pers. imperatives, less often 3ʳᵈ pers.
   ξυνάγουσα: fem. pres. pple, = συν-άγω
88 νηὸν: *to the temple*; acc. place to which
89 κληῖδι: *with...*; dat. of means
90 πέπλον, ὅς: *robe, which...*; object of θεῖναι
   οἱ: *to her*; dat. reference 3ʳᵈ pers, ἑ
   χαριέστατος: superlative, nom. predicate

εἶναι ἐνὶ μεγάρῳ καί οἱ πολὺ φίλτατος αὐτῇ,   91

θεῖναι Ἀθηναίης ἐπὶ γούνασιν ἠϋκόμοιο,   92

καί οἱ ὑποσχέσθαι δυοκαίδεκα βοῦς ἐνὶ νηῷ   93

ἤνις ἠκέστας ἱερευσέμεν, αἴ κ' ἐλεήσῃ   94

ἄστύ τε καὶ Τρώων ἀλόχους καὶ νήπια τέκνα,   95

ὥς κεν Τυδέος υἱὸν ἀπόσχῃ Ἰλίου ἱρῆς,   96

ἄγριον αἰχμητὴν, κρατερὸν μήστωρα φόβοιο,   97

ὃν δὴ ἐγὼ κάρτιστον Ἀχαιῶν φημι γενέσθαι.   98

οὐδ' Ἀχιλῆά ποθ' ὧδέ γ' ἐδείδιμεν, ὄρχαμον ἀνδρῶν,   99

ὅν πέρ φασι θεᾶς ἐξέμμεναι· ἀλλ' ὅδε λίην   100

ἄγριος, -α, -ον: wild, fierce, 3
αἰχμητής, ὁ: warrior, spearman, 3
ἀπ-έχω: to hold from, keep away, 2
βοῦς, ὁ, ἡ: cow, ox, bull; cattle, oxen, 6
δείδω: fear, dread, shrink from, feel awe, 4
δυοκαίδεκα: twelve, 3
ἐλεέω: to pity, have compassion for, 9
ἔξ-εστιν: it is allowed, possible; be from 1
ἤκεστος, -ον: untouched by the goad, 3
ἤνις, ἡ: a yearling (calf), 3
ἠΰ-κομος -ον: of fair locks, 3
θεά, ἡ: goddess, 5
ἱερεύω: to sacrifice, slaughter, 4

ἱερός -ή -όν: holy, divine; n. temple, victim 4
κάρτιστος, -η, -ον: strongest, mightiest, 2
κρατερός, -ή, -όν: strong, stout, mighty, 5
λίην: very, very much, exceedingly, 2
μήστωρ, -ωρος, ὁ: adviser, counsellor, 2
νηός, τό: temple, 4
νήπιος, -η, -ον: young; childish, foolish, 9
ὄρχαμος, ὁ: leader, chief, 1
τέκνον, τό: a child, 9
Τυδεύς, -έος, ὁ: Tydeus, 5
ὑπ-ισχνέομαι: to promise, 5
φοβέω: to put to flight, terrify, frighten, 8
ὧδε: in this way, so, thus, 5

---

91 εἶναι: inf. εἰμί
    οἱ...αὐτῇ: dat. of reference; 3rd pers. sg.
    pronoun ἑ; intensive pronoun 'herself'
    πολὺ: by far, far; acc. of extent
    φίλτατος: superlative, φίλος
92 θεῖναι: aor inf. τίθημι as imperative; l. 86
93 οἱ: to her; i.e. to Athena
    ὑποσχέσθαι: let her promise; aor. inf. as
    3rd pers. imperative; parallel to θεῖναι
94 ἤνις : acc. plural indicated by long iota
    ἱερευσέμεν: fut. inf. with ὑποσχέσθαι
    αἴ κε ἐλεήσῃ: in the hope that she take
    pity...; εἰ/αἴ + κέ + subj. may express the
    motive of an action and is often translated
    'in the hope that,' (p. 28); aor subj. ἐλεέω
96 ὥς κεν...ἀπόσχῃ: so that...; purpose
    clause, ὡς, unlike ἵνα, governs a particle
    ἄν/κέ with the subjunctive, here 3rd sg.

    aor. subj. ἀπ-έχω, Athene is the subject
    ἱρῆς: ἱερῆς, modifies fem. sg. Ἰλίου
97 ἄγριον...φόβοιο: in apposition to υἱὸν
98 ὃν δὴ: the very one whom...; δὴ lends
    exactness and emphasis to the relative
    pronoun, which is acc. subj. in ind. disc.
    φημι: I claim; he is making an assertion
    γενέσθαι: aor. inf. γίγνομαι
99 οὐδε Ἀχιλῆα: not even Achilles
    ποθ': ποτὲ; elision before aspiration
    ὧδε γε: in this way; γε is emphatic rather
    than restrictive ("at least") here; it is the
    equivalent to using italics, underlining, or
    saying the preceding word emphatically
    ἐδείδιμεν: 1st pl. plpf. δείδω
100 φασι: 3rd pl. present φημί
    θεᾶς: from a goddess; gen. sg. of source
    ἐξέμμεναι: inf. ἔξ-εστι

μαίνεται, οὐδέ τίς οἱ δύναται μένος ἰσοφαρίζειν.'   101

ὣς ἔφαθ', Ἕκτωρ δ' οὔ τι κασιγνήτῳ ἀπίθησεν.   102

αὐτίκα δ' ἐξ ὀχέων σὺν τεύχεσιν ἆλτο χαμᾶζε,   103

πάλλων δ' ὀξέα δοῦρα κατὰ στρατὸν ᾤχετο πάντῃ,   104

ὀτρύνων μαχέσασθαι, ἔγειρε δὲ φύλοπιν αἰνήν.   105

οἳ δ' ἐλελίχθησαν καὶ ἐναντίοι ἔσταν Ἀχαιῶν·   106

Ἀργεῖοι δ' ὑπεχώρησαν, λῆξαν δὲ φόνοιο,   107

φὰν δέ τιν' ἀθανάτων ἐξ οὐρανοῦ ἀστερόεντος   108

Τρωσὶν ἀλεξήσοντα κατελθέμεν, ὣς ἐλέλιχθεν.   109

Ἕκτωρ δὲ Τρώεσσιν ἐκέκλετο μακρὸν ἀΰσας·   110

αἰνός, -ή, -όν: terrible, dire, dread, grim, 8
ἀ-θάνατος, -ον: undying, immortal, 5
ἀλέξομαι: to ward or keep off, resist, 2
ἅλλομαι: to leap, spring, jump, 1
ἀ-πιθέω: to disobey (dat) 1
Ἀργεῖος, -η, -ον: Argive, 6
ἀστερόεις, -εσσα, -εν: starry, star-filled, 1
αὐτίκα: straightway, at once; presently, 3
αὔω: to call aloud, shout, 3
δύναμαι: to be able, can, be capable, 6
ἐγείρω: to awaken, wake up, rouse, 1
ἐλελίζω: cause to turn, whirl, rally, 3
ἐναντίος, -η, -ον: opposite, contrary, 4
ἰσοφαρίζω: to vie with, match with (dat) 1
κασί-γνητος, ὁ: a brother, 5
κατ-έρχομαι: to go down; come back, 2
κέλομαι: to command, bid, exhort (dat) 4

λήγω: to cease, stop, desist, 1
μαίνομαι: to mad, rage, be furious, 3
μακρός, ά, όν: long, far, distant, large, 5
οἴχομαι: to go; depart, 4
ὀξύς, -εῖα, -ύ: sharp, piercing; keen, 7
ὀτρύνω: to stir up, rouse, encourage, 3
οὐρανός, ὁ: sky, heavens, 3
ὄχος, ὄχεος, τό: chariot, wagon, 3
πάλλω: to shake, brandish; quiver, 5
πάντη: in every way, in every direction, 2
στρατός, ὁ: army, 2
σύν: along with, with, together (+ dat.), 6
ὑπο-χωρέω: to withdraw, go back, 2
φόνος, ὁ: murder, slaughter, 1
φύλοπις, -ιδος, τό: battle-cry, din of battle, 2
χαμᾶζε: on the ground, to the ground, 1

---

101 τίς: anyone; τις before enclitic οἱ
   οἱ: dat. sg. ἑ, i.e. Diomedes, object of
   a compound verb
   μένος: in…; acc. of respect, neuter sg.
102 ἔφαθ: ἔφατο, 3rd sg. impf. mid. φημί
   οὔ τι: not at all; τι is an adverbial acc.
103 ἆλτο: 3rd sg. aor. mid. ἅλλομαι
104 κατὰ στρατὸν: through the army
   ᾤχετο: impf. οἴχομαι
105 μαχέσασθαι: to fight; aor. inf of purpose
106 οἳ δ': and they; 'these,' demonstrative
   ἐλελίχθησαν: 3rd pl. aor. pass. ἐλελίζω
   ἐναντίοι: governs a genitive when used
   with a hostile sense: 'facing' in a fight

ἔσταν: 3rd pl. aorist ἵστημι
107 λῆξαν: λῆγσαν; 3rd pl. aor. λήγω
   φόνοιο: from…; gen. of separation
108 φάν(το): they considered; pl. impf. φημί
   τιν(α): one; acc. subject
109 ἀλεξήσοντα: future pple expressing
   purpose; often translated as an infinitive
   κατελθέμεν: aor. inf. κατ-έρχομαι
   ἐλέλιχθεν: were rallied; "were turned (to
   the enemy)"; aor. pass.
110 ἐκέκλετο: reduplicated aor. κέλομαι
   μακρὸν: loudly; "greatly," adverbial acc.
   ἀΰσας: nom. sg. aor. pple. αὔω

Τρῶες ὑπέρθυμοι τηλεκλειτοί τ᾽ ἐπίκουροι, 111

ἀνέρες ἔστε, φίλοι, μνήσασθε δὲ θούριδος ἀλκῆς, 112

ὄφρ᾽ ἂν ἐγὼ βείω προτὶ Ἴλιον, ἠδὲ γέρουσιν 113

εἴπω βουλευτῇσι καὶ ἡμετέρης ἀλόχοισι 114

δαίμοσιν ἀρήσασθαι, ὑποσχέσθαι δ᾽ ἑκατόμβας.᾽ 115

ὣς ἄρα φωνήσας ἀπέβη κορυθαίολος Ἕκτωρ· 116

ἀμφὶ δέ μιν σφυρὰ τύπτε καὶ αὐχένα δέρμα κελαινὸν, 117

ἄντυξ ἣ πυμάτη θέεν ἀσπίδος ὀμφαλοέσσης. 118

Γλαῦκος δ᾽ Ἱππολόχοιο πάϊς καὶ Τυδέος υἱὸς 119

ἐς μέσον ἀμφοτέρων συνίτην μεμαῶτε μάχεσθαι. 120

ἀλκή, ἡ: might, strength (ἀλκί – dat.), 3
ἀμφότερος, -η, -ον: each of two, both, 3
ἄντυξ, -υγος, ἡ: edge, rim, rail, 1
ἀπο-βαίνω: to go away, depart, disembark, 2
ἀράομαι: to pray, invoke, vow, 3
ἀσπίς, -ίδος, ἡ: shield, 4
αὐχήν, -ένος, ὁ: neck, throat, 3
βουλευτής, ὁ: councillor, advisor, 1
γέρων, -οντος, ὁ: elder, old man, 8
Γλαῦκος, ὁ: Glaucus, 4
δαίμων, -ονος ὁ, ἡ: god(dess), divine being 1
δέρμα, -ατος, τό: skin, hide, 1
ἑκατόμ-βη, ἡ: an offering of 100 oxen, 1
ἐπί-κουρος, ὁ: ally, assistant; assisting, 2
ἡμέτερος, -α, -ον: our, 3
θέω: to run, rush, 5
θοῦρις, -ιδος: rushing, impetuous (f. adj.), 1

Ἱππολόχος, ὁ: Hippolochus, 4
κελαινός, -ή, -όν: dark, black, 1
μέμαα: to strive, be eager, press on, yearn, 8
μέσ(σ)ος, -η, -ον: the middle of, 5
μιμνήσκω: to remind, recall, recollect, 5
ὀμφαλόεις, -εσσα, -εν: embossed, 2
προτί: πρός, to, toward; near, 4
πύματος, -η, -ον: outermost, last, hindmost, 3
συν-έρχομαι: to clash, fight, go together, 1
σφυρόν, τό: ankle, 2
τηλε-κλειτός, -όν: far-famed, 1
Τυδεύς, -έος, ὁ: Tydeus, 5
τύπτω: to beat, strike, smite, 2
ὑπ-ισχνέομαι: to promise, 5
ὑπέρ-θυμος, -ον: high-spirited; arrogant, 1
φωνέω: to utter, speak, 6

---

111 Τρῶες...φίλοι: all vocative direct address
112 ἀνέρες: ἄνδρες, alternative nom. pl.
   predicate, ἀνήρ
   ἔστε: 2nd pl. pres. εἰμί
   μνήσασθε: aor. imper. μιμνήσκω + gen.
113 ὄφρα ἄν...βείω...εἴπω: while...; general
   (indefinite) temporal clause; 1st sg. aor.
   subj. βαίνω, εἴπον
   προτί: equivalent to πρός
   ἠδε: and
   γέρουσιν...βουλευτῇ...ἡμετέρης
   ἀλόχοισι: dat. pl. indirect object of
   εἴπω; βουλευτῇ is an appositive
114 εἴπω: I tell; a verb of commanding that

governs two infinitives; aor. subj. εἶπον
115 δαίμοσιν: dat. pl. object of the inf.
   ὑποσχέσθαι: aor. inf. ὑπ-ισχνέομαι
116 φωνήσας: nom. sg. aor. pple φωνέω
   ἀπέβη: 3rd sg. aor. ἀπο-βαίνω
117 ἀμφὶ μιν: clarified by acc. direct objects
   σφυρά, αὐχένα
   τύπτε: impf., subject is δέρμα κελαινὸν
118 ἣ: which...; relative
   θέεν: was running outermost of the
   embossed shield; i.e. the edge runs
   round the shield; partitive gen.
120 συνίτην: 3rd pers dual impf συνέρχομαι
   μεμαῶτε: being eager; dual pf. pple

οἳ δ' ὅτε δὴ σχεδὸν ἦσαν ἐπ' ἀλλήλοισιν ἰόντε,   121

τὸν πρότερος προσέειπε βοὴν ἀγαθὸς Διομήδης·   122

'τίς δὲ σύ ἐσσι, φέριστε, καταθνητῶν ἀνθρώπων;   123

οὐ μὲν γάρ ποτ' ὄπωπα μάχῃ ἔνι κυδιανείρῃ   124

τὸ πρίν· ἀτὰρ μὲν νῦν γε πολὺ προβέβηκας ἁπάντων   125

σῷ θάρσει, ὅ τ' ἐμὸν δολιχόσκιον ἔγχος ἔμεινας·   126

δυστήνων δέ τε παῖδες ἐμῷ μένει ἀντιόωσιν.   127

εἰ δέ τις ἀθανάτων γε κατ' οὐρανοῦ εἰλήλουθας,   128

οὐκ ἂν ἔγωγε θεοῖσιν ἐπουρανίοισι μαχοίμην.   129

οὐδὲ γὰρ οὐδὲ Δρύαντος υἱός, κρατερὸς Λυκόοργος,   130

ἀγαθός, -ή, -όν: good, brave, noble, 6
ἀ-θάνατος, -ον: undying, immortal, 5
ἄνθρωπος, ὁ: human being, 6
ἀντιάω: to face, meet, encounter (dat) 1
ἅπας, ἅπασα, ἅπαν: every, quite all, 6
Διομήδης, -εος, ὁ: Diomedes, 5
δολιχόσκιος, -ον: casting a long shadow, 4
Δρύας, -αντος, ὁ: Dryas, 1
δύσ-τηνος, -ον: wretched, unhappy, 3
ἐγώγε: I, for my part, 4
ἐπ-ουράνιος, -ον: heavenly, 3
θαρσέω: to be of good heart, take courage, 2

κατα-θνητός, -ή, -όν: mortal, 1
κρατερός, -ή, -όν: strong, stout, mighty, 5
κυδιάρνειρα: bringing men glory, 1
Λυκόοργος, ὁ: Lycurgus, 2
μάχη, ἡ: battle, fight, combat, 6
ὁράω: to see, 3
οὐρανός, ὁ: sky, heavens, 3
πρίν: until, before, 8
προ-βαίνω: to advance, step forward, 1
πρότερος, -α, -ον: before; sooner, earlier, 3
σχεδόν: near, nearly, almost, just about, 3
φέριστος, -η, -ον: bravest, best, noblest, 1

121 οἳ: they; 'those,' nom. pl. demonstrative
    ὅτε δὴ: just when; δὴ implies exactness
    ἦσαν: 3rd pl. impf. εἰμί
    ἰόντε: dual nom. pple ἔρχομαι (εἶμι)
    τὸν: him; 'this one,' i.e. Glaucus
122 βοὴν: in/at the battle cry; acc. of respect
123 τίς δὲ: who then...?; δὲ is often used in
    questions to express surprise, e.g. 'just
    who do you think you are?'
    ἐσσι: 2nd sg. pres. εἰμί, Att. εἶ
    φέριστε: vocative, direct address
124 ὄπωπα: 1st sg. pf. ὁράω
    ἔνι: preposition ἐν with object μάχη
125 τὸ πρίν: before; adverbial acc.
    ἀτὰρ μὲν: particles in strong contrast
    νῦν γε: now; 'now in fact,' restrictive &
    emphatic (p. 8) in contrast to πρίν
    πολύ: far; adverbial acc. (acc. of extent)

προβέβηκας: 2nd sg. pf. προβάινω
    ἁπάντων: either partitive gen., "of all
    the men" or separation "from all men"
126 ὅ τε: who; τε is an untranslated
    connective
    ἔμεινας: waited for; 2nd sg. aor. μένω
    δυστήνων...παῖδες: the children of
    unlucky parents....; "unlucky are they
    whose parents..." emphatic position
127 μένει: my might; μένος, dat. sg. object
    ἀντιόωσιν: Att. ἀντιῶσιν, 3rd pl. pres.
128 τις ἀθανάτων: as one of the gods; a
    predicate to the subject "you"
    κατ' οὐρανοῦ: down from the sky; place
    from which; κατὰ is directional
    εἰλήλουθας: 2nd sg. pf. ἔρχομαι
129 ἂν μαχοίμην: would...; potential opt.
    οὐδὲ γὰρ οὐδὲ: No, for not even

δὴν ἦν, ὅς ῥα θεοῖσιν ἐπουρανίοισιν ἔριζεν·   131

ὅς ποτε μαινομένοιο Διωνύσοιο τιθήνας   132

σεῦε κατ᾽ ἠγάθεον Νυσήϊον· αἱ δ᾽ ἅμα πᾶσαι   133

θύσθλα χαμαὶ κατέχευαν, ὑπ᾽ ἀνδροφόνοιο Λυκούργου   134

θεινόμεναι βουπλῆγι· Διώνυσος δὲ φοβηθεὶς   135

δύσεθ᾽ ἁλὸς κατὰ κῦμα, Θέτις δ᾽ ὑπεδέξατο κόλπῳ   136

δειδιότα· κρατερὸς γὰρ ἔχε τρόμος ἀνδρὸς ὁμοκλῇ.   137

τῷ μὲν ἔπειτ᾽ ὀδύσαντο θεοὶ ῥεῖα ζώοντες,   138

καί μιν τυφλὸν ἔθηκε Κρόνου πάϊς· οὐδ᾽ ἄρ᾽ ἔτι δὴν   139

ἦν, ἐπεὶ ἀθανάτοισιν ἀπήχθετο πᾶσι θεοῖσιν·   140

ἀ-θάνατος, -ον: undying, immortal, 5
ἅλς, -ος, ὁ: salt, sea, 1
ἅμα: at the same time; along with (+ dat.), 9
ἀνδρο-φόνος, -ον: man-slaying, 2
ἀπ-έχθομαι: become hated/hateful to (dat), 2
βου-πλήξ, -ῆγος, ὁ: ox-goad, 1
δείδω: fear, dread, shrink from, feel awe, 4
δήν: long, for a long time, for long, 2
Διωνύσος, ὁ: Dionysus, 2
δύω: come, go; go into, put on (garments) 9
ἐπ-ουράνιος, -ον: heavenly, 3
ἐρίζω: to contend, quarrel, strive with (dat) 1
ζώω: to live, 2
ἠγάθεος, -η, -ον: very holy, most divine, 1
θείνω: to slay; strike, wound (aor. ἔπεφνα) 5
Θέτις, ἡ: Thetis, 1
θύσθλα, τά: sacred tools for Bacchic orgies 1
κατα-χέω: to pour upon, pour, shed, 1

κόλπος, ὁ: bosom, lap; hollow, 5
κρατερός, -ή, -όν: strong, stout, mighty, 5
Κρόνος, ὁ: Cronus, 1
κῦμα, -ατος, τό: wave, swell, surge, 3
Λυκόοργος, ὁ: Lycurgus, 2
μαίνομαι: to rave, mad, rage, be furious, 3
Νυσήϊος, -η, -ον: of Mt. Nysa, 1
ὀδύσσομαι: to hate, feel wrath toward (dat) 1
ὁμοκλή, ἡ: threat, reproach, a calling-out, 1
ῥεῖα: easily, deftly, lightly, 2
σεύω: to set in motion, drive; hasten, 5
τιθήνη, ἡ: nurse, 4
τρόμος, ὁ: trembling, quaking, shivering, 2
τυφλός, -όν: blind, 1
ὑπο-δέχομαι: to receive, welcome, 1
φοβέω: to put to flight, terrify, frighten, 8
χαμαί: on the ground, on the earth, 2

---

131 ἦν: 3rd sg. impf. εἰμί; i.e. lived
     ὅς ῥα: who, it seems; 'who, and for this
     reason he did not live long,' ἄρα is not
     inferential but explains the preceding
     statement; difficult to translate, it may
     be easier to begin the clause with 'since'
     ἔριζεν: governs a dat. of association, a
     variation of dat. of accompaniment
132 τιθήνας: i.e. the bacchantes
133 σεῦε: tried to drive away, chase, hunt;
     conative impf. of σεύω, "shake, drive"
     κατ᾽: over...; extensive in sense
134 ὑπ᾽: because of...; ὑπό + gen. of cause

135 θεινόμεναι: pres. pass. pple θείνω
     φοβηθεὶς: aor. pass. pple φοβέω
136 δύσετο: unaugmented 3rd sg. aor.
     κατὰ: down into; acc. place to which
137 δειδιότα: acc. sg. pf. pple δείδω,
     modifies missing acc., i.e. Lycurgus
     ἀνδρὸς: partitive gen. obj. of impf. ἔχε
     ὁμοκλῇ: because of...; dat. of cause
138 τῷ: this one; i.e. Lycurgus
     ῥεῖα: in constrast to mortal hardships
139 ἔθηκε: made; aor. τίθημι + double acc.
140 ἦν: see 6.131 above
     ἀπήχθετο: impf. mid. governs a dat.

οὐδ' ἂν ἐγὼ μακάρεσσι θεοῖς ἐθέλοιμι μάχεσθαι.　141

εἰ δέ τίς ἐσσι βροτῶν οἳ ἀρούρης καρπὸν ἔδουσιν,　142

ἆσσον ἴθ' ὥς κεν θᾶσσον ὀλέθρου πείραθ' ἵκηαι.'　143

τὸν δ' αὖθ' Ἱππολόχοιο προσηύδα φαίδιμος υἱός·　144

Τυδεΐδη μεγάθυμε, τίη γενεὴν ἐρεείνεις;　145

οἵη περ φύλλων γενεή, τοίη δὲ καὶ ἀνδρῶν.　146

φύλλα τὰ μέν τ' ἄνεμος χαμάδις χέει, ἄλλα δέ θ' ὕλη　147

τηλεθόωσα φύει, ἔαρος δ' ἐπιγίγνεται ὥρη·　148

ὣς ἀνδρῶν γενεὴ ἣ μὲν φύει ἣ δ' ἀπολήγει.　149

εἰ δ' ἐθέλεις καὶ ταῦτα δαήμεναι, ὄφρ' ἐῢ εἰδῇς　150

ἄνεμος, ου, ὁ: wind, 2
ἀπο-λήγω: to leave off, cease from, 1
ἄρουρα, ἡ: land, arable land, 3
ἆσσον: nearer, 3
βροτός, ὁ, ἡ: a mortal, human, 3
γενεή, ἡ: race, family, lineage, 6
δάω: to learn, 1
ἔαρ, ἔαρος, τό: spring, springtime, 1
ἔδω: to eat, 4
ἐπι-γίγνομαι: to be born, come, 1
ἐρεείνω: to ask, inquire, question, 2
εὖ: well, 7
θάσσων, -ον: swifter, quicker, 1
ἱκνέομαι: to go, come, approach, arrive, 5
Ἱππόλοχος, ὁ: Hippolochus, 4
καρπός, ὁ: crop, fruit, benefit, 1

μάκαρ, -αρος: blessed, happy, 1
μεγά-θυμος, -ον: great-hearted, 1
οἷος, -α, -ον: of what sort, such, as, 3
ὄλεθρος, ὁ: ruin, destruction, death, 4
πεῖραρ, πείρατος, τό: end, limit, edge, 1
τηλεθάω: to flourish, bloom (θάλλω) 2
τοῖος, -α, -ον: of such kind, such sort, such 2
Τυδεΐδης, ὁ: son of Tydeus, 2
ὕλη, ἡ: wood, forest, 1
φαίδιμος, -η -ον: glistening, shining, bright, 7
φύλλον, τό: leave, 2
φύω: to grow, bring forth, produce, 4
χαμάδις: to the ground, 1
χέω: to pour, shed, 5
ὥρη, ἡ: season, period of time, 1

---

141 ἄν...ἐθέλοιμι: *I would...*; potential opt.
　　θεοῖς: *with...*; dat. association with inf.
142 εἰ δέ τίς: *and if any...*; indefinite τις
　　before an enclitic; parallel to 6.128
　　ἐσσι: 2nd sg. pres. εἰμί, Att. εἶ
　　οἵ: *who...*; relative pronoun
143 ἴθι: sg. imperative ἔρχομαι (εἶμι)
　　ὥς κε...ἵκη(σ)αι: *so that...*; purpose cl.,
　　ὡς governs a particle ἄν/κέ in purpose
　　clauses; here, 2nd sg. aor. subj. ἱκνέομαι
　　θᾶσσον: comparative adv., as often, is
　　formed as an adverbial acc.
　　πείραθ': πείρατα, elision with aspiration
144 προσηύδα: *began to address*; inchoative
　　impf., 3rd sg. (προσηύδαε)

145 τίη: *why?*; strengthened form of τί,
　　which is elsewhere τί ἤ, 'why truly'
146 οἵη περ...τοίη: *what very sort...such*;
　　correlatives (relative & demonstrative)
　　which can be rendered "just as...such"
　　γενεὴ: supply a linking verb "is"
　　ἀνδρῶν: supply γενεὴ and linking verb
147 φύλλα τὰ μέν τε...ἄλλα δέ τε: *as for the
　　leaves, some....others*; acc. respect ('in
　　respect to...'); μέν...δέ marks a division;
　　'epic τε' (p.) has a generalizing force
148 ὥς: *so, in this way*; finishing the simile
149 καὶ...δαήμεναι: *to learn this too*; aor. inf.
150 εἰδῇς: *so that...*; purpose, pf. subj. οἶδα

ἡμετέρην γενεήν, πολλοὶ δέ μιν ἄνδρες ἴσασιν· 151

ἔστι πόλις Ἐφύρη μυχῷ Ἄργεος ἱπποβότοιο, 152

ἔνθα δὲ Σίσυφος ἔσκεν, ὃ κέρδιστος γένετ' ἀνδρῶν, 153

Σίσυφος Αἰολίδης· ὃ δ' ἄρα Γλαῦκον τέκεθ' υἱόν, 154

αὐτὰρ Γλαῦκος τίκτεν ἀμύμονα Βελλεροφόντην· 155

τῷ δὲ θεοὶ κάλλός τε καὶ ἠνορέην ἐρατεινὴν 156

ὤπασαν· αὐτάρ οἱ Προῖτος κακὰ μήσατο θυμῷ, 157

ὅς ῥ' ἐκ δήμου ἔλασσεν, ἐπεὶ πολὺ φέρτερος ἦεν, 158

Ἀργείων· Ζεὺς γάρ οἱ ὑπὸ σκήπτρῳ ἐδάμασσε. 159

τῷ δὲ γυνὴ Προίτου ἐπεμήνατο, δῖ' Ἄντεια, 160

Αἰολίδης, ὁ: son of Aeolus, 1
ἀμύμων, -ονος: blameless, noble, 9
Ἄντεια, ἡ: Anteia, 1
Ἀργεῖος, -η, -ον: Argive, 6
Ἄργος, Ἄργεος, ὁ: Argos, 3
Βελλεροφότης, ὁ: Bellerophon, 7
γενεή, ἡ: race, family, lineage, 6
Γλαῦκος, ὁ: Glaucus, 4
δῆμος, ὁ: district, country, land; people, 3
ἐλαύνω: to drive; drive off; set in motion, 5
ἐπι-μαίνομαι: to be mad for, desire madly, 1
ἐρατεινός, -ή, -όν: fair, pleasant, lovely, 1
Ἐφύρη, ἡ: Ephyre, 2

ἡμέτερος, -α, -ον: our, 3
ἠνορέη, ἡ: manhood, manly beauty, 1
ἱππό-βοτος, -ον: grazed by horse, 1
κάλλος, τό: beauty, fairness, 1
κέρδιστος, -η, -ον: most cunning, profitable 1
μήδομαι: to devise, plan, contrive, 2
μυχός, ὁ: inmost part or room, recess, 2
ὀπάζω: to give, grant, 2
Προῖτος, ὁ: Proetus, 5
Σίσυφος, ὁ: Sisyphus, 2
σκῆπτρον, τό: scepter, staff, 1
φέρτερος, -η, -ον: stronger, more powerful, 2

---

151 μιν: *it;* i.e. his lineage
   ἴσασιν: 3rd pl. οἶδα; the verb is perfect in form but present in sense
152 ἔστι: *there is*
   μυχῷ: *in the recesses*; dat. place where
153 ἔσκεν: *was*; iterative impf. of εἰμί, 6.19
   ὃ: *who*
   γένετ(ο): aor. γίγνομαι
154 τέκεθ: τέκετο, aor. mid. τίκτω
155 τίκτεν: *was raising*; i.e. rearing, impf.
156 τῷ: *to him*; demonstrative; dat. ind. obj.
157 οἱ: *for him*; dat. of interest/advantage
   θυμῷ: *in…*; at. place where

158 ὅς ῥ': *who then…*; elision, ῥα
   ἔλασσεν: aor. ἐλαύνω, Bellerophon is the missing direct object
   πολὺ: *by far*; adverbial acc. (acc. of extent)
   ἦεν: *was*; 3rd sg. impf. εἰμί
159 Ἀργείων: partitive gen.
   οἱ: *his*, dat. possession with σκήπτρῳ
   ἐδάμασσε: aor. δαμάζω; add obj δῆμον
160 τῷ: *with him;* dat. association with inf.
   μιγήμεναι: 'mingle/have sex with…'
   γυνή: *wife*
   δῖ: δῖα; nom. sg fem. adjective δῖος

Purpose/Final clauses in Homer begin with ὡς/ὄφρα + subj. (opt. in secondary seq.); Attic prefers ἵνα. Homer often adds κέ/ἄν to make the clause more indefinite; Attic does not.

ὡς6 times   ὡς κεν ἵκηαιp. 15   *so that (in such a manner that) you may reach…*
ὄφρα17 times   ὄφρ' ἀπόλοιτοp. 17   *so that (to the end that) he might perish*

* ὄφρα is strictly temporal (*until, while*) and may also occur in general temporal clauses.

κρυπταδίη φιλότητι μιγήμεναι· ἀλλὰ τὸν οὔ τι   161
πεῖθ᾽ ἀγαθὰ φρονέοντα, δαΐφρονα Βελλεροφόντην.   162
ἣ δὲ ψευσαμένη Προῖτον βασιλῆα προσηύδα·   163
'τεθναίης, ὦ Προῖτ᾽, ἢ κάκτανε Βελλεροφόντην,   164
ὅς μ᾽ ἔθελεν φιλότητι μιγήμεναι οὐκ ἐθελούσῃ.   165
ὣς φάτο, τὸν δὲ ἄνακτα χόλος λάβεν οἷον ἄκουσε·   166
κτεῖναι μέν ῥ᾽ ἀλέεινε, σεβάσσατο γὰρ τό γε θυμῷ,   167
πέμπε δέ μιν Λυκίηνδε, πόρεν δ᾽ ὅ γε σήματα λυγρὰ   168
γράψας ἐν πίνακι πτυκτῷ θυμοφθόρα πολλά,   169
δεῖξαι δ᾽ ἠνώγειν ᾧ πενθερῷ, ὄφρ᾽ ἀπόλοιτο.   170

ἀγαθός, -ή, -όν: good, brave, noble, 6
ἀκούω: to hear, listen to, 6
ἀλεείνω: to avoid, shun, shrink from, 2
ἄναξ, -ακτος, ὁ: a lord, master, 4
ἄνωγα: to command, order, bid, 7
ἀπ-όλλυμι: destroy, kill, slay; mid. perish, 4
βασιλεύς, ὁ: a king, chief, 1
Βελλεροφότης, ὁ: Bellerophon, 7
γράφω: to write, draw, inscribe, 1
δαΐφρων, -ονος ὁ, ἡ: skilled in battle, 2
δείκνυμι: to point out, display, show, 1
ἑός, -ή, -όν: his own, her own, its own, 13
θυμο-φθόρος, -ον: life-destroying, deadly, 1
κρυπτάδιος, -η, -ον: secret, hidden, 1
λαμβάνω: to take, receive, catch, grasp, 5
λυγρός, -ή, -όν: mournful, baneful, ruinous, 3

Λυκίη: Lycia, 7
μίγνυμι: to mix, mingle, have intercourse, 3
οἷος, -α, -ον: of what sort, such, as, 3
πέμπω: to send, conduct, convey, dispatch, 2
πενθερός, ὁ: father-in-law, 1
πίναξ, -ακος, ὁ: tablet, board, plank, 1
πόρω: to give, furnish, offer, supply, 5
Προῖτος, ὁ: Proetus, 5
πτυκτός, -η, -ον: folded, folding, 1
σεβάζομαι: fear, feel awe or shame for, 2
σῆμα, -ατος τό: sign, mark; grave-mound, 5
φιλότης, -ητος, ὁ: friendship, love, kinship 3
φρονέω: to think, devise, be prudent, 6
χόλος, ὁ: anger, wrath, 4
ψεύδω: to deceive, beguile, lie to, 1

---

161 κρυπταδίῃ φιλότητι: in…; dat. respect
   μιγήμεναι: pf. explanatory/epexegetical
   inf. μίγνυμι, suggests sexual mingling
   τόν: this one; Βελλεροφόντην below is
   in apposition
   οὔ τι: not at all; τι is an adverbial acc.
162 πεῖθ᾽: ἐπεῖθε; impf. πείθω
   ἀγαθὰ φρονέοντα: thinking noble
   thoughts; "right thoughts," ἀγαθὰ is
   neuter acc. pl. obj. of the present pple of
   φρονέω, modifying Βελλεροφόντην.
163 ψευσαμένη: aor. mid. ψεύδω
   προσηύδα: began to address; impf.
164 τεθναίης: may you be dead; "may you
   lie dead," pf. opt. of wish, θνήσκω

κάκτανε: κατάκτανε, aor. κατάκτείνω
165 μ(οι)…οὐκ ἐθελούσῃ: fem. dat. sg. pple,
   which is concessive in sense (although)
   modifies μοι, governed by μιγήμεναι
   φιλότητι μιγήμεναι: see line 161 above
166 ὣς φάτο: thus…; 3rd sg. aor. mid. φημί
   οἷον ἄκουσε: (at) what he heard;
   indirect exclamation
167 κτεῖναι: aor. inf., object of ἀλέεινε
   τό γε: this in particular; acc., i.e. killing
168 Λυκίηνδε: to..; δε implies place to which
170 δεῖξαι: aor. inf δείκνυμι
   ἠνώγειν: 1st sg plpf ἄνωγα
   ᾧ: to his own…; ἑῷ, dat. sg. ἑός
   ὄφρα: purpose, opt. in secondary seq.

αὐτὰρ ὁ βῆ Λυκίηνδε θεῶν ὑπ' ἀμύμονι πομπῇ.   171

ἀλλ' ὅτε δὴ Λυκίην ἷξε Ξάνθόν τε ῥέοντα,   172

προφρονέως μιν τῖεν ἄναξ Λυκίης εὐρείης·   173

ἐννῆμαρ ξείνισσε καὶ ἐννέα βοῦς ἱέρευσεν.   174

ἀλλ' ὅτε δὴ δεκάτη ἐφάνη ῥοδοδάκτυλος Ἠώς   175

καὶ τότε μιν ἐρέεινε καὶ ᾔτεε σῆμα ἰδέσθαι,   176

ὅττί ῥά οἱ γαμβροῖο πάρα Προίτοιο φέροιτο.   177

αὐτὰρ ἐπεὶ δὴ σῆμα κακὸν παρεδέξατο γαμβροῦ,   178

πρῶτον μέν ῥα Χίμαιραν ἀμαιμακέτην ἐκέλευσε   179

πεφνέμεν· ἣ δ' ἄρ' ἔην θεῖον γένος, οὐδ' ἀνθρώπων,   180

αἰτέω: to ask, ask for, beg, 2
ἀ-μαιμακέτος -η -ον: irresistible, unbeatable 1
ἀμύμων, -ονος: blameless, noble, 9
ἄναξ, -ακτος, ὁ: a lord, master, 4
ἄνθρωπος, ὁ: human being, 6
βοῦς, ὁ, ἡ: cow, ox, bull; cattle, oxen, 6
γαμβρός, ὁ: son-in-law, 3
γένος, -εος, τό: race, family, 2
δέκατος, -η, -ον: tenth, 1
ἐννέα: nine, 1
ἐννῆμαρ: for nine days, 1
ἐρεείνω: to ask, inquire, question, 2
εὐρύς, -εῖα, -ύ: wide, broad, spacious, 6
Ἠώς, ἡ: Dawn, Daybreak, 1
θείνω: to slay; strike, wound (aor. ἔπεφνα) 5
θεῖος, -η, -ον: divine, immortal, 1
ἱερεύω: to sacrifice, slaughter, 4

ἵκω: to come, arrive, reach, 4
κελεύω: to bid, order, command, exhort, 5
Λυκίη: Lycia, 7
Ξανθός, ὁ: Xanthus river, 2
ξεινίζω: entertain a guest, receive a guest, 2
ὅτι (ὅττι): that; because, 6
παρα-δέχομαι: to receive from, 2
πομπή, ἡ: mission, escort, conduct, 1
πρό-φρων, -ονος, ὁ, ἡ: willing, earnest, 3
Προίτος, ὁ: Proetus, 5
ῥέω: to flow, run, stream, 2
ῥοδο-δάκτυλος, -ον: rosy-fingered, 1
σῆμα, -ατος τό: sign, mark; grave-mound, 5
τίω: to honor, show respect (cf. τιμάω), 1
τότε: at that time, then, τοτέ, at some time, 8
φαίνω: to show, point out; mid. appear, 4
Χίμαιρα, ἡ: Chimaera; elsewhere she-goat, 1

---

171 ὁ: he; demonstative
    βῆ: 3rd sg. aor βαίνω
    Λυκίηνδε: to..; δε implies place to which
172 ὅτε δὴ: just when; δὴ implies exactness
    Λυκίην, Ξάνθον: to...; place to which
    ἷξε: 3rd sg. aor. ἵκω
    ῥέοντα: pres. pple ῥέω
173 προφρονέως: adverb πρόφρων
175 ἐφάνη: 3rd sg. aor. pass. φαίνω
176 καὶ...καὶ: both...and
    ᾔτεε: ἐ-αίτε-ε, impf. αἰτέω
    ἰδέσθαι: aor. inf., εἶδον

177 ὅττι...φέροιτο: whatever...brought;
    pres. opt. in a relative clause of
    characteristic, secondary sequence
    οἱ: for him; dat. of interest
    πάρα: from...; "from (the side of)"
179 πρῶτον: first; adv., see 184, δεύτερον
    πεφνέμεν: aor. inf. θείνω
180 ἣ δ': and it; i.e. Chimaera
    ἔην: 3rd sg impf. εἰμί, subject γένος
    θεῖον: divine; equivalent to θεῶν,
    parallel to ἀνθρώπων
    γένος: offspring; predicate noun

πρόσθε λέων, ὄπιθεν δὲ δράκων, μέσση δὲ χίμαιρα,   181

δεινὸν ἀποπνείουσα πυρὸς μένος αἰθομένοιο.   182

καὶ τὴν μὲν κατέπεφνε θεῶν τεράεσσι πιθήσας·   183

δεύτερον αὖ Σολύμοισι μαχέσσατο κυδαλίμοισι·   184

καρτίστην δὴ τήν γε μάχην φάτο δύμεναι ἀνδρῶν.   185

τὸ τρίτον αὖ κατέπεφνεν Ἀμαζόνας ἀντιανείρας.   186

τῷ δ' ἄρ' ἀνερχομένῳ πυκινὸν δόλον ἄλλον ὕφαινε·   187

κρίνας ἐκ Λυκίης εὐρείης φῶτας ἀρίστους   188

εἷσε λόχον· τοὶ δ' οὔ τι πάλιν οἰκόνδε νέοντο·   189

πάντας γὰρ κατέπεφνεν ἀμύμων Βελλεροφόντης.   190

αἴθομαι: to burn, blaze, 4
Ἀμαζών, -όνος, ἡ: Amazon, 1
ἀμύμων, -ονος: blameless, noble, 9
ἀν-έρχομαι: to approach, come back, 5
ἀντι-άνειρα: match or rival to men (f. adj.) 1
ἀπο-πνέω: to breathe out or forth, 1
ἄριστος, -η, -ον: best, most excellent, 9
αὖ: again, in turn; further, moreover, 6
Βελλεροφότης, ὁ: Bellerophon, 7
δεινός, -ή, -όν: fearful, terrible, strange 5
δεύτερος, -α, -ον: second, 2
δόλος, ὁ: trap, trick, bait; cunning, 1
δράκων, -οντος, ὁ: serpent, dragon, 2
δύω: come, go; go into, put on (garments) 9
ἕζομαι: to sit; sit someone down, set, 3
εὐρύς, -εῖα, -ύ: wide, broad, spacious, 6
κάρτιστος, -η, -ον: strongest, mightiest, 2
κατ-έπεφνον: aor. killed, slayed, 4
κρίνω: to pick out, choose, select, 1

κυδάλιμος, -ον: glorious, renowned, 2
λέων, -οντος, ὁ: lion, 2
λόχος, ὁ: an ambush, 1
Λυκίη: Lycia, 7
μάχη, ἡ: battle, fight, combat, 6
μέσ(σ)ος, -η, -ον: the middle of, 5
νέομαι: to go or come back, return, 3
οἶκος, ὁ: a house, abode, dwelling, 6
ὄπιθεν: behind; later (poetic for ὄπισθεν) 1
πάλιν: again, once more; back, backwards, 3
πρόσ-θεν: before, in front, 5
πυκινός, -η, -ον: close-packed; cunning, 1
πῦρ, πυρός, τό: fire, 9
Σολύμοι, οἱ: the Solymni, 2
τέρας, τό: wonder, marvel, portent, sign, 1
τρίτος, -η, -ον: the third, 1
ὑφαίνω: to weave; devise, 3
φῶς, φωτός, ὁ: a person, man, 1
χίμαιρα, ἡ: she-goat; elsewhere Chimaera, 1

---

182 δεινὸν: adj. modifies μένος or it may be an inner acc. 'breathe terrible breath,' (μένος as appositive) or adv., "terribly" μένος: neuter acc. direct object

183 τὴν μὲν...αὖ: this one...and again τεράεσσι: dat. pl. Homer does not say what τέρας is; traditionally it is Pegasus πιθήσας: trusting in, confident in (dat); nom. sg. aor. pple πείθω

184 δεύτερον: second; adverbial acc., cf. 179 Σολύμοισι κυδαλίμοισι: with...; dat. of association, common with μάχομαι, aor.

185 φάτο: he claimed x (to be) y; 3rd sg. impf. mid. φημί governs a double acc. καρτίστην δὴ: quite the mightiest; acc. predicate; δὴ often with superlatives τήν γε μάχην...ἀνδρῶν: this battle... δύμεναι: to enter; aor. epexegetical (explanatory) inf. δύω with καρτίστην

186 τὸ τρίτον: third; adv. acc. (acc. respect)

187 τῷ: for him; Bellerophon, dat. interest

188 κρίνας: nom. sg. aor. pple κρίνω

189 εἷσε: set; 3rd sg. aor. active ἕζομαι τοὶ: and these; a demonstrative

ἀλλ' ὅτε δὴ γίγνωσκε θεοῦ γόνον ἠῢν ἐόντα,   191
αὐτοῦ μιν κατέρυκε, δίδου δ' ὅ γε θυγατέρα ἥν,   192
δῶκε δέ οἱ τιμῆς βασιληΐδος ἥμισυ πάσης·   193
καὶ μέν οἱ Λύκιοι τέμενος τάμον ἔξοχον ἄλλων,   194
καλὸν φυταλιῆς καὶ ἀρούρης, ὄφρα νέμοιτο.   195
ἣ δ' ἔτεκε τρία τέκνα δαΐφρονι Βελλεροφόντῃ,   196
Ἴσανδρόν τε καὶ Ἱππόλοχον καὶ Λαοδάμειαν.   197
Λαοδαμείη μὲν παρελέξατο μητίετα Ζεύς,   198
ἣ δ' ἔτεκ' ἀντίθεον Σαρπηδόνα χαλκοκορυστήν.   199
ἀλλ' ὅτε δὴ καὶ κεῖνος ἀπήχθετο πᾶσι θεοῖσιν,   200

ἀντί-θεος -η -ον: godlike, equal to the gods 1
ἀπ-έχθομαι: become hated/hateful to (dat), 2
ἄρουρα, ἡ: land, arable land, 3
αὐτοῦ: on the very spot, here, there, 2
βασιληΐς, -ΐδος: royal, of the king (f. adj.) 1
Βελλεροφόντης, ὁ: Bellerophon, 7
γιγνώσκω: to learn, note, realize, know, 6
γόνος, ὁ: offspring, a child, 1
δαΐφρων, -ονος ὁ, ἡ: skilled in battle, 2
ἔξ-οχος, -ον: standing out, jutting, 1
ἑός, -ή, -όν: his own, her own, its own, 13
ἥμισυς, -υ: half, 1
ἠῢς, ἠῢ (ἐΰς, ἐΰ): noble, good, 2
θυγάτηρ, ἡ: a daughter, 7
Ἱππόλοχος, ὁ: Hippolochus, 4
Ἴσανδρος, ὁ: Isander, 2

κατ-ερυκάνω: to hinder, hold or draw back, 2
κεῖνος, -η, -ον: that, those, 2
Λαοδάμεια, ἡ: Laodameia, 2
Λύκιος, -η, -ον: Lycian, 2
μητίετα, ὁ: counsellor, 1
νέμω: to distribute, dispense, deal out, 1
παρα-λέγω: to lie beside, lay beside, 1
Σαρπηδών, -όνος, ὁ: Sarpedon, 1
τέκνον, τό: a child, 9
τέμενος, τό: marked off land; precinct, 1
τέμνω: to cut, cut up, 2
τιμή, ἡ: honor, privilege, prerogative, 1
τρεῖς, τρία: three, 1
φυταλίη, ἡ: orchard, planted place, 1
χαλκο-κορυστής -ου, ὁ: bronze-armed, 2

191 ὅτε δὴ: *just when;* δὴ suggests exactness
  ἐόντα: acc. sg. pple εἰμί; ἠῢν predicate
192 αὐτοῦ: *here;* adv. "in this very place"
  κατέρυκε: impf.
  δίδου: *tried to give;* (ἐ)δίδε(σ)ο, 2nd sg.
  conative impf. δίδωμι
  ὅ γε: *he…;* same subject for both verbs
  ἥν: ἑήν, possessive adj. ἑός
193 δῶκε: aor. δίδωμι
  οἱ: 3rd sg pronoun, dat. ind. obj.
  τιμῆς: *privilege;* partitive gen.
194 καὶ μέν: *moreover;* introducing a new
  idea or developing an old one

  οἱ: 3rd sg pronoun, dat. ind. obj.
  τάμον: i.e. partioned and distributed,
  3rd pl. aor. τέμνω
195 ὄφρα: *so that he might have a portion;*
  purpose clause with pres. mid. opt; in
  secondary sequence, an opt. replaces
  the subjunctive; mid. "allot to himself"
196 ἣ δ': *and this one;* i.e. the daughter
  ἔτεκε: aor. τίκτω
198 Λαοδαμείη: dat. of compound verb
200 καὶ κεῖνος: *even that one, that one too;*
  i.e. Bellerophon
  ἀπήχθετο: impf. mid. governs a dat.

ἤτοι ὃ κὰπ πεδίον τὸ Ἀλήϊον οἶος ἀλᾶτο,   201
ὃν θυμὸν κατέδων, πάτον ἀνθρώπων ἀλεείνων·   202
Ἴσανδρον δέ οἱ υἱὸν Ἄρης ἆτος πολέμοιο   203
μαρνάμενον Σολύμοισι κατέκτανε κυδαλίμοισι·   204
τὴν δὲ χολωσαμένη χρυσήνιος Ἄρτεμις ἔκτα.   205
Ἱππόλοχος δέ μ' ἔτικτε, καὶ ἐκ τοῦ φημι γενέσθαι·   206
πέμπε δέ μ' ἐς Τροίην, καί μοι μάλα πόλλ' ἐπέτελλεν,   207
αἰὲν ἀριστεύειν καὶ ὑπείροχον ἔμμεναι ἄλλων,   208
μηδὲ γένος πατέρων αἰσχυνέμεν, οἳ μέγ' ἄριστοι   209
ἔν τ' Ἐφύρῃ ἐγένοντο καὶ ἐν Λυκίῃ εὐρείῃ.   210

ἄατος (ἆτος), -ον: insatiate, 2
αἰεί, αἰέν: always, forever, in every case, 5
αἰσχύνω: to bring shame upon; feel shame, 2
ἀλάομαι: to wander, stray, roam, 1
ἀλεείνω: to avoid, shun, shrink from, 2
Ἀλήϊος, -η, -ον: Aleian, 1
ἄνθρωπος, ὁ: human being, 6
Ἄρης, ὁ: Ares; battle, 4
ἀριστεύω: to be best, be the bravest, 2
ἄριστος, -η, -ον: best, most excellent, 9
Ἄρτεμις, ἡ: Artemis, 2
γένος, -εος, τό: race, family, 2
ἑός, -ή, -όν: his own, her own, its own, 13
ἐπι-τέλλομαι: to enjoin, command, 1
εὐρύς, -εῖα, -ύ: wide, broad, spacious, 6
Ἐφύρη, ἡ: Ephyre, 2
ἤτοι: now surely, truly, 4

Ἱππόλοχος, ὁ: Hippolochus, 4
Ἴσανδρος, ὁ: Isander, 2
κατ-έδω: to eat up, devour, 2
κατα-κτείνω: to kill, slay, 7
κυδάλιμος, -ον: glorious, renowned, 2
Λυκίη: Lycia, 7
μάρναμαι: to fight, do battle; quarrel, 3
μη-δέ: and not, but not, nor, 3
οἶος, -η, -ον: alone, lone, only, 6
πάτος, ὁ: trodden path, 1
πέμπω: to send, conduct, convey, dispatch, 2
Σολύμοι, οἱ: the Solymni, 2
Τροίη, ἡ: Troy, 5
ὑπέρ-οχος, -ον: prominent, distinguished, 1
χολόω: to become angry, 1
χρυσ-ήνιος, -η, -ον: gold-strapped, 1

---

201 κὰπ: *over*; κατά, assimilated before π-
πεδίον τὸ Ἀλήϊον: *plain, this Aleian one*
ἀλᾶτο: impf. ἀλάομαι
202 ὃν: *his*; ἑόν, 3rd pers. possessive adj.
κατέδων: *eating away at*; nom. sg. pple
203 οἱ: *his*; dat. possession, 3rd sg. pronoun
204 Σολύμοισι: *with...*; dat. of association
governed by the pple μαρνάμενον
205 τὴν δὲ: *and this one*; though not clear,
the pronoun refers to Bellerophon's only
daughter Laodameia
χολωσαμένη: *having become angry*;
inceptive aor. mid. pple
206 ἔτικτε: *raised*; i.e. reared, impf.

ἐκ τοῦ: *from him*; i.e. from Hippolochus
φημί: *I claim*; the verb often makes an
assertion rather than a simple statement
207 (ἐ)πέμπε: impf. πέμπω but the aor. is
more appropriate in this context
208 ἀριστεύειν...ἔμμεναι...αἰσχυνέμεν: in
apposition to πόλλα, pres. infinitives
ἀριστεύω, εἰμί, αἰσχύνω
ἄλλων: *among...*; partitive gen.
209 μηδέ: *and not...*
οἳ: *who...*; partitive gen.
μέγα: *by far...*; neuter sg. adverbial acc.
with the predicate ἄριστοι
210 ἐγένετο: aor. γίγνομαι

ταύτης τοι γενεῆς τε καὶ αἵματος εὔχομαι εἶναι.'   211

ὣς φάτο, γήθησεν δὲ βοὴν ἀγαθὸς Διομήδης·   212

ἔγχος μὲν κατέπηξεν ἐπὶ χθονὶ πουλυβοτείρῃ,   213

αὐτὰρ ὁ μειλιχίοισι προσηύδα ποιμένα λαῶν·   214

'ἦ ῥά νύ μοι ξεῖνος πατρώϊός ἐσσι παλαιός·   215

Οἰνεὺς γάρ ποτε δῖος ἀμύμονα Βελλεροφόντην   216

ξείνισ' ἐνὶ μεγάροισιν ἐείκοσιν ἤματ' ἐρύξας·   217

οἳ δὲ καὶ ἀλλήλοισι πόρον ξεινήϊα καλά·   218

Οἰνεὺς μὲν ζωστῆρα δίδου φοίνικι φαεινόν,   219

Βελλεροφόντης δὲ χρύσεον δέπας ἀμφικύπελλον   220

ἀγαθός, -ή, -όν: good, brave, noble, 6
αἷμα, -ατος τό: blood, 4
ἀμύμων, -ονος: blameless, noble, 9
ἀμφι-κύπελλος, -ον: double-handled, 1
Βελλεροφόντης, ὁ: Bellerophon, 7
γενεή, ἡ: race, family, lineage, 6
γηθέω: to rejoice, 1
δέπας, τό: drinking cup, cup, goblet, 1
Διομήδης, -εος, ὁ: Diomedes, 5
εἴκοσι: twenty, 2
ἐρύκω: to keep, check, curb, restrain, 2
εὔχομαι: boast, vaunt, exult; pray, 6
ζωστήρ, ῆρος, ὁ: a warrior's belt, 1
κατα-πήγνυμι, ὁ: to stick fast, thrust firmly 1

μειλίχιος, -η, -ον: winning, soothing, mild, 2
ξεινήϊον, τό: a host's gift, 1
ξεινίζω: entertain a guest, receive a guest, 2
ξεῖνος, ὁ: a guest-friend, stranger, 3
Οἰνεύς, ὁ: Oeneus, 2
παλαιός, -ή, -όν: old in years, old, aged, 1
πατρῷος, -η, -ον: of one's father, inherited 2
ποιμήν, -ένος, ὁ: shepherd, 2
πόρω: to give, furnish, offer, supply, 5
πουλυβότειρα, ἡ: much-nourishing, 1
φαεινός, -ή, -όν: shining, beaming, radiant, 4
φοινικίς, -ίδος, ἡ: red, blood-red, 1
χθών, -ονός, ἡ: the earth, ground, 3
χρύσεος, -η, -ον: golden, of gold, 5

---

211 γενεῆς...αἵματος: *from...*; gen. of
source, predicative after inf. of εἰμί
τοι: *to be sure, be assured*; particle
212 ὣς φάτο: *thus...*; 3rd sg. aor. mid. φημί
γήθησεν: 3rd sg. aor. γηθέω
βοὴν: *in/at the battle cry*; acc. of respect
is common after an adj., here ἀγαθὸς
213 ἐπὶ: *upon...*; draws down his spear and
sticks it in the earth; dat. place where
214 ὃ: *he*; demonstrative
προσηύδα: inchoative impf.
215 ἦ ῥά: *truly, so it seems*; particles

expressing surprise and realization
νύ: νῦν
ἐσσι: 2nd sg. pres. εἰμί, Att. εἶ
216 (ἐ)ξείνισε: 3rd sg. aor. ξεινίζω
ἐνὶ: ἐν
217 ἐείκοσιν ἤματα: *for...*; accusative
duration of time
ἐρύξας: *keeping (him)*; nom sg. aor. pple
218 οἳ δὲ καὶ: *these also...*; καὶ is an adverb
πόρον: 3rd pl. aor. πόρω
219 δίδου: (ἐ)δίδοε, 3rd sg. impf. δίδωμι
φοίνικι: *with crimson*; dat. of cause

Independent Subjunctive is employed as a virtual imperative or future in 4 different ways:

1. Hortatory (1st sg. or pl.)[13 times]   κτείνωμεν [p.7] *let us kill*   λίσσωμαι [p.96] *let me beg*
2. Prohibitive (μὴ + 2nd s. aor.)[4 times]   μὴ θῇης [p.7] *don't make/you should not make*

For deliberative and anticipatory subjunctives, see p. 72

καί μιν ἐγὼ κατέλειπον ἰὼν ἐν δώμασ' ἐμοῖσι.   221

Τυδέα δ' οὐ μέμνημαι, ἐπεί μ' ἔτι τυτθὸν ἐόντα   222

κάλλιφ', ὅτ' ἐν Θήβησιν ἀπώλετο λαὸς Ἀχαιῶν.   223

τὼ νῦν σοὶ μὲν ἐγὼ ξεῖνος φίλος Ἄργεϊ μέσσῳ   224

εἰμί, σὺ δ' ἐν Λυκίῃ, ὅτε κεν τῶν δῆμον ἵκωμαι.   225

ἔγχεα δ' ἀλλήλων ἀλεώμεθα καὶ δι' ὁμίλου·   226

πολλοὶ μὲν γὰρ ἐμοὶ Τρῶες κλειτοί τ' ἐπίκουροι   227

κτείνειν ὅν κε θεός γε πόρῃ καὶ ποσσὶ κιχείω,   228

πολλοὶ δ' αὖ σοὶ Ἀχαιοὶ ἐναιρέμεν ὅν κε δύνηαι.   229

τεύχεα δ' ἀλλήλοις ἐπαμείψομεν, ὄφρα καὶ οἵδε   230

ἀλέομαι: to escape, avoid, flee from, 5
ἀπ-όλλυμι: destroy, kill, slay; *mid.* perish, 4
Ἄργος, Ἄργεος, ὁ: Argos, 3
αὖ: again, in turn; further, moreover, 6
δῆμος, ὁ: district, country, land; people, 3
διά: through (gen.) on account of (acc.), 8
δύναμαι: to be able, can, be capable, 6
δῶμα, -ατος, τό: house, 6
ἐν-αίρω: to slay, kill, 2
ἐπ-αμείβω: to exchange; comes in turn to, 2
ἐπί-κουρος, ὁ: ally, assistant; assisting, 2
Θῆβαι, αἱ: Thebes, 2

ἵκω: to come, arrive, reach, 4
κατα-λείπω: to abandon, leave behind, 2
κιχάνω: to reach, come upon, find, 6
κλειτός, -ή, -όν: famed, famous, renowned, 1
Λυκίη: Lycia, 7
μέσ(σ)ος, -η, -ον: the middle of, 5
μιμνήσκω: to remind, recall, recollect, 5
ξεῖνος, ὁ: a guest-friend, stranger, 3
ὅμιλος, ὁ: crowd, assembled throng, 2
πόρω: to give, furnish, offer, supply, 5
Τυδεύς, -έος, ὁ: Tydeus, 5
τυτθός, -όν: little, small, young, 3

221 μιν: *it*; i.e. the cup, δέπας
    ἰών: nom. sg. pple ἔρχομαι
222 Τυδέα: acc. sg. Τυδεύς
    μέμνημαι: pf. mid. μιμνήσκω
    ἐόντα: acc. sg. pple. εἰμί
223 κάλλιφ': κατέλιπε, aor. καταλείπω,
    elision with aspiration
    ὅτ(ε): *when*
    ἀπώλετο: aor. ἀπ-όλλυμι
224 τώ: *therefore*; τῷ; 'because of this,'
    dat. of cause
    Ἄργεϊ μέσσῳ: *in...*; dat. place where
225 σὺ δ': *you (are a guest friend to me)*;
    ellipsis
    ὅτε κεν...ἵκωμαι: *whenever...*; aor. subj.
    ἱκνέομαι in a general temporal clause
    τῶν: *their*; 'of those,' i.e. the Lycians'
226 ἀλεώμεθα: *Let us...*; 1st pl. pres. subj.
    in main clause is a hortatory subjunctive

    δι': διά
227 πολλοὶ μὲν...πολλοὶ δ': *(there are)
    many...and (there are) many*; add εἰσίν
228 κτείνειν: epexegetical/explanatory inf.
    κτείνω or an infinitive of purpose
    ὅν κε...πόρῃ...κιχείω: *whomever...*; κε +
    subjunctive in a general relative clause
    (relative clauses of characteristic), 3rd
    sg. subj. of πόρω and 1st sg. κιχάνω
229 πολλοὶ δ': *and (there are) many*; εἰσίν
    ἐναιρέμεν: epexegetical inf. ἐναίρω
    ὅν κε: *whomever...*; see 6.228 above,
    δυνη(σ)αι, 2nd sg. pres. mid. subj.,
    repeat ἐναιρέμεν as complementary inf.
230 ἐπαμείψομεν: *Let us...*; ἐπαμείψωμεν,
    1st pl. aor. hortatory subjunctive
    ὄφρα καὶ οἵδε: *so that these men also...*;
    'to the end that...' purpose clause

γνῶσιν ὅτι ξεῖνοι πατρώϊοι εὐχόμεθ᾽ εἶναι.᾽   231

ὣς ἄρα φωνήσαντε, καθ᾽ ἵππων ἀΐξαντε,   232

χεῖράς τ᾽ ἀλλήλων λαβέτην καὶ πιστώσαντο·   233

ἔνθ᾽ αὖτε Γλαύκῳ Κρονίδης φρένας ἐξέλετο Ζεύς,   234

ὃς πρὸς Τυδεΐδην Διομήδεα τεύχε᾽ ἄμειβε   235

χρύσεα χαλκείων, ἑκατόμβοι᾽ ἐννεαβοίων.   236

Ἕκτωρ δ᾽ ὡς Σκαιάς τε πύλας καὶ φηγὸν ἵκανεν,   237

ἀμφ᾽ ἄρα μιν Τρώων ἄλοχοι θέον ἠδὲ θύγατρες   238

εἰρόμεναι παῖδάς τε κασιγνήτους τε ἔτας τε   239

καὶ πόσιας· ὃ δ᾽ ἔπειτα θεοῖς εὔχεσθαι ἀνώγει   240

ἀΐσσω: to start, spring, leap up, 4
ἀμείβομαι: to reply, respond; act. exchange 4
ἄνωγα: to command, order, bid, 7
γιγνώσκω: to learn, note, realize, know, 6
Γλαῦκος, ὁ: Glaucus, 4
Διομήδης, -εος, ὁ: Diomedes, 5
εἴρομαι: to ask, enquire, question, 1
ἑκατόμ-βοιος, -η, -ον: worth 100 oxen, 1
ἐννεά-βοιος, -η, -ον: worth nine oxen, 1
ἐξ-αιρέω: to take out, pick out (aor. ἐλ) 1
ἔτης, -ου, ὁ: kinsmen, clansmen, neighbors, 2
εὔχομαι: boast, vaunt; exult; pray to (dat) 6
θέω: to run, rush, 5
θυγάτηρ, ἡ: a daughter, 7
ἱκάνω: to approach, come, arrive, reach, 8

ἵππος, ὁ: horse, 8
κασί-γνητος, ὁ: a brother, 5
Κρονίδης, ὁ: son of Cronus, Jupiter, 2
λαμβάνω: to take, receive, catch, grasp, 5
ξεῖνος, ὁ: a guest-friend, stranger, 3
ὅτι (ὅττι): that; because, 6
πατρῷος, -η, -ον: of one's father, inherited 2
πιστόομαι: pledge; make trustworthy, 1
πόσις, -εως, ὁ: husband, 3
Σκαιαί, αἱ: Scaean (gates), 5
Τυδεΐδης, ὁ: son of Tydeus, 2
φηγός, τό: oak tree (specific type: Valonia) 1
φωνέω: to utter, speak, 6
χάλκειος, -εα, -εον: bronze, brazen, copper, 4
χρύσεος, -η, -ον: golden, of gold, 5

231 γνῶσιν: 3ʳᵈ pl. aor. subj. γιγνῶσκω
232 φωνήσαντε, ἀΐξαντε: dual aor. pple
     καθ᾽: *down from*; κατὰ elision before
     aspiration; gen. place from which
233 λαβέτην: 3ʳᵈ pers. dual aor. λαμβάνω
     πιστώσαντο: 3ʳᵈ dual aor. mid.
234 ἐξέλετο: aor. mid. ἐξαιρέω (stem ἐλ)
234 Γλαύκῳ: *for Glaucus*; dat. of interest, it
     may serve as dat. possession: Glaucus᾽

235 πρὸς: translate as "with" in our idiom
236 χαλκείων, ἐνναβοίων: *for...for...*; gen.
     of exchange
     χρύσεα, ἑκατόμβοια: acc. direct objects
237 ὡς: *when*
238 θέον: 3ʳᵈ pl. impf. θέω, not θεὸν, "god"
239 εἰρόμεναι: inf. of purpose, εἴρομαι
240 πόσιας: 3ʳᵈ declension acc. pl. πόσις
     ὃ δ᾽: *but he...*

---

12 Dual Verb Forms: Some forms are 2ⁿᵈ pers. (*you two*); others are 3ʳᵈ pers. (*those two*).

	act.	mid./pass.			
2ⁿᵈ present, past³ ᵗⁱᵐᵉˢ	-τον	-σθον	ἐποτρύνητον ᵖ·⁹	ὀαρίζετον ⁶⁷	ἔπεσθον ⁹⁹
3ʳᵈ present		-τον	-σθον		
3ʳᵈ past⁹ ᵗⁱᵐᵉˢ		-την	-σθην	ἐδύτην ᵖ·² ἐβήτην ⁴ συνίτην ¹² λαβέτην²⁴	
προσαυδήτην⁶³		παραδραμέτην⁷⁰ ἀρνύσθην⁷⁰ δινηθήτην⁷¹ πετέσθην· ⁹⁴			

πάσας ἐξείης· πολλῇσι δὲ κήδε᾽ ἐφῆπτο.   241

ἀλλ᾽ ὅτε δὴ Πριάμοιο δόμον περικαλλέ᾽ ἵκανε,   242

ξεστῇς αἰθούσῃσι τετυγμένον—αὐτὰρ ἐν αὐτῷ   243

πεντήκοντ᾽ ἔνεσαν θάλαμοι ξεστοῖο λίθοιο,   244

πλησίον ἀλλήλων δεδμημένοι· ἔνθα δὲ παῖδες   245

κοιμῶντο Πριάμοιο παρὰ μνηστῇς ἀλόχοισι·   246

κουράων δ᾽ ἑτέρωθεν ἐναντίοι ἔνδοθεν αὐλῆς   247

δώδεκ᾽ ἔσαν τέγεοι θάλαμοι ξεστοῖο λίθοιο,   248

πλησίον ἀλλήλων δεδμημένοι· ἔνθα δὲ γαμβροὶ   249

κοιμῶντο Πριάμοιο παρ᾽ αἰδοίῃς ἀλόχοισιν·   250

αἰδοῖος -α -ον: reverent, august, venerable 2
αἴθουσα, ἡ: portico, colonnade, 2
αὐλή, ἡ: pen, enclosure, the court-yard, 2
γαμβρός, ὁ: son-in-law, 3
δέμω: to build, construct, form, 2
δώδεκα: twelve, 1
ἐναντίος, -η, -ον: opposite, contrary, 4
ἔνδο-θεν: from within, within (gen) 1
ἐν-έζομαι: to sit on, 1
ἐξείης: one after another, in order, 2
ἔν-ειμι: to be within, be in, 1
ἑτέρω-θεν: from or on the other side, 2
ἐφ-άπτω: to fix upon, lay hold upon, 1
θάλαμος, ὁ: room, chamber, sleeping room 7

ἱκάνω: to approach, come, arrive, reach, 8
κῆδος, -εος, τό: trouble, care, 3
κοιμάω: to put to sleep; mid. to fall asleep, 2
κούρη, ἡ: girl, maiden, 4
λίθος, ὁ: a stone, 2
μνηστός, -ή, -όν: wooed (and wedded), 1
ξεστός, -ή, -όν: hewn, planed; polished, 3
πεντήκοντα: fifty, 1
περι-καλλής, -ές: beautiful, fair, lovely, 2
πλησίος, -η, -ον: near, close, 3
τέγεος, -ον: near the roof, roofed, 1
τεύχω: to make, build, construct, prepare, 7

---

241 πάσας: all (the Trojan women)
    ἐξείης: i.e. he asks each one after another
    πολλῇσι: upon…; dat, compound verb
    ἐφῆπτο: plpf. mid. ἐφ-άπτω; neut. pl
    κήδεα is subject of this 3rd sg. verb
242 ὅτε δή: just when; δή implies exactness
    περικαλλέα: acc. sg.
243 τετυγμένον: pf. pass. pple τεύχω
    αὐτῷ: it; i.e. the δομός

ἔν-εσαν: sat within; 3rd pl. aor. act.
    ἐν-έζομαι; ἐν repeated as a preposition
245 δεδμημένοι: pf. pass. pple δέμω
    ἔνθα: there
246 παρὰ: beside…; dat. place where
    ἐναντίοι: supply θάλαμοι from l. 244
248 ἔσαν: 3rd pl. impf. εἰμί
249 δεδμημένοι: see note for l. 245 above

Wishes: There are 13 instances of wishes and unattainable wishes found in the commentary.

1. optative without ἄν   μή...ὑπεκφύγοι[p.6],   ἐξαπολοίατο[6],   τεθναίης[17]
                              κατὰ...καλύπτοι[47],   εἴποι[48]   μὴ μὰν...ἀπολοίμην[85]
2. ὡς (how) + opt.᾽   ὡς...χάνοι[29]   ὡς...κομίσαι(σ)ο[83]
3. αἴ γάρ (if only) + opt.   αἴ γάρ…εἴη[100]
4. ὡς (how) + ὀφείλω + inf. ὡς...ὄφελε οἴχεσθαι[35] ὡς μὴ ὄφελλε τεκέσθαι[103]
                              ὡς ὄφελεν θανέειν[97] would that he had died (how he ought to have died…)
5. αἴ γάρ (if only) + past ind. αἴ γάρ...ἀνήη[89]

ἔνθά οἱ ἠπιόδωρος ἐναντίη ἤλυθε μήτηρ   251

Λαοδίκην ἐσάγουσα, θυγατρῶν εἶδος ἀρίστην·   252

ἔν τ' ἄρα οἱ φῦ χειρὶ ἔπος τ' ἔφατ' ἔκ τ' ὀνόμαζε·   253

'τέκνον, τίπτε λιπὼν πόλεμον θρασὺν εἰλήλουθας;   254

ἦ μάλα δὴ τείρουσι δυσώνυμοι υἷες Ἀχαιῶν   255

μαρνάμενοι περὶ ἄστυ· σὲ δ' ἐνθάδε θυμὸς ἀνῆκεν   256

ἐλθόντ' ἐξ ἄκρης πόλιος Διὶ χεῖρας ἀνασχεῖν.   257

ἀλλὰ μέν', ὄφρά κέ τοι μελιηδέα οἶνον ἐνείκω,   258

ὡς σπείσῃς Διὶ πατρὶ καὶ ἄλλοις ἀθανάτοισι   259

πρῶτον, ἔπειτα δὲ καὐτὸς ὀνήσεαι, αἴ κε πίῃσθα.   260

ἀ-θάνατος, -ον: undying, immortal, 5
ἄκρος, -α, -ον: topmost, top, excellent, 7
ἀν-έχω: to hold up; suffer, endure, tolerate, 4
ἀν-ίημι: to release, send up, give up, 6
ἄριστος, -η, -ον: best, most excellent, 9
δυσ-ώνυμος, -ον: bearing ill name, hateful, 1
εἶδος, τό: appearance, form, shape, 2
εἰσ-άγω: to lead to, bring to, 1
ἐναντίος, -η, -ον: opposite, contrary, 4
ἐνθάδε: here, hither, there, thither, 3
ἠπιό-δωρος, -ον: kindly giving, bountiful, 1
θρασύς, -εῖα, -ύ: bold, daring, confident, 2
θυγάτηρ, ἡ: a daughter, 7
λαοδίκη, ἡ: Laodice, 1

λείπω: to leave, forsake, abandon, 7
μάρναμαι: to fight, do battle; quarrel, 3
μελι-ηδής, -ές: honey-sweet, 1
οἶνος, ὁ: wine, 4
ὀνίνημι: mid. enjoy, delight; act profit, help 1
ὀνομάζω: to name, call by name, 4
πίνω: to drink, 1
σπένδω: to pour a drink-offering, libation, 1
τείρω: to wear out, distress, afflict, 4
τέκνον, τό: a child, 9
τίπτε: why in the world? what? (τί ποτε), 2
φύω: to grow, bring forth, produce, 4

251 οἱ: his; dat. possession
    ἤλυθε: aor. act. ἔρχομαι
252 ἐσ-άγουσα: nom. sg. pres pple εἰσ-άγω
    εἶδος: in appearance; acc. of respect
253 ἔν τ' ἄρα οἱ φῦ χειρὶ: then she planted on
    him with her hand; i.e. she grabbed him;
    3rd sg. impf. φύω; χειρὶ, is dat. means
    ἔπος τ' ἔφατο: began to speak a word
    ἔκ τ' ὀνόμαζε: called (him) out by name;
    tmesis, impf., Hecabe is the subject
254 λιπὼν: nom. sg. aor. pple λείπω
    εἰλήλουθας: pf. act. ἔρχομαι
255 ἦ μάλα δὴ: quite truly now
256 ἀνῆκεν: 3rd sg. aor ἀν-ίημι
257 ἐλθόντα: aor. pple ἔρχομαι with σὲ

    Διὶ: to Zeus; dat. sg.
    ἀνασχεῖν: aor. inf of purpose, ἀν-έχω
258 μένε: sg. imperative
    ὄφρά κέ...ἐνείκω: so that...; purpose; 1st
    sg. 1st aor. subj. φέρω (Att. ἤνεγκον)
    τοι: to you; σοι, dat. indirect object
259 ὡς σπείσῃς: so that...; purpose clause,
    2nd sg. aor. subj. σπένδω
260 πρῶτον: adverbial acc.
    καὐτὸς: you yourself; crasis καὶ αὐτὸς
    ὀνήσε(σ)αι: 2nd sg. fut. mid. ὀνίνημι as
    apodosis, future-more-vivid (εἰ/αἰ + aor.
    subj., fut. indicative)
    αἴ...πίῃσθα: if...; 2nd sg. aor. subj.
    πίνω; protasis in the condition above

Zeus[17] Nom. Ζεύς   Dat. Διί, Ζηνί   **Hades**[12] Nom. Ἀΐδης, Ἄϊδης* Dat. Ἀΐδῃ Ἄϊδι   *1st or 3rd
      Gen. Διός, Ζηνός Acc. Δία, Ζῆνα   Gen. Ἀΐδαο, Ἄϊδος Acc. Ἀΐδην   decl.

ἀνδρὶ δὲ κεκμηῶτι μένος μέγα οἶνος ἀέξει,   261

ὡς τύνη κέκμηκας ἀμύνων σοῖσιν ἔτῃσι.'   262

τὴν δ' ἠμείβετ' ἔπειτα μέγας κορυθαίολος Ἕκτωρ·   263

'μή μοι οἶνον ἄειρε μελίφρονα, πότνια μῆτερ,   264

μή μ' ἀπογυιώσῃς μένεος, ἀλκῆς τε λάθωμαι·   265

χερσὶ δ' ἀνίπτοισιν Διὶ λείβειν αἴθοπα οἶνον   266

ἅζομαι· οὐδέ πῃ ἔστι κελαινεφέϊ Κρονίωνι   267

αἵματι καὶ λύθρῳ πεπαλαγμένον εὐχετάασθαι.   268

ἀλλὰ σὺ μὲν πρὸς νηὸν Ἀθηναίης ἀγελείης   269

ἔρχεο σὺν θυέεσσιν ἀολλίσσασα γεραιάς·   270

ἀγε-λείη, ἡ: driver of spoil, forager, 2
ἀέξω: to make grow, increase; *mid.* grow, 1
ἅζομαι: to stand in awe of, be ashamed, 1
αἶθοψ, -οπος: fiery-looking, sparkling, 1
αἷμα, -ατος τό: blood, 4
αἴρω (ἀείρω): to take away, raise, lift up, 6
ἀλκή, ἡ: might, strength (ἀλκί – dat.), 3
ἀμείβομαι: to reply, respond; *act.* exchange 4
ἀμύνω: to keep off, ward off, defend, 2
ἄ-νιπτος, -ον: unwashed, 1
ἀολλίζω: to gather together, 2
ἀπο-γυιόω: enfeeble, deprive of limbs' use 1
γεραιός, -ά, -όν: old; ancient, elder, 4
ἔτης, -ου, ὁ: kinsmen, clansmen, neighbors, 2
εὐχετάομαι: to pray; boast, brag, 2

θύος, -εος τό: burnt sacrifice, sacrifice, 1
κάμνω: to be tired, be ill, be grieved, 2
κελαι-νεφής, -ές: of dark clouds, 2
Κρονίων, -ίονος, ὁ: son of Cronus, Jupiter, 1
λανθάνω: to escape notice, forget (gen) 5
λείβω: to pour a libation, pour, 1
λύθρον, τό: defilement from blood, gore, 1
μελι-φρων, -φρονος: sweet to the mind, 1
νηός, τό: temple, 7
οἶνος, ὁ: wine, 4
παλάσσω: to sprinkle, splatter, 1
πῆ: in what way?; πῃ in any way, 4
πότνια, ἡ: mistress, queen, 8
σύν: along with, with, together (+ dat.), 6
τύνη: you (Doric form for 2nd sg. nom. σύ) 1

261 κέκμηῶτι: *being weary*; dat. sg. pf. pple
κάμνω, modifies ἀνδρὶ dat of interest
μέγα: adverbial acc. or adj. with μένος
262 ὡς...κέκμηκας: *since you are weary...;*
2ⁿᵈ sg. pf. κάμνω
263 τὴν δ': *her*; demonstrative, i.e. Hecuba
264 μή...ἄειρε: negative imperative
πότνια μῆτερ: vocative direct address
265 μή μ' ἀπογυιώσῃς: *you should not...;* or
'don't enfeeble,' μὴ + 2ⁿᵈ sg. aor. subj.
is a prohibitive subjunctive, equivalent
to a negative command
μ': με

μένεος: *from...;* gen. of separation, μένος
λάθωμαι: *do (not) let me...;* neg.
hortatory subj., 1ˢᵗ sg. aor. λανθάνω
266 δ': *but...;* adversative
χερσὶ: dat. pl. χείρ
Διὶ: *to Zeus*; dat. sg.
267 ἔστι: *is it possible*
αἵματι καὶ λύθρῳ: dat. of means
268 πεπαλαγμένον: pf. pass. pple
παλάσσω modifies με, the missing acc.
subject of εὐχετάασθαι
269 ἔρχε(σ)ο: sg. imperative ἔρχομαι
270 ἀολλίσσασα: fem. sg. aor. pple

πέπλον δ', ὅς τίς τοι χαριέστατος ἠδὲ μέγιστος 271

ἔστιν ἐνὶ μεγάρῳ καί τοι πολὺ φίλτατος αὐτῇ, 272

τὸν θὲς Ἀθηναίης ἐπὶ γούνασιν ἠϋκόμοιο, 273

καί οἱ ὑποσχέσθαι δυοκαίδεκα βοῦς ἐνὶ νηῷ 274

ἤνις ἠκέστας ἱερευσέμεν, αἴ κ' ἐλεήσῃ 275

ἄστύ τε καὶ Τρώων ἀλόχους καὶ νήπια τέκνα, 276

αἴ κεν Τυδέος υἱὸν ἀπόσχῃ Ἰλίου ἰρῆς, 277

ἄγριον αἰχμητὴν, κρατερὸν μήστωρα φόβοιο. 278

ἀλλὰ σὺ μὲν πρὸς νηὸν Ἀθηναίης ἀγελείης 279

ἔρχευ, ἐγὼ δὲ Πάριν μετελεύσομαι, ὄφρα καλέσσω, 280

ἀγε-λείη, ἡ: driver of spoil, forager, 2
ἄγριος, -α, -ον: wild, fierce, 3
αἰχμητής, ὁ: warrior, spearman, 3
ἀπ-έχω: to hold from, keep away, 2
βοῦς, ὁ, ἡ: cow, ox, bull; cattle, oxen, 6
δυοκαίδεκα: twelve, 3
ἐλεέω: to pity, have compassion for, 9
ἤκεστος, -ον: untouched by the goad, 3
ἤνις, ἡ: a yearling (calf), 3
ἠΰ-κομος -ον: of fair locks, 3
ἱερεύω: to sacrifice, slaughter, 4
ἱερός -ή -όν: holy, divine; n. temple, victim 4
καλέω: to call, summon, invite, 6

κρατερός, -ή, -όν: strong, stout, mighty, 5
μετ-έρχομαι: to go among; pursue, 2
μήστωρ, -ωρος, ὁ: adviser, counsellor, 2
νηός, ὁ: temple, 7
νήπιος, -η, -ον: young; childish, foolish, 9
Πάρις, ὁ: Paris, 4
πέπλος, ὁ: robe, dress, clothing, 4
σύ: you, 50?
τέκνον, τό: a child, 9
Τυδεύς, -έος, ὁ: Tydeus, 5
ὑπ-ισχνέομαι: to promise, 5
φοβέω: to put to flight, terrify, frighten, 8
χαρίεις, -εσσα, -εν: graceful, lovely, 4

271 ὅς τίς: *whichever*; ὅστις, accent comes
from enclitic τοι, antecedent πέπλον
χαριέστατος, φίλτατος: superlatives
272 ἐνὶ: ἐν
πολὺ: *by far, far*; acc. of extent
τοι...αὐτῇ: *to you yourself*; intensive
273 τὸν: *this one*; i.e. the πέπλον
θὲς: aor. sg. imperative τίθημι
274 οἱ: *to her*; i.e. to Athena
ὑποσχέσθαι: *promise*; aor. inf. as
imperative, see l. 93 above
275 ἤνῖς: acc. plural indicated by long iota

ἱερευσέμεν: fut. inf. with
ὑποσχέσθαι
αἴ κε ἐλεήσῃ: *in the hope that…*; see box
below; 3rd sg. aor subj.
277 αἴ κεν...ἀπόσχῃ: *in the hope that
(Athena)…*; 3rd sg. aor. subj. ἀπ-έχω
ἰρῆς: ἱερῆς, Ἰλίου is fem. sg.
278 ἄγριον...φόβοιο: in apposition to υἱὸν
280 ἔρχευ: sg. imperative ἔρχομαι
μετελεύσομαι: fut. μετ-έρχομαι
ὄφρα καλέσσω: *so that…*; purpose
clause with 1st sg. aor. subj. καλέω

In the hope that: εἰ/αἰ + κέ + subj. may express the motive of an action or feeling expressed
in the apodosis. Translate αἴ κε as 'in the hope that,' 'on the chance that,' or 'if by chance.'

6.94, 275	αἴ κε ἐλεήσῃ:	*in the hope that she take pity*
6.277	αἴ κεν...ἀπόσχῃ:	*if by chance she keep away*
6.280	αἴ κ'ἐθέλησ':	*in case that she be willing*
22.196	εἴ...ἀλάλοιεν	*on the chance that he might ward off* (secondary seq.)

αἴ κ' ἐθέλῃσ' εἰπόντος ἀκουέμεν· ὥς κέ οἱ αὖθι   281

γαῖα χάνοι· μέγα γάρ μιν Ὀλύμπιος ἔτρεφε πῆμα   282

Τρωσί τε καὶ Πριάμῳ μεγαλήτορι τοῖό τε παισίν.   283

εἰ κεῖνόν γε ἴδοιμι κατελθόντ' Ἀΐδος εἴσω   284

φαίην κε φρέν' ἀτέρπου ὀϊζύος ἐκλελαθέσθαι.'   285

ὣς ἔφαθ', ἡ δὲ μολοῦσα ποτὶ μέγαρ' ἀμφιπόλοισι   286

κέκλετο· ταὶ δ' ἄρ' ἀόλλισσαν κατὰ ἄστυ γεραιάς.   287

αὐτὴ δ' ἐς θάλαμον κατεβήσετο κηώεντα,   288

ἔνθ' ἔσάν οἱ πέπλοι παμποίκιλα ἔργα γυναικῶν   289

Σιδονίων, τὰς αὐτὸς Ἀλέξανδρος θεοειδὴς   290

ἀκούω: to hear, listen to, 6
Ἀλέξανδρος, ὁ: Alexander (Paris), 6
ἀολλίζω: to gather together, 2
ἀ-τερπής, -ές: joyless, painful, dangerous, 1
αὖ-θι: on the spot, here, there, 6
βλώσκω: to come or go (aor. μολ) 1
γαῖα, ἡ: earth, ground, land, country, 8
γεραιός, -ά, -όν: old; ancient, elder, 4
εἴσω: inside, within; into, to within, 4
ἐκ-λανθάνω: escape notice, forget utterly 1
ἔργον, τό: work, labor, deed, act, 8
θάλαμος, ὁ: room, chamber, sleeping room 7
θεο-ειδής, -ές: godlike, divine in form, 3
κατα-βαίνω: to go or come down, descend, 1

κατ-έρχομαι: to go down; come back, 2
κεῖνος, -η, -ον: that, those, 2
κέλομαι: to command, bid, exhort (dat) 4
κη-ώεις, -εσσα, -εν: fragrant, full of incense 1
μεγαλ-ήτωρ, -ορος: great-hearted, heroic, 3
ὀϊζύς, -ύος, ὁ: woe, sorrow, grief, 1
Ὀλύμπιος, -ον: Olympian, 3
παμ-ποίκιλος, -ον: richly varied, 1
πέπλος, ὁ: robe, dress, clothing, 4
πῆμα, -ατος, τό: suffering, misery, woe, 3
ποτί: to, toward, 3
Σιδόνιος, -η, -ον: Sidonian, of Sidon, 1
τρέφω: to raise (a child), rear, 4
χάσκω: to yawn, gape, open, 1

---

281 αἴ κ'ἐθέλῃσ: *in the hope that...*; see p. 28
3rd sg. aor. subj.
εἰπόντος: gen. sg. aor. pple εἶπον
modifies missing μου the obj. of the inf.
ἀκουέμεν: inf. ἀκούω + gen. of source
ὡς...χάνοι: *may...gape open*; aor. opt. of
wish; κέ is uncommon and superfluous
οἱ: i.e. for Paris
282 μέγα πῆμα: *as a great bane*; second of a
double acc. in the predicative position
283 Τρωσί...παισίν: *for...*; dat. of interest
τοῖο: *of that one*; ~τοῦ. gen. sg.
284 εἰ ἴδοιμι, φαίην κε: *if I could..., I would*;
future-less-vivid condition (εἰ + opt., κέ
+ opt), here with aor. opt. εἶδον and
pres. opt. φημί
κατελθόντα: aor. pple κατ-έρχομαι

Ἀΐδος: *Hades' (house)*; supply δόμον
the acc. object of εἴσω
285 φρένα: *(my) mind*; i.e. Hector's, acc.
subject of the inf.
ἐκλελαθέσθαι: reduplicated aor. inf.,
governing a gen. object, ἐκ-λανθάνω
286 ἔφαθ': ἔφατο, impf. mid. φημί
ἡ δὲ: *and she*; i.e. Hecabe
μολοῦσα: fem. sg. aor. βλώσκω
287 κέκλετο: reduplicated aor. κέλομαι
ταὶ δ': *these*; demonstrative
κατὰ: *over...*; extensive in sense
288 αὐτὴ: *she herself*; intensive pronoun
κατεβήσετο: aor. mid. καταβαίνω
289 ἔνθα: *where*
ἔσαν οἱ: *there were*; + dat. possession
290 τὰς: *which*; relative, note absence of δέ

ἤγαγε Σιδονίηθεν, ἐπιπλὼς εὐρέα πόντον,   291

τὴν ὁδὸν ἣν Ἑλένην περ ἀνήγαγεν εὐπατέρειαν·   292

τῶν ἔν’ ἀειραμένη Ἑκάβη φέρε δῶρον Ἀθήνῃ,   293

ὃς κάλλιστος ἔην ποικίλμασιν ἠδὲ μέγιστος,   294

ἀστὴρ δ’ ὣς ἀπέλαμπεν· ἔκειτο δὲ νείατος ἄλλων.   295

βῆ δ’ ἰέναι, πολλαὶ δὲ μετεσσεύοντο γεραιαί.   296

αἳ δ’ ὅτε νηὸν ἵκανον Ἀθήνης ἐν πόλει ἄκρῃ,   297

τῇσι θύρας ὤϊξε Θεανὼ καλλιπάρῃος,   298

Κισσηΐς, ἄλοχος Ἀντήνορος ἱπποδάμοιο·   299

τὴν γὰρ Τρῶες ἔθηκαν Ἀθηναίης ἱέρειαν.   300

αἴρω (ἀείρω): to take away, raise, lift up, 6
ἄκρος, -α, -ον: topmost, top, excellent, 7
ἀν-άγω, ἡ: to lead up, bring up, 1
ἀπο-λάμπω: to shine, 2
ἀστήρ, ἀστρός, ὁ: star, 8
γεραιός, -ά, -όν: old; ancient, elder, 4
δῶρον, τό: gift, present; reward, 2
εἷς, μία, ἕν: one, single, alone, 4
Ἑκάβη, ἡ: Hecabe, 4
Ἑλένη, ἡ: Helen, 6
Ἐντήνωρ, -ορος, ὁ: Antenor, 1
ἐπι-πλέω: to sail against, 1
εὐ-πατέρεια, ἡ: daughter of noble father, 1
εὐρύς, -εῖα, -ύ: wide, broad, spacious, 6
Θεανώ, ἡ: Theano, 2

θύρα, ἡ: door, 3
ἱέρεια, ἡ: a priestess, sacrificer, 1
ἱκάνω: to approach, come, arrive, reach, 8
ἱππό-δαμος, -ον: horse-taming, 4
καλλί-πάρῃος, -ον: fair-cheeked, 2
κεῖμαι: to lie down, be laid, 9
Κισσηΐς, ἡ: Cisseus, 1
μετα-σεύω: to hasten or rush along after, 1
νείατος, -ον: last; outermost, 1
νηός, ὁ: temple, 7
ὁδός, ἡ: road, way, path, journey, 3
οἴγω: to open, 2
ποίκιλμα, τά: embroidery, broidered work 1
πόντος, ὁ: sea, 1
Σιδονίη-θεν: from Sidon, 1

291 ἤγαγε: aor. ἄγω
    ἐπιπλὼς: nom. sg. aor. pple.
292 τὴν ὁδὸν ἦν...περ: over the route over
    which very (route); relative pronoun;
    both accusatives are inner accusative
    with ἤγαγε or acc. of extent of space
    (common with ὁδόν)
    ἀνήγαγεν: led up (to sea); aor ἀν-άγω
293 τῶν: of these; i.e πέπλοι, partitive gen.
    ἕνα: acc. sg. εἷς
    ἔην: 3rd sg. impf. εἰμί
294 ποικίλμασιν: in...; dat. pl. of respect

295 ἀστὴρ δ’ὣς: just as a star; ‘as a star’
    ἔκειτο: impf. κεῖμαι
    νείατος: i.e. the bottom-most, lowest
296 βῆ δ’ἰέναι: and he set out to go; common
    Homeric expression; 3rd sg. aor. βαίνω
    and inf. of purpose, ἔρχομαι
297 ἵκανον: 3rd pl. impf.; subj. is αἳ, ‘these’
298 τῇσι: for whom; dat. pl. relative pronoun
    ὤϊξε: aor. οἴγω
300 τὴν: this one; i.e. Theano
    ἔθηκαν: made (x)(y); governs a double
    acc., 3rd pl. aor. τίθημι

Epic τε: The connective τε (both, and) often has a second use in epic as an untranslatable particle with actions recurring or generally true. It is common in similes and general clauses.

| ὣς θ’ ἵππος[p. 57] | just as a horse… | simile |
| νέῳ δέ τε πάντ’ ἐπέοικεν[p. 62] | and it is completely fitting for a youth… | general truth |

αἳ δ᾽ ὀλολυγῇ πᾶσαι Ἀθήνῃ χεῖρας ἀνέσχον·   301
ἣ δ᾽ ἄρα πέπλον ἑλοῦσα Θεανὼ καλλιπάρῃος   302
θῆκεν Ἀθηναίης ἐπὶ γούνασιν ἠϋκόμοιο,   303
εὐχομένη δ᾽ ἠρᾶτο Διὸς κούρῃ μεγάλοιο·   304
'πότνι' Ἀθηναίη, ῥυσίπτολι δῖα θεάων   305
ἆξον δὴ ἔγχος Διομήδεος, ἠδὲ καὶ αὐτὸν   306
πρηνέα δὸς πεσέειν Σκαιῶν προπάροιθε πυλάων,   307
ὄφρά τοι αὐτίκα νῦν δυοκαίδεκα βοῦς ἐνὶ νηῷ   308
ἤνις ἠκέστας ἱερεύσομεν, αἴ κ᾽ ἐλεήσῃς   309
ἄστύ τε καὶ Τρώων ἀλόχους καὶ νήπια τέκνα.'   310

ἄγνυμι: to break, bend; shiver, 2
ἀν-έχω: to hold up; suffer, endure, tolerate, 4
ἀράομαι: to pray, invoke, vow, 3
αὐτίκα: straightway, at once; presently, 3
βοῦς, ὁ, ἡ: cow, ox, bull; cattle, oxen, 6
Διομήδης, -εος, ὁ: Diomedes, 5
δυοκαίδεκα: twelve, 3
ἐλεέω: to pity, have compassion for, 9
ἐρυσί-πτολις, ἡ: protecting the city, 1
εὔχομαι: boast, vaunt, exult; pray, 6
ἤκεστος, -ον: untouched by the goad, 3
ἤνις, ἡ: a yearling (calf), 3
ἤϋ-κομος -ον: of fair locks, 3
θεά, ἡ: goddess, 5

Θεανώ, ἡ: Theano, 2
ἱερεύω: to sacrifice, slaughter, 4
καλλί-πάρῃος, -ον: fair-cheeked, 2
κούρη, ἡ: girl, maiden, 4
νηός, ὁ: temple, 7
νήπιος, -η, -ον: young; childish, foolish, 9
ὀλολυγή ἡ: loud cry (in prayer or sacrifice) 1
πέπλος, ὁ: robe, dress, clothing, 4
πίπτω: to fall, fall down, drop, 5
πότνια, ἡ: mistress, queen, 8
πρηνής, -ές: head-foremost, face-down, 2
προ-πάροιθε: before, in front of (gen.) 4
Σκαιαί, αἱ: Scaean (gates), 5
τέκνον, τό: a child, 9

301 αἳ δ᾽: and these...; i.e. Trojan women
    ὀλολυγῇ: with...; dat. of manner
    ἀνέσχον: 3ʳᵈ pl. aor. ἀν-έχω
302 ἣ δ᾽: i.e. Hecabe
    ἑλοῦσα: aor. pple, αἱρέω, (aor stem ἑλ)
303 θῆκεν: aor. τίθημι
    ἠρᾶτο: impf. ἀράομαι
    Διός: gen. sg. Zeus
305 πότνι' Ἀθηναίη (ἐ)ρυσίπτολι δῖα: voc.
    direct address
    θεάων: gen. pl. θεά
306 ἆξον δὴ: aor. imperative ἄγνυμι; δὴ
    often lends emphasis to a command:

'just...,' or '...now'
    αὐτὸν: i.e. Diomedes, 3ʳᵈ pers. pronoun
307 δὸς: grant that; aor. imperative δίδωμι
    πεσέειν: aor. inf. πίπτω
    πυλάων: gen. pl.
308 ὄφρα...ἱερεύσομεν: so that we may
    sacrifice; aor. subj. (alt. -ωμεν)
    τοι: σοι, dat. sg.
309 ἤνῑς: acc. plural indicated by long iota
    ἱερεύσεμεν: fut. inf. governed by
    ὑποσχέσθαι
    αἴ κε ἐλεήσῃς: in the hope that you...; see
    p. 28; 2nd sg. aor. subj.

Subjunctive often uses o/ε instead of ω/η in 1ˢᵗ aorists and non-thematic 2ⁿᵈ aorists forms.

	Act. 1ˢᵗ		Mid. 1ˢᵗ	
	-ω	-ομεν	-ομαι	-ομεθα
2ⁿᵈ	-ῃς	-ετε	2ⁿᵈ -εσαι	-ησθε
3ʳᵈ	-ῃ, ῃσι	-ωσιν	3ʳᵈ -εται	-ωνται

ὣς ἔφατ' εὐχομένη, ἀνένευε δὲ Παλλὰς Ἀθήνη.   311

ὣς αἳ μέν ῥ' εὔχοντο Διὸς κούρῃ μεγάλοιο,   312

Ἕκτωρ δὲ πρὸς δώματ' Ἀλεξάνδροιο βεβήκει   313

καλά, τά ῥ' αὐτὸς ἔτευξε σὺν ἀνδράσιν οἳ τότ' ἄριστοι   314

ἦσαν ἐνὶ Τροίῃ ἐριβώλακι τέκτονες ἄνδρες,   315

οἵ οἱ ἐποίησαν θάλαμον καὶ δῶμα καὶ αὐλὴν   316

ἐγγύθι τε Πριάμοιο καὶ Ἕκτορος, ἐν πόλει ἄκρῃ.   317

ἔνθ' Ἕκτωρ εἰσῆλθε Διῒ φίλος, ἐν δ' ἄρα χειρὶ   318

ἔγχος ἔχ' ἐνδεκάπηχυ· πάροιθε δὲ λάμπετο δουρὸς   319

αἰχμὴ χαλκείη, περὶ δὲ χρύσεος θέε πόρκης.   320

αἰχμή, ἡ: spearpoint, 3
ἄκρος, -α, -ον: topmost, top, excellent, 7
Ἀλέξανδρος, ὁ: Alexander (Paris), 6
ἀνα-νεύω: to nod in refusal, nod back, 2
ἄριστος, -η, -ον: best, most excellent, 9
αὐλή, ἡ: pen, enclosure, the court-yard, 2
δῶμα, -ατος, τό: house, 6
ἐγγύ-θι: near, at hand; near to (+ gen.), 2
εἰσ-έρχομαι: to come to, 3
ἐν-δεκά-πηχυς, -υ: eleven cubits long, 1
ἐρι-βῶλαξ -ακος: very fertile, of large clods 1
εὔχομαι: boast, vaunt, exult; pray, 6
θάλαμος, ὁ: room, chamber, sleeping room 7
θέω: to run, rush, 5

κούρη, ἡ: girl, maiden, 4
λάμπω,: to shine, give light, radiate, 1
Παλλάς, ἡ: Pallas Athena, 3
πάροι-θε: before, in front; in time past, 1
ποιέω: to do, make, create, compose, 2
πόρκης, ὁ: ring, hoop (joins point to shaft), 1
σύν: along with, with, together (+ dat.), 6
τέκτων, -ονος, ὁ: builder, carpenter, 1
τεύχω: to make, build, construct, prepare, 7
τότε: at that time, then, τοτέ, at some time, 8
Τροίη, ἡ: Troy, 5
χάλκειος, -εα, -εον: bronze, brazen, copper, 4
χρύσεος, -η, -ον: golden, of gold, 5

311 ὥς: thus; 3rd pl. impf. mid. φημί
312 ὥς ἇι μέν...δὲ: while these (women)...
Διὸς: gen. sg. Zeus
313 (ἐ)βεβήκει: plpf. βαίνω
314 τὰ: which...; relative pronoun
αὐτὸς: intensive pronoun, i.e. Paris
οἳ: who..; relative pronoun

315 ἦσαν: 3rd pl. impf. εἰμί
ἐνὶ: in; ἐν
318 οἵ οἱ: who...; οἱ is dat. of interest, ἑ
Διῒ: to Zeus
ἐν δ'...χειρὶ: dat. place where
319 δουρὸς: gen. δόρυ with πάροιθε with
320 περὶ...θεέ: impf. θέω; tmesis

Common Subjunctives in Subordinate Clauses

Indefinite (General) Clauses

relative	ὅς, ἥ, ὅ + ἄν/κέ + subj.	ὅ ἄν ποιῇ	whatever she does...
temporal	ἐπεί, ὅτε + ἄν/κέ + subj.	ἐπεὶ ἄν ποιῇ	whenever she does...
conditional	εἰ, αἰ + ἄν/κέ + subj.	ἐάν ποιῇ	if ever she does...

Purpose/Final Clauses[see p. 16]

| | ὡς, ὄφρα, ἵνα, + (ἄν/κέ +) subj. | ὡς ἄν ποιῇ | so that she may do... |

Fearing Clauses

| | μή + subj. | μή ποιῇ | lest she do |

τὸν δ' εὖρ' ἐν θαλάμῳ περικαλλέα τεύχε' ἔποντα,   321

ἀσπίδα καὶ θώρηκα, καὶ ἀγκύλα τόξ' ἀφόωντα·   322

Ἀργείη δ' Ἑλένη μετ' ἄρα δμῳῆσι γυναιξὶν   323

ἧστο, καὶ ἀμφιπόλοισι περικλυτὰ ἔργα κέλευε.   324

τὸν δ' Ἕκτωρ νείκεσσεν ἰδὼν αἰσχροῖς ἐπέεσσι·   325

'δαιμόνι', οὐ μὲν καλὰ χόλον τόνδ' ἔνθεο θυμῷ.   326

λαοὶ μὲν φθινύθουσι περὶ πτόλιν αἰπύ τε τεῖχος   327

μαρνάμενοι· σέο δ' εἵνεκ' ἀϋτή τε πτόλεμός τε   328

ἄστυ τόδ' ἀμφιδέδηε· σὺ δ' ἂν μαχέσαιο καὶ ἄλλῳ,   329

ὅν τινά που μεθιέντα ἴδοις στυγεροῦ πολέμοιο.   330

ἀγκύλος, -η, -ον: curved, crooked, 2
αἰπύς, -εῖα, -ύ: steep, utter; hard, 2
αἰσχρός, -α, -ον: shameful, dishonorable, 1
ἀμφι-δαίω: to burn or blaze around, 1
Ἀργεῖος, -η, -ον: Argive, 6
ἀσπίς, -ίδος, ἡ: shield, 4
ἀϋτή, ἡ: call, cry, 1
ἀφάω: to handle, 1
δαιμόνιε: strange one, god-touched (voc.) 4
δμῳή, ἡ: a female servant, 4
Ἑλένη, ἡ: Helen, 6
ἕνεκα (εἵνεκα): for the sake of, because of, 8
ἐν-τίθημι: to put upon. store up in, 2
ἔπω: to tend to, busy with; mid. follow, 2
ἔργον, τό: work, labor, deed, act, 8
εὑρίσκω: to find, discover, devise, invent, 3
ἧμαι: to sit, 2

θάλαμος, ὁ: room, chamber, sleeping room 7
θώραξ, -ακος, ὁ: breastplace, corslet, 1
κελεύω: to bid, order, command, exhort, 5
μάρναμαι: to fight, do battle; quarrel, 3
μεθ-ίημι: let go, release; be remiss; give up, 2
νεικέω: to quarrel, dispute; reproach, 1
περι-καλλής, -ές: beautiful, fair, lovely, 2
περι-κλυτός, -ή, -όν: very famous, 1
ποῦ: where?; που: somewhere, I suppose, 3
πτόλεμος, ὁ: battle, fight, war, 1
πτόλις, -ιος, ἡ: a city, 5
στυγερός, -ή, -όν: hated, dreaded, loathed, 2
τόξον, τό: bow, 1
φθινύθω: to waste (away), consume, 1
χόλος, ὁ: anger, wrath, 4

---

321 τὸν: this one; i.e. Paris
εὖρ(ε): aor. εὑρίσκω
ἔποντα: acc. pple ἔπω modifies τὸν
322 τόξα: neuter plural, translate as singular
ἀφόωντα: acc. sg. pple ἀφάω
modifies τὸν above
323 μετὰ: with…; dat. of accompaniment
324 ἧστο: was sitting; 3rd sg. plpf. mid.
ἧμαι but impf. in sense
325 ἰδὼν: nom. sg. aor. pple εἶδον
ἐπέεσσι: dat. means. ἔπος
326 δαιμόνιε: vocative direct address
ἔνθε(σ)ο: aor. mid. imperative ἐν-τίθημι
οὔ μέν καλά: not well at all; οὔ μέν
expresses an emphatic denial; adv. acc.

θυμῷ: in…; dat. of compound verb
328 σέο…εἵνεκα: for the sake of you; gen. sg.
329 τόδ': this here; neuter sg. with ἄστυ
ἀμφιδέδηε: 3rd sg. pf. ἀμφι-δαίω
ἂν μαχέσαιο… ὅν τινά…ἴδοις: you would
fight with…whomever you should see;
the equivalent to a future-less-vivid
condition (εἰ + opt., ἄν + opt), here with
aor. opt. μάχομαι and aot. opt. εἶδον as
the subordinate verb in a relative clause
ἄλλῳ: with another; dat. of association
330 που: I suppose
μεθιέντα: acc. sg. pple, μεθίημι
στυγεροῦ πολέμοιο: from; gen. of
separation

ἀλλ' ἄνα, μὴ τάχα ἄστυ πυρὸς δηΐοιο θέρηται.' 331

τὸν δ' αὖτε προσέειπεν Ἀλέξανδρος θεοειδής· 332

"Ἕκτορ, ἐπεί με κατ' αἶσαν ἐνείκεσας οὐδ' ὑπὲρ αἶσαν, 333

τοὔνεκά τοι ἐρέω· σὺ δὲ σύνθεο καί μευ ἄκουσον· 334

οὔ τοι ἐγὼ Τρώων τόσσον χόλῳ οὐδὲ νεμέσσι 335

ἥμην ἐν θαλάμῳ, ἔθελον δ' ἄχεϊ προτραπέσθαι. 336

νῦν δέ με παρειποῦσ' ἄλοχος μαλακοῖς ἐπέεσσιν 337

ὅρμησ' ἐς πόλεμον· δοκέει δέ μοι ὧδε καὶ αὐτῷ 338

λώϊον ἔσσεσθαι· νίκη δ' ἐπαμείβεται ἄνδρας. 339

ἀλλ' ἄγε νῦν ἐπίμεινον, Ἀρήϊα τεύχεα δύω· 340

αἶσα, ἡ: lot, portion, share; fate, destiny, 6
ἀκούω: to hear, listen to, 6
Ἀλέξανδρος, ὁ: Alexander (Paris), 6
Ἀρήϊος, -ον: of Ares, of war, warlike, 1
ἄχος, -εος, τό: anguish, distress, grief, 4
δηΐος, -ον: hostile, destructive; enemy, 4
δοκέω: to seem, seem good, think, imagine, 2
δύω: come, go; go into, put on (garments) 9
ἕνεκα (εἵνεκα): for the sake of, because of, 8
ἐπ-αμείβω: to exchange; come in turn to, 2
ἐπι-μένω: to stay after, wait, tarry, 1
ἐρέω: I will say or speak, 3
ἧμαι: to sit, 2
θάλαμος, ὁ: room, chamber, sleeping room 7
θεο-ειδής, -ές: godlike, divine in form, 3
θέρω: to heat; mid. become hot, 1

λωΐων, -ον: better, more profitable, 1
μαλακός, ή, όν: soft, 3
νεικέω: to quarrel, dispute; reproach, 1
νέμεσις -εως ἡ: resentment, righteous anger 2
νίκη, ἡ: victory, 1
ὁρμάω: to set in motion, begin, urge, 3
παρ-εῖπον: to talk over, win over, persuade 2
προ-τρέπω: turn to, impel; give oneself to, 1
πῦρ, πυρός, τό: fire, 9
συν-τίθημι: put together, give heed, agree, 1
τάχα: soon, presently; quickly, forthwith, 6
τόσος, -η, -ον: so much, so many, so great, 5
ὑπέρ: above (+ gen.); beyond (+ acc.), 4
χόλος, ὁ: anger, wrath, 4
ὧδε: in this way, so, thus, 5

---

331 ἀλλά: *come now*; before an imperative, it marks move from argument to appeal
ἄνα: *up!*; 'stand up,' as a command
μὴ...θέρηται: *lest...burn.*; fearing clause
πυρὸς δηΐοιο: *in..;* gen. of place within
333 ἐπεί: *since...*; causal
κατ'αἶσαν: *in due measure*; duly, rightly
ἐνείκεσας: 2ⁿᵈ sg. aor. νεικέω
ὑπὲρ αἶσαν: *beyond due measure*
334 τοι: σοι; dat. indirect object
ἐρέω: fut. λέγω
σύνθε(σ)ο: 2ⁿᵈ sg. aor. mid. συν-τίθημι
ἄκουσον: aor. imperative ἀκούω
μευ: μου; gen. of source
335 τοι: *you know, to be sure*; particle

Τρώων: *for the Trojans*; objective gen.
τόσσον: *for so long*; adverbial acc. or acc. of extent
χόλῳ...νεμέσσι: *because of...*; dat. cause
336 ἥμην: *I was sitting*; 1ˢᵗ sg. plpf. mid. ἧμαι but impf. in sense, see also 6.324
ἄχεϊ: dat. of compound verb
προτραπέσθαι: aor. inf. προ-τρέπω
337 ἐπέεσσι: dat. means. ἔπος
338 δοκέει...ἔσσεσθαι: *and it seems to me myself that it will be...*; fut. inf. εἰμί
ἐπαμείβεται: *comes in turns to*; i.e. 'comes now here now there to...'
340 ἄγε: *come on*; preceding an imperative.
ἐπίμεινον: aor imper.; Hector at the door

ἦ ἴθ᾽, ἐγὼ δὲ μέτειμι· κιχήσεσθαι δέ σ᾽ ὀΐω.'   341

ὣς φάτο, τὸν δ᾽ οὔ τι προσέφη κορυθαίολος Ἕκτωρ· 342

τὸν δ᾽ Ἑλένη μύθοισι προσηύδα μειλιχίοισι·   343

'δᾶερ ἐμεῖο κυνὸς κακομηχάνου ὀκρυοέσσης,   344

ὥς μ᾽ ὄφελ᾽ ἤματι τῷ ὅτε με πρῶτον τέκε μήτηρ   345

οἴχεσθαι προφέρουσα κακὴ ἀνέμοιο θύελλα   346

εἰς ὄρος ἢ εἰς κῦμα πολυφλοίσβοιο θαλάσσης,   347

ἔνθά με κῦμ᾽ ἀπόερσε πάρος τάδε ἔργα γενέσθαι.   348

αὐτὰρ ἐπεὶ τάδε γ᾽ ὧδε θεοὶ κακὰ τεκμήραντο,   349

ἀνδρὸς ἔπειτ᾽ ὤφελλον ἀμείνονος εἶναι ἄκοιτις,   350

ἄκοιτις, ἡ: wife, spouse, 2
ἀμείνων, -ον: better, 4
ἄνεμος, ου, ὁ: wind, 2
ἀπό-ερσε: swept away (only 3rd sg. aor.), 1
δαήρ, έρος ὁ: husband's brother (voc. δᾶερ) 2
Ἑλένη, ἡ: Helen, 6
ἔργον, τό: work, labor, deed, act, 8
θάλασσα, ἡ: the sea, 1
θύελλα, ἡ: squall, hurricane, violent storm, 1
κακο-μήχανος -ον: mischief-devising, evil-plotting, 1
κιχάνω: to reach, come upon, find, 6
κῦμα, -ατος, τό: wave, swell, surge, 3
μειλίχιος, -η, -ον: winning, soothing, mild, 2

μετ-έρχομαι: to go after or among; pursue, 2
μῦθος, ὁ: story, word, speech, 2
οἴχομαι: to go; depart, 4
ὀΐω: to suppose, think, imagine, 2
ὀκρυόεις, -εσσα, -εν: chilling, horrible, 1
ὄρος, -εος, τό: a mountain, hill, 3
ὀφείλω: to owe, ought; would that… 4
πάρος: before, formerly, in former time 6
πολύ-φλοισβος, -ον: loud-roaring, 1
πρόσ-φημι: to speak to, address, 8
προ-φέρω: to carry away (forth), 1
τεκμαίρομαι: to ordain, decree, judge, 1
ὧδε: in this way, so, thus, 5

---

341 ἴθ(ι): sg. imperative ἔρχομαι (εἶμι)
μέτειμι: fut. μετέρχομαι
κιχήσεσθαι: fut. inf., σε is direct obj.

342 τὸν δ᾽…τὸν δ᾽: this one….that one; the
1st demonstrative is Paris, 2nd is Hector
οὔ τι: not at all; τι is an adverbial acc.
προσέφη: impf. προσ-φημι

343 προσηύδα: προσηύδαε; inchoative impf

344 δᾶερ: vocative direct address
ἐμεῖο: of me…; gen. sg.
κυνὸς: bitch; i.e. shameless, dogs behave
often in uncivilized, dishonorable ways

345 ὥς…ὄφελε: would that…; 'that…ought
to have gone…' unattainable wish, aor.
ὀφέλλω, ὥς adds emphasis, see p. 25
ἤματι τῷ: that day; dat. time when with
a demonstrative

τέκε: aor. τίκτω

346 οἴχεσθαι: had gone and carried off; pres.
inf. (pf. in sense) in secondary sequence
(thus, plpf. in sense) often has a
complementary pple

348 ἔνθα…ἀπόερσε: where…would have;
past potential (ἄν + aor. ind.) expresses
an unattainable wish; here, the verb is
assimilated to the main verb ὄφελε
πάρος: before…; + aor inf.; just as πρίν,
this adverb can serve as a conjunction
γενέσθαι: occur; ἔργα is acc. subject

349 ἐπεὶ: since…

350 ἔπει-τε: and since
ὤφελλον: I ought…; impf. ὀφέλλω
εἶναι: inf. εἰμί

ὃς ἤδη νέμεσίν τε καὶ αἴσχεα πόλλ' ἀνθρώπων.   351

τούτῳ δ' οὔτ' ἂρ νῦν φρένες ἔμπεδοι οὔτ' ἄρ' ὀπίσσω   352

ἔσσονται· τὼ καί μιν ἐπαυρήσεσθαι ὀΐω.   353

ἀλλ' ἄγε νῦν εἴσελθε καὶ ἕζεο τῷδ' ἐπὶ δίφρῳ   354

δᾶερ, ἐπεί σε μάλιστα πόνος φρένας ἀμφιβέβηκεν   355

εἵνεκ' ἐμεῖο κυνὸς καὶ Ἀλεξάνδρου ἕνεκ' ἄτης,   356

οἷσιν ἐπὶ Ζεὺς θῆκε κακὸν μόρον, ὡς καὶ ὀπίσσω   357

ἀνθρώποισι πελώμεθ' ἀοίδιμοι ἐσσομένοισι.'   358

τὴν δ' ἠμείβετ' ἔπειτα μέγας κορυθαίολος Ἕκτωρ   359

'μή με κάθιζ', Ἑλένη, φιλέουσά περ· οὐδέ με πείσεις·   360

αἶσχος, τό: shame, disgrace, 2
Ἀλέξανδρος, ὁ: Alexander (Paris), 6
ἀμείβομαι: to reply, respond; act. exchange 4
ἀμφι-βαίνω: to go about or around, 1
ἄνθρωπος, ὁ: human being, 6
ἀοίδιμος, -ον: sung of, subject of song, 1
ἄτη, ἡ: reckless guilt, mischief, ruin, 1
δαήρ, έρος ὁ: husband's brother (voc. δᾶερ) 2
δίφρος, ὁ: chariot-floor, chariot, 4
ἕζομαι: to sit; sit someone down, set, 3
εἰσ-έρχομαι: to come to, 3
Ἑλένη, ἡ: Helen, 6

ἔμ-πεδος, -όν:: steadfast, continuous 2
ἕνεκα (εἵνεκα): for the sake of, because of, 8
ἐπ-αυρέω: partake of; reap the benefits, 1
καθ-ίζω: to sit down, set down, 1
μάλιστα: most of all; certainly, especially, 7
μόρος, ὁ: fate, lot, destiny; death, 2
νέμεσις -εως ἡ: resentment, righteous anger 2
ὀΐω: to suppose, think, imagine, 2
ὀπίσ(σ)ω: backwards; in the future, later, 6
πέλομαι: to be, become, 8
πόνος, ὁ: work, labor, toil, 5
φιλέω: to love, befriend, 3

351 ἤδη: 3rd sg. plpf. of οἶδα ; translate as
    a simple past
    αἴσχεα: *reproaches*; neuter pl.
352 τούτῳ: *this one's*; dat. of possession
    φρένες: supply linking verb 'are'
    ἔσσονται: fut. deponent εἰμί
    οὔτε ἄρα...οὔτε ἄρα: *neither really
    ...nor after all*
353 τώ: *therefore*; τῷ, demonstrative, dat.
    μιν: *that he*; acc. subject, i.e. Paris,
    ἐπαυρήσεσθαι: i.e. he will receive his
    due punishment; fut. inf.
354 ἄγε: *come now*; preceding an imperative
    ἕζε(σ)ο: pres. imperative sg., ὀφέλλω

355 δᾶερ: vocative direct address
    ἔπει: *since...*
    ἀμφιβέβηκεν: pf. ἀμφι-βαίνω
356 ἐμεῖο: *me...*; gen. sg. pronoun + εἵνεκα
    κυνὸς: *bitch*; in apposition, see 6.344
357 οἷσιν ἐπὶ: *upon whom*; anastrophe
    θῆκε: aor. τίθημι
    ὡς...πελώμεθα: *so that we may...*;
    purpose with pres. subj.
358 ἀνθρώποισι...ἐσσομένοισι: *for people to
    come*; i.e. the future; fut. pple εἰμί
360 μή...κάθιζε: *Don't make me sit*; imper.
    περ: *though...*; concessive pres. pple
    πείσεις: 2nd sg. fut. πείθω

Apocope is the 'cutting off' of a final vowel before a word with a consonant. The loss is not
marked off by an apostrophe. This device explains the usual variations among prepositions:

ἀνά, ἄν, ἄμ   κατά, κάτ...   κατά often assimilates the consonant τ after apocope:
εἰς, ἐς   παρά, πάρ   e.g. κὰπ πεδίον[p.21]   κὰλλιπε[p.23] (κατάλιπε)
ἐνί, ἐν, εἰν   προτί, πρός   Apocope also explains why the particle ἄρα is often ἄρ.

ἤδη γάρ μοι θυμὸς ἐπέσσυται ὄφρ' ἐπαμύνω   361

Τρώεσσ', οἳ μέγ' ἐμεῖο ποθὴν ἀπεόντος ἔχουσιν.   362

ἀλλὰ σύ γ' ὄρνυθι τοῦτον, ἐπειγέσθω δὲ καὶ αὐτός,   363

ὥς κεν ἔμ' ἔντοσθεν πόλιος καταμάρψῃ ἐόντα.   364

καὶ γὰρ ἐγὼν οἶκον δὲ ἐλεύσομαι, ὄφρα ἴδωμαι   365

οἰκῆας ἄλοχόν τε φίλην καὶ νήπιον υἱόν.   366

οὐ γὰρ οἶδ' εἰ ἔτι σφιν ὑπότροπος ἵξομαι αὖτις,   367

ἦ ἤδη μ' ὑπὸ χερσὶ θεοὶ δαμόωσιν Ἀχαιῶν.'   368

ὣς ἄρα φωνήσας ἀπέβη κορυθαίολος Ἕκτωρ·   369

αἶψα δ' ἔπειθ' ἵκανε δόμους εὖ ναιετάοντας,   370

αἶψα: straightaway, quickly, at once, 3
ἄπ-ειμι: to be away, absent, distant, 1
ἀπο-βαίνω: to go away, depart, disembark, 2
αὖτις: back, back again, backwards, 3
ἔντοσ-θε: within, inside, 2
ἐπ-αμύνω: to come to aid, defend, 1
ἐπείγω: to press hard, impel, urge on, 3
ἐπι-σεύομαι: to speed to; act. put in motion, 2
εὖ: well, 7
ἤδη: already, now, at this time, 4
ἱκάνω: to approach, come, arrive, reach, 8

ἱκνέομαι: to go, come, approach, arrive, 5
κατα-μάρπτω: to overtake, catch, 1
ναιετάω: to dwell in, inhabit, 3
νήπιος, -η, -ον: young; childish, foolish, 9
οἰκεύς -ῆος, ὁ: housemate, family; slave, 1
οἶκος, ὁ: a house, abode, dwelling, 6
ὄρνυμι: to stir, set in motion, rouse, 4
ποθή, ἡ: longing, yearning, mourning, 1
σφεῖς: they, 6
ὑπό-τροπος, -ον: returning, turning back, 2
φωνέω: to utter, speak, 6

361 μοι: dat. of possession with θυμός
    ἐπέσσυται: poetic pres. mid. ἐπισεύομαι
    ὄφρα: so that; purpose; 1st sg. aor. subj
362 Τρώεσσι: dat. of compound verb
    οἵ: who...; relative
    μέγ': greatly; neuter sg. adverbial acc.
    ἐμεῖο: for me; objective gen.
    ἀπ-εόντος: gen. sg. pres. pple ἄπ-ειμί
363 ἀλλὰ σύ γ: but you...; 'but you in
    particular' γε emphasizes σύ
    ὄρνυθι: pres. imperative ὄρνυμι
    ἐπειγέσθω: let...; 3rd sg. pres. mid.
    imperative ἐπείγω; i.e. Paris
364 ὥς κεν...καταμάρψῃ so that... may...;
    ὡς governs ἄν/κέ in purpose clauses;
    2nd sg. aor. subj. κατα-μάρπτω
    πόλιος: gen. sg. πόλις
    ἐόντα: pres. pple εἰμί

365 καὶ γὰρ: for in fact; καὶ is adverbial
    ἐγὼν: ἐγώ, consonant avoids elision
    ἐλεύσομαι: fut. deponent ἔρχομαι
    ὄφρα: so that...; . aor. subj. εἶδον in a
    purpose clause
367 οἶδ': οἶδα
    εἰ...ἵξομαι: whether...; indirect question
    with fut. mid. ἱκνέομαι
    σφιν: dat. pl. 3rd pl. pronoun, σφεῖς
    ἦ: or whether...; εἰ..ἦ , the alternative in
    the indirect question
    χερσί: hands; dat. pl. place where, χείρ
    δαμόωσιν: 3rd pl. future δαμάζω
369 φωνήσας: nom. sg. aor. pple φωνέω
    ἀπέβη: 3rd sg. aor. ἀπο-βαίνω
370 ἔπειθ': ἔπειτα
    εὖ ναιετάοντας: well-peopled, well-built

οὐδ᾽ εὗρ᾽ Ἀνδρομάχην λευκώλενον ἐν μεγάροισιν,   371

ἀλλ᾽ ἥ γε ξὺν παιδὶ καὶ ἀμφιπόλῳ ἐϋπέπλῳ   372

πύργῳ ἐφεστήκει γοόωσά τε μυρομένη τε.   373

Ἕκτωρ δ᾽ ὡς οὐκ ἔνδον ἀμύμονα τέτμεν ἄκοιτιν,   374

ἔστη ἐπ᾽ οὐδὸν ἰών, μετὰ δὲ δμῳῇσιν ἔειπεν·   375

'εἰ δ᾽ ἄγε μοι, δμῳαί, νημερτέα μυθήσασθε·   376

πῇ ἔβη Ἀνδρομάχη λευκώλενος ἐκ μεγάροιο;   377

ἠέ πῃ ἐς γαλόων ἢ εἰνατέρων ἐϋπέπλων,   378

ἦ ἐς Ἀθηναίης ἐξοίχεται, ἔνθά περ ἄλλαι   379

Τρῳαὶ ἐϋπλόκαμοι δεινὴν θεὸν ἱλάσκονται;'   380

ἄκοιτις, ἡ: wife, spouse, 2
ἀμύμων, -ονος: blameless, noble, 9
Ἀνδρομάχη, ἡ: Andromache, 4
γάλοως, ὁ: husband's sister, sister-in-law, 3
γοάω: to wail, groan, weep, 5
δεινός, -ή, -όν: fearful, terrible, strange 5
δμῳή, ἡ: a female servant, 4
εἰνάτερες, αἱ: brother's wives, sisters-in-law 3
ἔνδον: within, at home, 2
ἐξ-οίχομαι: to have gone out or come out, 2
ἐΰ-πεπλος, -ον: beautifully robed, 3
ἐϋ-πλόκαμος, -ον: with fair locks, 4
εὑρίσκω: to find, discover, devise, invent, 3

ἐφ-ίστημι: to stand near, stand over, 1
ἠέ: or, either…or, 7
ἱλάσκομαι: to appease, make propitious, 2
λευκ-ώλενος, -ιδ: white-armed, 2
μυθέομαι: to say, speak of, mention, 5
μύρομαι: to flow, trickle, shed tears, 2
νημερτής, -ες: unerring, infallible, 2
οὐδός, ὁ: threshold, 2
πῇ: in what way?; πῃ in any way, 4
πύργος, ὁ: wall, rampart, tower, 7
σύν: along with, with, together (+ dat.), 6
τέτμον: aor. overtake, reach, find, 2
Τρώιος, -η, -ον: Trojan, 4

371 εὗρε: aor. εὑρίσκω
372 ἥ: *she in fact*; γε emphasizes the clause
   ξὺν: σὺν + dat. of accompaniment
373 ἐφεστήκει: *had stopped upon*; thus 'was standing upon' plpf. ἐφ-ίστημι + dat.
   γοόωσα: nom. sg. fem. pres. pple
374 ὡς: *when*
375 ἔστη: 3ʳᵈ sg. aor. ἵστημι
   ἰών: pres. pple ἔρχομαι
   μετὰ: *among*; + dat.
376 εἰ δ᾽ ἄγε: *now come…*; εἰ is likely an interjection and does not introduce a

condition; here before a pl. imperative
μυθήσασθε: aor. mid. plural imperative
ἔβη: 3ʳᵈ sg. aor. βαίνω
378 ἠέ…ἤ…ἤ: *either…or…or*
   ἐς γαλόων…εἰνατέρων: *to (the houses) of….(to the houses) of…*; as often when a genitive follows the preposition εἰς
379 ἐς Ἀθηναίης: *to(the temple) of…*
   ἔνθά περ: *just where, the very place where*; the particle intensifies the adverb
380 θεὸν: *goddess*; the noun can be feminine or masculine, evident in the adj. δεινὴν

εἰ δ᾽ ἄγε : This phrase precedes an imperative and hortatory subj on two separate occasions.
Monro argues that, originally thought to be short for εἰ δ᾽ἐθέλεις, ἄγε, "if you are willing, come now…," this εἰ is more likely a temporal interjection unrelated to the conditional εἰ:

   6.376   εἰ δ᾽ ἄγε μοι…μυθήσασθε·   *now come, tell me…*
   22.381   εἰ δ᾽ ἄγετε…πειρηθῶμεν   *now come, let us make trial of…*

τὸν δ᾽ αὖτ᾽ ὀτρηρὴ ταμίη πρὸς μῦθον ἔειπεν· 381

"Ἕκτορ, ἐπεὶ μάλ᾽ ἄνωγας ἀληθέα μυθήσασθαι, 382

οὔτέ πῃ ἐς γαλόων οὔτ᾽ εἰνατέρων ἐϋπέπλων 383

οὔτ᾽ ἐς Ἀθηναίης ἐξοίχεται, ἔνθά περ ἄλλαι 384

Τρῳαὶ ἐϋπλόκαμοι δεινὴν θεὸν ἱλάσκονται, 385

ἀλλ᾽ ἐπὶ πύργον ἔβη μέγαν Ἰλίου, οὕνεκ᾽ ἄκουσε 386

τείρεσθαι Τρῶας, μέγα δὲ κράτος εἶναι Ἀχαιῶν. 387

ἣ μὲν δὴ πρὸς τεῖχος ἐπειγομένη ἀφικάνει, 388

μαινομένη ἐϊκυῖα· φέρει δ᾽ ἅμα παῖδα τιθήνη.᾽ 389

ἦ ῥα γυνὴ ταμίη, ὃ δ᾽ ἀπέσσυτο δώματος Ἕκτωρ 390

ἀκούω: to hear, listen to, 6
ἀληθής, -ές: true, 1
ἅμα: at the same time; along with (+ dat.), 9
ἄνωγα: to command, order, bid, 7
ἀπο-σεύω: to hasten off, rush off, 1
ἀφ-ικάνω: to arrive at, have come to, 1
γάλοως, ὁ: husband's sister, sister-in-law, 3
δεινός, -ή, -όν: fearful, terrible, strange 5
δῶμα, -ατος, τό: house, 6
ἔϊκώς, ἔϊκυῖα: being like, seem like (dat), 3
εἰνάτερες, αἱ: brother's wives, sisters-in-law 3
ἕνεκα (εἵνεκα): for the sake of, because of, 8
ἐξ-οίχομαι: to have gone out or come out, 2
ἐπείγω: to press hard, impel, urge on, 3
ἐΰ-πεπλος, -ον: beautifully robed, 3

ἐϋ-πλόκαμος, -ον: with fair locks, 4
ἠμί: to speak, say, 6
ἱλάσκομαι: to appease, make propitious, 2
κράτος, -εος, τό: strength, power, 3
μαίνομαι: to mad, rage, be furious, 3
μυθέομαι: to say, speak of, mention, 5
μῦθος, ὁ: story, word, speech, 2
ὀτρηρός, -ή, -όν: busy, ready, nimble, 1
πῇ: in what way?; πη in any way, 4
πύργος, ὁ: wall, rampart, tower, 7
τάμιη, ἡ: housekeeper, housewife, 2
τείρω: to wear out, distress, afflict, 4
τιθήνη, ἡ: nurse, 4
Τρώιος, -η, -ον: Trojan, 4

---

381 τὸν δ᾽: *this one*; i.e. Hector
   πρὸς...ἔειπεν: *addressed a speech to*;
   tmesis, verb governs two direct objects
382 ἐπεί: *since...*
   ἄνωγας: pf. with pres. sense
   ἀληθέα: *the truth*; 'true things,' neut. pl.
383 ἐς γαλόων...εἰνατέρων: *to (the houses)
   of....(to the houses) of...*; see 6.378
   ἐς Ἀθηναίης: *to(the temple) of...*
   ἔνθά περ: *just where, the very place
   where*; the particle intensifies the adverb
385 θεόν: *goddess*; see 6.380
   ἔβη: 3ʳᵈ sg. aor. βαίνω

386 οὕνεκα: *because, since*; οὗ ἕνεκα 'for
   which sake'
387 τείρεσθαι: pres. pass. infinitive
   Τρῶας: *that the Trojans...*; acc. subject
   κράτος: *that power...*; acc. subject with
   inf. εἰμί; μέγα is acc. predicate
388 ἥ μὲν δή: *she in fact...*; μὲν δή expresses
   certainty, particularly in conclusions
   ἐπειγομένη: *urging on (the battle)*; true
   to her name
389 μαινομένη: *to (one)...*; mid. pple
390 ἦ: *spoke*; 3ʳᵈ sg impf. ἠμί, see pg. 40
   ἀπέσσυτο: impf. mid. ἀπο-σεύω

τὴν αὐτὴν ὁδὸν αὖτις ἐϋκτιμένας κατ᾽ ἀγυιάς.　　　391

εὖτε πύλας ἵκανε διερχόμενος μέγα ἄστυ　　　392

Σκαιάς, τῇ ἄρ᾽ ἔμελλε διεξίμεναι πεδίονδε,　　　393

ἔνθ᾽ ἄλοχος πολύδωρος ἐναντίη ἦλθε θέουσα　　　394

Ἀνδρομάχη, θυγάτηρ μεγαλήτορος Ἠετίωνος,　　　395

Ἠετίων, ὃς ἔναιεν ὑπὸ Πλάκῳ ὑληέσσῃ,　　　396

Θήβῃ Ὑποπλακίῃ, Κιλίκεσσ᾽ ἄνδρεσσιν ἀνάσσων·　　　397

τοῦ περ δὴ θυγάτηρ ἔχεθ᾽ Ἕκτορι χαλκοκορυστῇ.　　　398

ἥ οἱ ἔπειτ᾽ ἤντησ᾽, ἅμα δ᾽ ἀμφίπολος κίεν αὐτῇ　　　399

παῖδ᾽ ἐπὶ κόλπῳ ἔχουσ᾽ ἀταλάφρονα, νήπιον αὔτως,　　　400

ἀγυιά, ἡ: street, highway, 1
ἅμα: at the same time; along with (+ dat.), 9
ἀνάσσω: to be lord, master (dat); rule, 2
Ἀνδρομάχη, ἡ: Andromache, 4
ἀντάω: to meet, encounter, come upon, 1
ἀταλά-φρων, -φρονος: tender-minded, 1
αὖτις: back, back again, backwards, 3
αὔτως: in the same manner, just, as it is, 3
δι-εξ-έρχομαι: to go out through, 1
δι-έρχομαι: to go through, pass, 1
ἐναντίος, -η, -ον: opposite, contrary, 4
ἐϋ-κτίμενος -η -ον: well-built, -constructed 2
εὖτε: when, at the time when, 2
Ἠετίων, -ωνος, ὁ: Eetion, 5
θέω: to run, rush, 5
Θήβη, ἡ: Thebe, 2

θυγάτηρ, ἡ: a daughter, 7
ἱκάνω: to approach, come, arrive, reach, 8
Κίλιξ, -ικος, ὁ: Cilician, of Cilicia, 2
κίω: to go 3
κόλπος, ὁ: bosom, lap; hollow, 5
μεγαλ-ήτωρ, -ορος: great-hearted, heroic, 3
μέλλω: to be about to, to intend to, 4
ναίω: to inhabit, dwell, live, abide, 5
νήπιος, -η, -ον: young; childish, foolish, 9
ὁδός, ἡ: road, way, path, journey, 3
Πλάκος, ὁ: Placus, 3
πολύ-δωρος, -ον: richly endowed, 2
Σκαιαί, αἱ: Scaean (gates), 5
ὑλήεις, -εσσα, -εν: wooded, 3
Ὑπο-πλακίος -η -ον: under Mount Placus, 1
χαλκο-κορυστής -ου, ὁ: bronze-armed, 2

391 τὴν αὐτὴν ὁδόν: *over this same route*; inner accusative or acc. of extent of space (common with ὁδόν) see 6.292
393 τῇ: *where*; 'in which (place);' relative
    διεξίμεναι: inf. δι-εξ-έρχομαι
394 ἔνθα: *there*
    ἦλθε: 3rd sg. aor. ἔρχομαι
396 Ἠετίων: *(of) Eetion*; should be gen. sg. but assimilates to the following nom.
397 Θήβῃ: *at…*; dat. place where

    Κιλίκεσσ᾽ ἄνδρεσσιν: *to…*; dat. pl. of interest with the pple ἀνάσσων
398 τοῦ περ δὴ: *of this very one*
    ἔχεθ᾽: *have as a wife*; ἔχεται, pres. mid.
    Ἕκτορι: *to Hector*; dat. of interest
399 οἱ: *this one*; dat. obj. of ἀντάω
    αὐτῇ: *herself*; i.e. Andromache + ἅμα
400 παῖδ᾽: παῖδα
    ἔχουσα: fem. nom. sg. pple
    αὔτως: *still an infant, just an infant*

Imperfect Active and Middle: φημί: *to say, claim*[27times] and ἠμί: *to say, speak*[7 times]

1st	ἔφην	ἔφαμεν	ἔφαμην	ἐφάμεθα	ἦν	—
2nd	ἔφης	ἔφατε	ἔφησθα	ἔφασθε	— —	* most common form
3rd	ἔφη	ἔφασαν	(ἔ)φατο*	ἔφαντο	ἦ** —	** p. 39, 62, 82, 83, 91, 94

Ἑκτορίδην ἀγαπητὸν, ἀλίγκιον ἀστέρι καλῷ,   401
τόν ῥ᾽ Ἕκτωρ καλέεσκε Σκαμάνδριον, αὐτὰρ οἱ ἄλλοι 402
Ἀστυάνακτ᾽· οἷος γὰρ ἐρύετο Ἴλιον Ἕκτωρ.   403
ἤτοι ὃ μὲν μείδησεν ἰδὼν ἐς παῖδα σιωπῇ·   404
Ἀνδρομάχη δέ οἱ ἄγχι παρίστατο δάκρυ χέουσα,   405
ἔν τ᾽ ἄρα οἱ φῦ χειρὶ ἔπος τ᾽ ἔφατ᾽ ἔκ τ᾽ ὀνόμαζε·   406
῾δαιμόνιε, φθίσει σε τὸ σὸν μένος, οὐδ᾽ ἐλεαίρεις   407
παῖδά τε νηπίαχον καὶ ἔμ᾽ ἄμμορον, ἣ τάχα χήρη   408
σεῦ ἔσομαι· τάχα γάρ σε κατακτανέουσιν Ἀχαιοὶ   409
πάντες ἐφορμηθέντες· ἐμοὶ δέ κε κέρδιον εἴη   410

ἀγαπητός -ή -όν: beloved, loveable, darling 1
ἄγχι: near, nigh, close by (gen); like (dat) 1
ἀλίγκιος, -ή, -όν: resembling, like, (+ dat.), 1
ἄμ-μορος, -ον: luckless, without a share, 1
Ἀνδρομάχη, ἡ: Andromache, 4
ἀστήρ, ἀστρός, ὁ: star, 8
Ἀστυάναξ, -ακτος, ὁ: Astyanax, 3
δαιμόνιε: strange one, god-touched (voc.) 4
δάκρυον, τό: tear (neuter δάκρυ) 5
Ἑκτωρίδης, ὁ: son of Hector, 1
ἐλεαίρω: to pity, take pity on, take pity, 2
ἐρύω: to drag, haul, pull, draw, 7
ἐφ-ορμάω: to stir up, rouse, incite, 1
ἤτοι: now surely, truly, 4
καλέω: to call, summon, invite, 6

κατα-κτείνω: to kill, slay, 7
κερδίων, -ιον: more profitable, better, best, 3
μειδάω: to smile, grin, 1
νηπιά-χω: to be an infant, a child, 1
οἷος, -η, -ον: alone, lone, only, 6
ὀνομάζω: to name, call by name, 4
παρα-ίστημι: to stand beside, 4
σιωπή, ἡ: silence, 1
Σκαμάνδριος ὁ: Scamandrius, 1
σός, -ή, -όν: your, yours, 7
τάχα: soon, presently; quickly, forthwith, 6
φθίω: to decay, waste away; destroy, 2
φύω: to grow, bring forth, produce, 4
χέω: to pour, shed, 5
χήρη, ἡ: widow, 4

---

402 καλέεσκε: *was accustomed to call (x)*
(y); the verb governs a double acc. (2nd
acc. is the predicate); -σκ- suggests an
iterative impf. 'used to call'
οἱ ἄλλοι: *others (were accustomed to*
call him); supply καλέεσκον
403 οἷος: *(as) such, as this sort*
ἐρύετο: *was drawing (from danger)*; i.e.
'was rescuing' (compare Lat. ēripiō);
see 22.303 for a similar use
404 ἰδὼν: nom. sg. aor. pple εἶδον
σιωπῇ: *in...*; dat. of manner, which can
often be translated as an adverb
405 οἱ: *him*; dat. with compound verb
δάκρυ: poetic δάκρυον, translate as pl.

406 ἔν τ᾽ ἄρα οἱ φῦ χειρὶ: *then she planted on*
him with her hand; i.e. she grabbed him;
3rd sg. impf. φύω; χειρί, is dat. means
ἔπος τ᾽ ἔφατο: *began to speak a word*
ἔκ τ᾽ ὀνόμαζε: *called (him) out by name*;
tmesis; Andromache is subject, cf. 6.253
407 δαιμόνιε: vocative direct address
τὸ: *this...*; a demonstrative adj.
408 ἥ: *who...*
σεῦ: *from you*; gen. of separation, σύ
409 ἔσομαι: fut. deponent εἰμί
κατακτανέουσιν: fut.
410 ἐφορμηθέντες: aor. pass. pple
κε...εἴη: *it would be*; potential opt. εἰμί
the subject is the inf. in 411

σεῦ ἀφαμαρτούσῃ χθόνα δύμεναι· οὐ γὰρ ἔτ᾽ ἄλλη 411
ἔσται θαλπωρὴ, ἐπεὶ ἂν σύ γε πότμον ἐπίσπῃς, 412
ἀλλ᾽ ἄχε᾽· οὐδέ μοι ἔστι πατὴρ καὶ πότνια μήτηρ. 413
ἤτοι γὰρ πατέρ᾽ ἀμὸν ἀπέκτανε δῖος Ἀχιλλεύς, 414
ἐκ δὲ πόλιν πέρσεν Κιλίκων εὖ ναιετάουσαν, 415
Θήβην ὑψίπυλον· κατὰ δ᾽ ἔκτανεν Ἠετίωνα, 416
οὐδέ μιν ἐξενάριξε, σεβάσσατο γὰρ τό γε θυμῷ, 417
ἀλλ᾽ ἄρα μιν κατέκηε σὺν ἔντεσι δαιδαλέοισιν 418
ἠδ᾽ ἐπὶ σῆμ᾽ ἔχεεν· περὶ δὲ πτελέας ἐφύτευσαν 419
νύμφαι ὀρεστιάδες, κοῦραι Διὸς αἰγιόχοιο. 420

αἰγί-οχος, -ον: Aegis-bearing, 2
ἀμός, -ά, -όν: our, ours, 1
ἀπο-κτείνω: to kill, slay, 2
ἀφ-αμαρτάνω: to miss; lose, 2
ἄχος, -εος, τό: anguish, distress, grief, 4
δαιδάλεος, -ον: cunningly wrought, 2
δύω: come, go; go into, put on (garments) 9
ἔντεα, τά: armor, gear, 1
ἐξ-εν-αρίζω: to strip from armor, 6
εὖ: well, 7
ἐφ-έπω: to pursue, drive, direct, 3
Ἠετίων, -ωνος, ὁ: Eetion, 5
ἤτοι: now surely, truly, 4
θαλπωρή ἡ: warming, comfort, consolation 1
Θήβη, ἡ: Thebe, 2
κατα-καίω: to burn, burn completely, 1

Κίλιξ, -ικος, ὁ: Cilician, of Cilicia, 2
κοῦρος, ὁ: boy, young man, son, 2
ναιετάω: to dwell in, inhabit, 3
νύμφη, ἡ: nymph, young wife, bride, 2
ὀρεστιάς, άδος, ἡ: of the mountains, 1
πέρθω: to sack, lay waste, ravage, 1
πότμος, ὁ: fate, death, 3
πότνια, ἡ: mistress, queen, 8
πτελέα, ἡ: elm tree, 1
σεβάζομαι: fear, feel awe or shame for, 2
σῆμα, -ατος τό: sign, mark; grave-mound, 5
σύν: along with, with, together (+ dat.), 6
ὑψί-πυλος, -ον: high-gated, of high gates, 1
φυτεύω: to plant, 1
χθών, -ονός, ἡ: the earth, ground, 3

411 σεῦ: (from) you; abl. of separation
δύμεναι: infinitive, subject of sentence
οὐ...ἔτι: no longer; 'not still'
412 ἔσται: 3rd sg. future dep. εἰμί, supply μοι
ἐπεὶ ἄν: whenever...; general temporal
clause ἄν + subj. (here aor. ἐφ-έπω)
413 ἄχε(α): neut. pl. subject, parallel to
θαλπωρὴ, supply ἔσται
μοι: dat of possession with ἔστι
414 ἀμον: our; we expect 'my'
415 ἐκ...πέρσεν: he utterly laid waste; tmesis,
the prefix ἐκ- often suggests completion

εὖ ναιετάοντας: well-peopled, well-built
416 κατα...ἔκτανεν: tmesis, aor.
417 τό γε: that in particular, that in fact; or
stripping Eetion of armor
θυμῷ: in his heart; dat. place where
418 κατέκηε: aor. κατακαίω
419 ἠδ(έ): and
ἔχεεν: impf. χέω; tmesis with ἐπὶ
περὶ δὲ: and around about(it); i.e. the
mound; an adverb
420 Διὸς: of Zeus

οἳ δέ μοι ἑπτὰ κασίγνητοι ἔσαν ἐν μεγάροισιν,   421

οἳ μὲν πάντες ἰῷ κίον ἤματι Ἄϊδος εἴσω·   422

πάντας γὰρ κατέπεφνε ποδάρκης δῖος Ἀχιλλεὺς   423

βουσὶν ἐπ᾽ εἰλιπόδεσσι καὶ ἀργεννῇς ὄϊεσσι.   424

μητέρα δ᾽, ἣ βασίλευεν ὑπὸ Πλάκῳ ὑληέσσῃ,   425

τὴν ἐπεὶ ἂρ δεῦρ᾽ ἤγαγ᾽ ἅμ᾽ ἄλλοισι κτεάτεσσιν,   426

ἂψ ὅ γε τὴν ἀπέλυσε λαβὼν ἀπερείσι᾽ ἄποινα,   427

πατρὸς δ᾽ ἐν μεγάροισι βάλ᾽ Ἄρτεμις ἰοχέαιρα.   428

Ἕκτορ, ἀτὰρ σύ μοί ἐσσι πατὴρ καὶ πότνια μήτηρ   429

ἠδὲ κασίγνητος, σὺ δέ μοι θαλερὸς παρακοίτης·   430

ἅμα: at the same time; along with (+ dat.), 9
ἀ-περείσιος, -ον: countless, 2
ἀπο-λύω: to loose from, free; ransom, 2
ἄποινα, τά: ransom, compensation, 4
ἀργεννός, -ή, -όν: white (of wool), 1
Ἄρτεμις, ἡ: Artemis, 2
ἂψ: back, back again, backwards, 4
βάλλω: to throw, shoot, hit, strike, 8
βασιλεύω: to rule, reign, be king, 1
βοῦς, ὁ, ἡ: cow, ox, bull; cattle, oxen, 6
δεῦρο: hither, here, 3
εἰλί-πους -ποδος: of rolling walk, rambling 1
εἷς, μία, ἕν: one, single, alone, 4
εἴσω: inside, within; into, to within, 4

ἑπτά: seven, 1
θαλερός, -ή, -όν: stout, rich, big; blooming, 2
ἰοχέαιρα: shedder of arrows, 1
κασί-γνητος, ὁ: a brother, 5
κατ-έπεφνον: aor. killed, slayed, 4
κίω: to go 3
κτέαρ, τό: possessions, property, 1
λαμβάνω: to take, receive, catch, grasp, 5
ὄϊς, ὄϊος, ὁ, ἡ: sheep, ram, 3
παρά-κοιτης, ὁ: bedfellow, husband 1
Πλάκος, ὁ: Placus, 3
ποδ-αρκής, -ές: swift-footed, 2
πότνια, ἡ: mistress, queen, 8
ὑλήεις, -εσσα, -εν: wooded, 3

421 μοι: dat. of possession with ἔσαν
    ἔσαν: impf. εἰμί; 'to me were' = 'I had'
422 οἳ μὲν...μητέρα δ᾽: these...but my
    mother; a contrast between A's behavior
    toward the brothers and to the mother
    ἰῷ: variation of neut. dat. sg. εἷς, μία, ἕν,
    modifies ἤματι which is dat. time when
    Ἄϊδος: Hades' (house); supply δόμον
    the acc. object of εἴσω
424 ἐπί: over...; Achilles killed the
    brothers as they tended over flocks

425 ἥ: who...
426 τὴν: her; repeating μητέρα above
    δεῦρο: to here; i.e. for ransom
    ἤγαγε: aor. ἄγω
427 ὅ γε: he; γε emphasizes the clause
    λαβών: nom. sg. aor. pple λαμβάνω
    ἀπερείσι᾽: ἀπερείσια
    βάλ᾽: βάλε, aor. βάλλω
429 μοι: dat of possession
    ἐσσι: 2nd sg. pres. εἰμί, Att. εἶ
430 σὺ: supply ἐσσί

Alternate forms for εἷς, μία, ἕν:		m.	f.	n.
	Nom.	εἷς	μία, ἴα	ἕν
	Gen.	ἑνός [p.97]	μιῆς, ἰῆς	ἑνός
	Dat.	ἑνί	μιῇ, ἰῇ [p.102]	ἑνί, ἰῷ [p.43]
	Acc.	ἕνα [p.30]	μίαν, ἴαν	ἕν

ἀλλ' ἄγε νῦν ἐλέαιρε καὶ αὐτοῦ μίμν' ἐπὶ πύργῳ,   431
μὴ παῖδ' ὀρφανικὸν θήῃς χήρην τε γυναῖκα·   432
λαὸν δὲ στῆσον παρ' ἐρινεόν, ἔνθα μάλιστα   433
ἀμβατός ἐστι πόλις καὶ ἐπίδρομον ἔπλετο τεῖχος.   434
τρὶς γὰρ τῇ γ' ἐλθόντες ἐπειρήσανθ' οἱ ἄριστοι   435
ἀμφ' Αἴαντε δύω καὶ ἀγακλυτὸν Ἰδομενῆα   436
ἠδ' ἀμφ' Ἀτρεΐδας καὶ Τυδέος ἄλκιμον υἱόν·   437
ἤ πού τίς σφιν ἔνισπε θεοπροπίων ἐῢ εἰδώς,   438
ἤ νυ καὶ αὐτῶν θυμὸς ἐποτρύνει καὶ ἀνώγει.'   439
    τὴν δ' αὖτε προσέειπε μέγας κορυθαίολος Ἕκτωρ·   440

ἀγα-κλυτός -ή -όν: very famous, renowned 1
Αἴας, -αντος, ὁ: Ajax, 2
ἄλκιμος, -η, -ον: strong, stout, 4
ἀμ-βάτος, -ον: climbable, (ἀνα-βάτος) 1
ἄνωγα: to command, order, bid, 7
ἄριστος, -η, -ον: best, most excellent, 9
Ἀτρεΐδης, ὁ: son of Atreus, Atreides, 4
δύο (δύω): two, 4
ἐλεαίρω: to pity, take pity on, take pity, 2
ἐνέπω: to tell, tell of, relate, describe, 1
ἐπί-δρομος -ον: scalable, able to be overrun 1
ἐπ-οτρύνω: to rouse, stir up, excite, incite, 2
ἐρινεός, ὁ: wild fig-tree, 2
εὖ: well, 7

θεο-πρόπιον, τό: prophecy, oracle, 1
Ἰδομενεύς, -ηός, ὁ: Idomeneus, 1
μάλιστα: most of all; certainly, especially, 7
μίμνω: to stay, remain, abide; await, 5
ὀρφανικός, -ή, -όν: orphaned, fatherless, 2
πειράω: to attempt, try, test, 2
πέλομαι: to be, become, 8
ποῦ: where?; που: somewhere, I suppose, 9
πύργος, ὁ: wall, rampart, tower, 7
σφεῖς: they, 6
τρίς: thrice, three times, 3
Τυδεύς, -έος, ὁ: Tydeus, 5
χήρη, ἡ: widow, 4

431 ἄγε: *come now*; as often, grabbing one's
    attention before an imperative
    αὐτοῦ: *here*; 'in this very place'
    μιμν: μίμνε
432 μὴ θήῃς: *don't make*; 'you should not...'
    prohibitive subj. (μὴ + aor. subj.) here
    τίθημι (θη, θε) with two double acc.
433 στῆσον: *set up*; 'make stand' aor. active
    imperative, ἵστημι
434 ἔπλετο: impf. πέλομαι
435 τῇ γε: *in this place*; dat. place where
    ἐλθόντες: aor. pple ἔρχομαι

ἐπειρήσαντ(ο): aor. mid. πειράω
436 ἀμφ': ἀμφὶ
    Αἴαντε: dual acc. Αἴας there are two
    Greek heros named Ajax: son of Oileus
    and son of Telamon
437 ἠδ': and, ἠδέ
    Τυδέος...υἱον: i.e. Diomedes
438 ἤ...ἤ: *either...or*
    τίς: *someone*; τις followed by an enclitic
    ἔνισπε: aor. ἐνέπω
439 νυ: νῦν
    καὶ...καὶ: *both...and*

περ: An adverbial form of περί, this enclitic (*exceedingly, beyond*) has two main meanings:

(1) intensive (+ pronouns   ᾗ περ[p. 5]   *in which very place, just where*
         and advs)   ὥς...περ[p. 48]   *in the very way, just as*
(2) concessive (+ pple)   τειρομενοί περ[p. 9] *though (however much) being worn down*
                             φιλέουσά περ[p. 10]   *though (however much) loving me*

'ἦ καὶ ἐμοὶ τάδε πάντα μέλει, γύναι· ἀλλὰ μάλ' αἰνῶς   441

αἰδέομαι Τρῶας καὶ Τρῳάδας ἑλκεσιπέπλους,   442

αἴ κε κακὸς ὡς νόσφιν ἀλυσκάζω πολέμοιο·   443

οὐδέ με θυμὸς ἄνωγεν, ἐπεὶ μάθον ἔμμεναι ἐσθλὸς   444

αἰεὶ καὶ πρώτοισι μετὰ Τρώεσσι μάχεσθαι   445

ἀρνύμενος πατρός τε μέγα κλέος ἠδ' ἐμὸν αὐτοῦ.   446

εὖ γὰρ ἐγὼ τόδε οἶδα κατὰ φρένα καὶ κατὰ θυμόν·   447

ἔσσεται ἦμαρ ὅτ' ἄν ποτ' ὀλώλῃ Ἴλιος ἱρὴ   448

καὶ Πρίαμος καὶ λαὸς ἐϋμμελίω Πριάμοιο.   449

ἀλλ' οὔ μοι Τρώων τόσσον μέλει ἄλγος ὀπίσσω,   450

αἰδέομαι: be or feel ashamed of; respect, 5
αἰεί, αἰέν: always, forever, in every case, 5
αἰνός, -ή, -όν: terrible, dire, dread, grim, 8
ἄλγος, τό: pain, distress, grief, 5
ἀλυσκάζω: to escape, avoid, shun, 1
ἄνωγα: to command, order, bid, 7
ἄρνυμαι: to strive to attain, gain, 1
αὐτοῦ: on the very spot, here, there, 2
ἑλκεσί-πεπλος, -ον: trailing the robe, 2
ἐσθλός, -ή, -όν: good, well-born, noble, 7
εὖ: well, 7

ἐΰ-μμελίης -ες: of good ashen spear, 1
ἱερός -ή -όν: holy, divine; *n.* temple, victim 4
κλέος, τό: glory, fame, rumor, report, 2
μανθάνω: to learn, understand, 1
μέλω: to be a care or concern for (dat, gen), 4
νόσφι: aloof, apart, afar, away, 3
ὄλλυμι: to destroy, lose, consume, kill, 7
ὀπίσ(σ)ω: backwards; in the future, later, 6
τόσος, -η, -ον: so much, so many, so great, 5
Τρῳάς, -άδος, ἡ: Trojan (fem. adj.), 2

441 καὶ: *also*; adv.
     μέλει: *are a concern*; neuter pl. subject, not impersonal, as the verb often is
     γύναι: vocative sg. direct address
443 αἴ κε...ἀλυσκάζω: *if... I avoid*; along with αἰδέομαι this protasis is a present general condition (εἰ/αἰ + κέ/ἄν + subj., pres. indicative); Hector is describing a general fact, not a hypothetical situation
     κακὸς ὡς: *as a coward*
     πολέμοιο: *(from)...*; gen. separation governed by the verb not the adverb
444 ἄνωγεν: 3ʳᵈ sg. pf. with pres. sense
     ἐπει: *since*
     μάθον: aor. μανθάνω
     ἔμμεναι inf. εἰμί governs nom. predicate
445 πρώτοισι: *foremost, leading*
446 μετὰ: dat. of accompaniment
     ἐμὸν αὐτοῦ: *of my very own*; supply κλέος, possession adj. (neuter) and an

intensive adjective which agrees with ἐμὸν in function: gen. of possession
447 τόδε: *the following*; 'this here,' anticipating the second line
     κατὰ: *in..., within...*
448 ἔσσεται: *there will be*; fut. deponent εἰμί
     ὅτε ἄν...: *when...*; general (indefinite) temporal clause (ἄν + subjunctive)
     ὀλώλῃ: 3ʳᵈ sg. pf. subjunctive ὄλλυμι
     ἱρὴ: ἱερή, Ἴλιος is fem. sg.
449 ἐϋμμελίω: gen. sg., ἐϋμμελί-α(ι)ο, the -α(ι)ο ending is comparable to the masc. -οιο gen. ending, cf. gen. Ἀτρείδαο
450 Τρώων: *for the Trojans*; objective gen. qualifying ἄλγος just as σεῦ in l. 454
     οὐ...τόσσον: *not so much*; adverbial acc. (acc. of extent) or inner acc. ('so much a care') rather than a neut. adj. ἄλγος; the comparison is in level of care not pain
     μέλει: *is a concern*; ἄλγος is subject

οὔτ᾽ αὐτῆς Ἑκάβης οὔτε Πριάμοιο ἄνακτος   451

οὔτε κασιγνήτων, οἵ κεν πολέες τε καὶ ἐσθλοὶ   452

ἐν κονίῃσι πέσοιεν ὑπ᾽ ἀνδράσι δυσμενέεσσιν,   453

ὅσσον σεῦ, ὅτε κέν τις Ἀχαιῶν χαλκοχιτώνων   454

δακρυόεσσαν ἄγηται, ἐλεύθερον ἦμαρ ἀπούρας·   455

καί κεν ἐν Ἄργει ἐοῦσα πρὸς ἄλλης ἱστὸν ὑφαίνοις,   456

καί κεν ὕδωρ φορέοις Μεσσηΐδος ἢ Ὑπερείης   457

πόλλ᾽ ἀεκαζομένη, κρατερὴ δ᾽ ἐπικείσετ᾽ ἀνάγκη·   458

καί ποτέ τις εἴπῃσιν ἰδὼν κατὰ δάκρυ χέουσαν·   459

‘ Ἕκτορος ἥδε γυνὴ, ὃς ἀριστεύεσκε μάχεσθαι   460

ἀεκαζόμενος, -η: against one's will, 1
ἀνάγκη, ἡ: necessity, force, constraint, 1
ἄναξ, -ακτος, ὁ: a lord, master, 4
ἀπ-αυράω: rob (acc) from (acc), deprive of 2
Ἄργος, Ἄργεος, ὁ: Argos, 3
ἀριστεύω: to be best, be the bravest, 2
δακρυόεις, -εσσα, -εν: tearful, 3
δάκρυον, τό: tear (neuter δάκρυ) 5
Ἑκάβη, ἡ: Hecabe, 4
ἐλεύθερος, -η, -ον: free, of freedom, 2
ἐπί-κειμαι: to lie upon, be shut, set to, 1
ἐσθλός, -ή, -όν: good, well-born, noble, 7
ἱστός, ὁ: web (on a loom), loom, 3

κασί-γνητος, ὁ: a brother, 5
κονίη, ἡ: dust, a cloud of dust, 4
κρατερός, -ή, -όν: strong, stout, mighty, 5
Μεσσηΐς, -ίδος, ἡ: Messeis, 1
ὅσος, -η, -ον: as much as, many as; all who, 6
πίπτω: to fall, fall down, drop, 5
ὕδωρ, ὕδατος, τό: water, 3
Ὑπέρεια, ἡ: Hypereia, 1
ὑφαίνω: to weave; devise, 3
φορέω: to carry or bear constantly, 1
χαλκο-χίτων, -ωνος, ὁ: bronze-clad, 1
χέω: to pour, shed, 5

---

451 Ἑκάβης...κασιγνήτων: for…; objective genitives in apposition to Τρῶων
452 κεν...πέσοιεν: might fall; potential opt. πίπτω as alternative to fut. indicative πολέες: many; 3rd decl. variation for πολλοί, nom. pl.
453 ὑπο: under…; place where or equivalent to 'under the power of,' 'at the hands of'
454 ὅσσον: as much as (the pain…is a care) for me"; correlative with τόσσον in 6.450; adverbial acc. (acc. of extent) or inner acc., i.e. 'as much a care as:' supply μέλει ἄλγος from line 450 σεῦ: objective gen. of σύ with ἄλγος ὅτε κέν: whenever…; general (indefinite) temporal, ἄν + pres. pass. subj. ἄγω
455 ἀπούρας: nom. sg. aor. ἀπαυράω
456 καί κεν...ὑφαίνοις...φορέοις: both you

would…and you would…; potential opt. ἐοῦσα: fem. nom. sg. pple. εἰμί πρὸς ἄλλης: at the bidding of another; gen. place from 'from the side of…' or gen. of agent '(bidden) by another'
457 Μεσσηΐδος ἢ Ὑπερείης: (with)in…; gen. of place within or place from which
458 πολλὰ: many times, often; adv. acc. ἐπικείσεται: fut., supply acc. obj. σέ
459 εἴπῃσιν: will say; anticipatory aor. subj. denotes imminent future action, see p.72 ἰδών: nom. sg. aor. pple εἶδον κατὰ...χέουσαν: pouring down; tmesis fem pple modifies missing fem. acc. σέ
460 ἥδε: this here (is)…; supply ἐστί ἀριστεύσκε: used to, was accustomed to be the best; -σκ- indicates iterative impf. μάχεσθαι: at…; explanatory inf.

Τρώων ἱπποδάμων, ὅτε Ἴλιον ἀμφεμάχοντο.   461
ὥς ποτέ τις ἐρέει· σοὶ δ' αὖ νέον ἔσσεται ἄλγος   462
χήτεϊ τοιοῦδ' ἀνδρὸς ἀμύνειν δούλιον ἦμαρ.   463
ἀλλά με τεθνηῶτα χυτὴ κατὰ γαῖα καλύπτοι,   464
πρίν γέ τι σῆς τε βοῆς σοῦ θ' ἑλκηθμοῖο πυθέσθαι.' 465
ὣς εἰπὼν οὗ παιδὸς ὀρέξατο φαίδιμος Ἕκτωρ·   466
ἂψ δ' ὃ πάϊς πρὸς κόλπον ἐϋζώνοιο τιθήνης   467
ἐκλίνθη ἰάχων, πατρὸς φίλου ὄψιν ἀτυχθείς,   468
ταρβήσας χαλκόν τε ἰδὲ λόφον ἱππιοχαίτην,   469
δεινὸν ἀπ' ἀκροτάτης κόρυθος νεύοντα νοήσας.   470

ἄκρος, -α, -ον: topmost, top, excellent, 7
ἄλγος, τό: pain, distress, grief, 5
ἀμύνω: to keep off, ward off, defend, 2
ἀμφι-μάχομαι: to fight around, 1
ἀτύζω: to be dazed, distraught, bewildered, 4
αὖ: again, in turn; further, moreover, 6
ἄψ: back, back again, backwards, 4
γαῖα, ἡ: earth, ground, land, country, 8
δεινός, -ή, -όν: fearful, terrible, strange 5
δούλιος, -η, -ον: slavish, servile, of a slave, 1
ἑλκηθμός, ὁ: being dragged off, 1
ἑός, -ή, -όν: his own, her own, its own, 13
ἐρέω: I will say or speak, 3
ἐΰ-ζωνος, -ον: well-girdled, 1
ἰάχω: to cry out, shout, 1
ἰδέ: and, 3
ἱππιο-χαίτης, -ες: shaggy with horsehair, 1
ἱππό-δαμος, -ον: horse-taming, 4
καλύπτω: to conceal, cover, 5

κλίνω: to lean, recline, lie down, 3
κόλπος, ὁ: bosom, lap; hollow, 5
κόρυς, κόρυθος ἡ: helmet, 5
λόφος, ὁ: plume (on a helmet), 2
νέος, -η, -ον: young; new, novel, strange, 2
νεύω: to nod, 1
νοέω: to notice, perceive; think, suppose, 6
ὀρέγω: stretch out, reach for; hand, give 3
ὄψις, -εως, ἡ: dream, vision, sight, 1
πρίν: until, before, 8
πυνθάνομαι: to learn by hearsay or inquiry, 4
ταρβέω: to be frightened, alarmed, terrified 1
τιθήνη, ἡ: nurse, 4
τοιόσδε, -άδε, -όνδε: such, 2
φαίδιμος, -η -ον: glistening, shining, bright, 7
χαλκός, ὁ: copper, bronze, 9
χῆτος, -εος, τό: want, need (+ gen), 1
χυτός, -ή, -όν: heapen up, mounded, 1

461 Τρώων ἱπποδάμων: among...; partitive
462 ὥς...ἐρέει: thus...; 3rd sg. ἐρέω,
    concluding what began in 6.459
    σοὶ: dat. of possession
    ἔσσεται: fut. deponent εἰμί
463 χήτεϊ: dat. sg. modifies σοὶ
    ἀμύνειν δούλιον ἦμαρ: inf. of purpose
    following closely after ἀνδρος
464 τεθνηῶτα: acc. sg. pf. pple θνήσκω
    χυτὴ...γαῖα: nom. subj.
    κατὰ...καλύπτοι: may...!; opt of wish
    (as often in main verbs without ἄν) and
    tmesis, κατά is extensive: 'over'

465 πρὶν: before (I) hear; governs an inf.
    (here aor.), which in turn governs a gen.
    γε: at least; restrictive and emphatic
    τι: at all; adverbial acc. or inner acc.
466 οὗ: his; ἑοῦ, possessive adj. ἑός
    ὀρέξατο: governs a partitive gen. object
468 ἐκλίνθη:3rd sg. aor. pass. κλίνω
    ὄψιν: at the sight of; acc. of respect
    ἀτυχθείς: nom. aor. pass. pple ἀτύζω
470 δεινὸν: terribly; inner acc. of νεύοντα
    νεύοντα: pple modifies missing λόφον

ἐκ δ' ἐγέλασσε πατήρ τε φίλος καὶ πότνια μήτηρ·　471

αὐτίκ' ἀπὸ κρατὸς κόρυθ' εἵλετο φαίδιμος Ἕκτωρ,　472

καὶ τὴν μὲν κατέθηκεν ἐπὶ χθονὶ παμφανόωσαν·　473

αὐτὰρ ὅ γ' ὃν φίλον υἱὸν ἐπεὶ κύσε πῆλέ τε χερσὶν　474

εἶπε δ' ἐπευξάμενος Διί τ' ἄλλοισίν τε θεοῖσι·　475

'Ζεῦ ἄλλοι τε θεοί, δότε δὴ καὶ τόνδε γενέσθαι　476

παῖδ' ἐμόν, ὡς καὶ ἐγώ περ, ἀριπρεπέα Τρώεσσιν,　477

ὧδε βίην τ' ἀγαθόν, καὶ Ἰλίου ἶφι ἀνάσσειν·　478

καί ποτέ τις εἴποι 'πατρός γ' ὅδε πολλὸν ἀμείνων　479

ἐκ πολέμου ἀνιόντα· φέροι δ' ἔναρα βροτόεντα　480

ἀγαθός, -ή, -όν: good, brave, noble, 6
ἀμείνων, -ον: better, 4
ἀνάσσω: to be lord, master (dat); rule, 2
ἀν-έρχομαι: to approach, come back, 5
ἀρι-πρεπής, -ές: very distinguished, stately 1
αὐτίκα: straightway, at once; presently, 3
βιή, ἡ: violence, force, power, 3
βροτόεις, -εσσα, -εν: gory, 2
γελάω: to laugh, 2
ἔναρα, τά: spoils, loot; an enemy's armor, 3
ἑός, -ή, -όν: his own, her own, its own, 13
ἐπ-εύχομαι:, to pray, pray to, 2

ἶ-φι: by force, by might (instrumental of ἴς)1
κατα-τίθημι: to set down, lay, put, place, 1
κόρυς, κόρυθος ἡ: helmet, 5
κράς, κρατός, ἡ: the head, 3
κυνέω: to kiss, 1
πάλλω: to shake, brandish; quiver, 5
παμφανόων, -ωντος: bright-shining, 1
πότνια, ἡ: mistress, queen, 8
φαίδιμος, -η -ον: glistening, shining, bright, 7
χθών, -ονός, ἡ: the earth, ground, 3
ὧδε: in this way, so, thus, 5

---

471 ἐκ δ'ἐγέλασσε: *laughed out*; tmesis, sg. though the subject is plural

472 κόρυθ': κόρυθα, acc. sg.
εἵλετο: aor. mid. αἱρέω (stem ἑλ)

473 τὴν μὲν : *this*; i.e. the fem. κόρυθα
κατέθηκεν: aor. κατατίθημι

474 ὃν: *his*; ἑὸν, possessive adj. ἑός
πῆλε: *bounced*; aor. πάλλω, perhaps in the sense of 'dandle on one's knee'
χερσὶν: dat. pl. of means, χείρ

475 εἶπε: 3ʳᵈ sg aor. εἶπον
Διί: *to Zeus*

476 Ζεῦ...θεοὶ: vocative direct address
δότε: *grant that*; aor. imperative δίδωμι
δὴ: lends emphasis to the imperative,

translated as 'just grant' or 'grant now'
γενέσθαι: aor. γίγνομαι; παῖδα is acc. subject. and ἀριπρεπέα is acc. predicate

477 ὡς καὶ ἐγώ περ: *just as I in fact*; καὶ is adverbial, περ emphasizes ὡς: 'in the very way,' cf. ὥσπερ

478 ὧδε: same sense as ὡς καὶ ἐγώ... above
Ἰλίου: gen. with ἶφι

479 εἴποι: *may...say*; or 'let...' opt. of wish
πατρός: *than...*; gen. of comparison
ὅδε: *this here one (is)*; i.e. Astyanax
πολλὸν: *by far, far*; adverbial (acc. of extent) modifies comparative ἀμείνων

480 ἀνιόντα: pple ἀν-έρχομαι (stem ι-)
φέροι: see εἴποι above, Astyanax is subj.

Anastrophe is strictly speaking the 'return' of the accent to the penult of some prepositions when the object precedes it. We use the term in general to denote the inversion of word order:

πύργῳ ἔπιᵖ· ⁸⁸ (ἐπὶ πύργῳ)　　　　αἴσῃ ἐν⁸⁵ (ἐν αἴσῃ)
ἄστυ πέρι⁹⁶ (περὶ ἄστυ)　　　　εὐνῇ ἔνι¹⁰⁵ (ἐνὶ εὐνῇ)

κτείνας δήϊον ἄνδρα, χαρείη δὲ φρένα μήτηρ.'   481
ὣς εἰπὼν ἀλόχοιο φίλης ἐν χερσὶν ἔθηκε   482
παῖδ' ἑόν· ἡ δ' ἄρα μιν κηώδεϊ δέξατο κόλπῳ   483
δακρυόεν γελάσασα· πόσις δ' ἐλέησε νοήσας,   484
χειρί τέ μιν κατέρεξεν ἔπος τ' ἔφατ' ἔκ τ' ὀνόμαζε·   485
'δαιμονίη, μή μοί τι λίην ἀκαχίζεο θυμῷ·   486
οὐ γάρ τίς μ' ὑπὲρ αἶσαν ἀνὴρ Ἄϊδι προϊάψει·   487
μοῖραν δ' οὔ τινά φημι πεφυγμένον ἔμμεναι ἀνδρῶν,   488
οὐ κακὸν, οὐδὲ μὲν ἐσθλόν, ἐπὴν τὰ πρῶτα γένηται.   489
ἀλλ' εἰς οἶκον ἰοῦσα τὰ σ' αὐτῆς ἔργα κόμιζε,   490

αἶσα, ἡ: lot, portion, share; fate, destiny, 6
ἀκαχίζω: to distress, grieve, 1
γελάω: to laugh, 2
δαιμόνιε, -η: strange one, god-touched (voc) 4
δακρυόεις, -εσσα, -εν: tearful, 3
δέχομαι: to accept, receive; wait for, expect 5
δήϊος, -ον: hostile, destructive; enemy, 4
ἐλεέω: to pity, have compassion for, 9
ἑός, -ή, -όν: his own, her own, its own, 14
ἐπήν: ἐπεὶ ἄν, when, whenever, 1
ἔργον, τό: work, labor, deed, act, 8
ἐσθλός, -ή, -όν: good, well-born, noble, 7
κατα-ρρέζω: pat with hand, stroke, caress 1

κη-ώδης, -ες: fragrant, smelling of incense 1
κόλπος, ὁ: bosom, lap; hollow, 5
κομίζω: to take care of, attend; receive, 2
λίην: very, very much, exceedingly, 2
μοῖρα, ἡ: lot, portion, part; fate, destiny, 4
νοέω: to notice, perceive; think, suppose, 6
οἶκος, ὁ: a house, abode, dwelling, 6
ὀνομάζω: to name, call by name, 4
πόσις, -εως, ὁ: husband, 3
προ-ϊάπτω: to send forth, throw forth, 1
ὑπέρ: above (+ gen.); beyond (+ acc.), 4
χαίρω: to rejoice, be glad; fare well, 2

481 κτείνας: nom. sg. aor. pple κτείνω
χαρείη: may...; 3rd sg. aor. opt. pass.
deponent χαίρω
φρένας: in her...; acc. of respect
482 ὡς: thus
χερσὶν: dat. pl. χείρ
ἔθηκε: 3rd sg. aor. τίθημι
483 ἡ δ' ἄρα: and she; 'and this one'
δέξατο: 3rd sg. aor. mid. δέχομαι
κόλπῳ: in...; dat. place where
484 δακρυόεν γελάσασα: acc. sg. modifies
μιν, aor. pple modifies ἡ; a beautiful line
depicting the emotions of all three
485 χειρί: dat. of means
κατέρεξεν: aor. καταρρέζω
ἔπος τ' ἔφατο: began to speak a word
ἔκ τ' ὀνόμαζε: called (him) out by name;
tmesis; Hector is subject

486 δαιμονίη: vocative direct address
μή...τι...ἀκαχίζε(σ)ο: don't at all...
negative command; mid. imperative
θυμῷ: in...; dat. place where
487 τίς: any...; τις before enclitic τίς
ὑπὲρ αἶσαν: beyond what is due; 6.333
προϊάψει: fut. προ-ϊάπτω + dat. of
compound verb
488 πεφυγμένον ἔμμεναι: periphrastic for
pf. mid inf. φεύγω (pf. mid. pple + inf.
εἰμί), οὔ τινά ἀνδρῶν is acc. subj. and
μοῖραν is obj.. positioned for emphasis
489 κακὸν, ἐσθλόν: modify τινά ἀνδρῶν
οὐδὲ μὲν: οὐ μὲν is an emphatic negative
τὰ πρῶτα: first; adverbial acc.
γένηται: is born; 'comes to be' aor.
subj. in a general temporal clause
490 σα αὐτῆς: your very own; fem. sg. σός

ἱστόν τ᾽ ἠλακάτην τε, καὶ ἀμφιπόλοισι κέλευε　491

ἔργον ἐποίχεσθαι· πόλεμος δ᾽ ἄνδρεσσι μελήσει　492

πᾶσι, μάλιστα δ᾽ ἐμοί, τοὶ Ἰλίῳ ἐγγεγάασιν.᾽　493

ὣς ἄρα φωνήσας κόρυθ᾽ εἵλετο φαίδιμος Ἕκτωρ　494

ἵππουριν· ἄλοχος δὲ φίλη οἶκόνδε βεβήκει　495

ἐντροπαλιζομένη, θαλερὸν κατὰ δάκρυ χέουσα.　496

αἶψα δ᾽ ἔπειθ᾽ ἵκανε δόμους εὖ ναιετάοντας　497

Ἕκτορος ἀνδροφόνοιο, κιχήσατο δ᾽ ἔνδοθι πολλὰς　498

ἀμφιπόλους, τῇσιν δὲ γόον πάσῃσιν ἐνῶρσεν.　499

αἳ μὲν ἔτι ζωὸν γόον Ἕκτορα ᾧ ἐνὶ οἴκῳ·　500

αἶψα: straightaway, quickly, at once, 3
ἀνδρο-φόνος, -ον: man-slaying, 2
γοάω: to wail, groan, weep, 5
γόος, ὁ: weeping, wailing, groaning, 2
δάκρυον, τό: tear (neuter δάκρυ) 5
ἐγ-γίγνομαι: to be born in, 1
ἔνδο-θι: within, at home, 2
ἐν-όρνυμι: to awaken; break out among, 1
ἐντροπαλίζομαι: to keep turning round, 1
ἐπ-οίχομαι: to go, approach, go to and fro, 2
ἔργον, τό: work, labor, deed, act, 8
εὖ: well, 7
ζωός, ή, όν: alive, living, 5
ἠλακάτη, ἡ: distaff, 1

θαλερός, -ή, -όν: stout, rich, big; blooming, 2
ἰκάνω: to approach, come, arrive, reach, 8
ἵππουρις, -ιδος, ὁ, ἡ: horse-tailed, 1
ἰστός, ὁ: web (on a loom), loom, 3
κελεύω: to bid, order, command, exhort, 5
κιχάνω: to reach, come upon, find, 6
κόρυς, κόρυθος ἡ: helmet, 5
μάλιστα: most of all; certainly, especially, 7
μέλω: to be a care or concern for (dat, gen), 4
ναιετάω: to dwell in, inhabit, 3
οἶκος, ὁ: a house, abode, dwelling, 6
φαίδιμος, -η -ον: glistening, shining, bright, 7
φωνέω: to utter, speak, 6
χέω: to pour, shed, 5

491 τ᾽...τε: both...and
　ἀμφιπόλοισι: object of κέλευε
492 μελήσει: will be a care for; + dat.
493 πᾶσι: dat. pl. πᾶς
　τοί: who...; relative
　ἐγγεγάασιν: 3rd pl. pf. ἐγ-γίγνομαι
494 φωνήσας: nom. sg. aor. pple φωνέω
　εἵλετο: aor. mid. αἱρέω (stem ἑλ-)
495 βεβήκει: plpf. βαίνω
496 κατὰ...χέουσα: pouring down; tmesis

　fem pple modifies missing ἄλοχος
497 ἔπειθ᾽: ἔπειτα
　εὖ ναιετάοντας: well-peopled, well-built
498 κιχήσατο: aor. mid. κιχάνω
499 τῇσιν...πάσῃσιν: in all of whom; lit. 'in
　whom all' relative, dat. compound verb
　ἐνῶρσεν: aor. ἐν-όρνυμι
500 αἳ...γόον: who...wailed for; 3rd pl. impf.
　or possibly aor. of the verb γοάω
　ᾧ: his own; ἑῷ, dat. sg. possessive ἑός

αἶσα and ἐν-αίσιμος: The word αἶσα, associated perhaps with ἴσος, is a 'fair share, lot or
portion.' In regard to death, one's lot becomes one's 'fate' or 'destiny.'[61,72, 102]

κατ᾽αἶσαν[p.34]	in due measure, duly, rightly (according to one's fair share)
ὑπὲρ αἶσαν[34, 49]	beyond due measure, unduly, not rightly (beyond one's fair share)
ἐναίσιμον[52]	in due/suitable/the right time (within a duly allotted time, adv. acc.)
ἐναίσιμος[53]	a righteous/reasonable/suitable man (man living within his share)

οὐ γάρ μιν ἔτ' ἔφαντο ὑπότροπον ἐκ πολέμοιο   501

ἵξεσθαι, προφυγόντα μένος καὶ χεῖρας Ἀχαιῶν.   502

οὐδὲ Πάρις δήθυνεν ἐν ὑψηλοῖσι δόμοισιν,   503

ἀλλ' ὅ γ', ἐπεὶ κατέδυ κλυτὰ τεύχεα, ποικίλα χαλκῷ,   504

σεύατ' ἔπειτ' ἀνὰ ἄστυ, ποσὶ κραιπνοῖσι πεποιθώς.   505

ὡς δ' ὅτε τις στατὸς ἵππος, ἀκοστήσας ἐπὶ φάτνῃ,   506

δεσμὸν ἀπορρήξας θείη πεδίοιο κροαίνων,   507

εἰωθὼς λούεσθαι ἐϋρρεῖος ποταμοῖο,   508

κυδιόων· ὑψοῦ δὲ κάρη ἔχει, ἀμφὶ δὲ χαῖται   509

ὤμοις ἀΐσσονται· ὁ δ' ἀγλαΐηφι πεποιθώς,   510

ἀγλαΐη, ἡ: splendor, glory, beauty, 1
ἀΐσσω: to start, spring, leap up, 4
ἀκοστάω: to be well-fed (only as aor. pple) 1
ἀνά: up, upon (+ dat.); up to, on to (+ acc.), 6
ἀπο-ρρήγνυμι: to break off, break away, 1
δεσμός, ὁ: chains, bindings, bonds, 1
δηθύνω: to delay, linger, be long, 2
ἔθω: to be accustomed (pf. εἴωθα), 1
ἐϋρρεής, -ες: fair-flowing, 1
θεῖος, -η, -ον: divine, immortal, 1
ἱκνέομαι: to go, come, approach, arrive, 5
ἵππος, ὁ: horse, 8
κάρη, -ήτος τό: head, 6
κατα-δύω: to put on (clothing), go into, 1
κλυτός -ή -όν: famous, renowned, heard of, 3
κραιπνός, -ή, -όν: swift, rapid, rushing, 2

κροαίνω: to stomp, strike with a hood, 1
κυδιάω: to exult in, bear oneself proudly, 1
λούω: to wash, bathe, 1
Πάρις, ὁ: Paris, 4
ποικίλος, -η, -ον: varied, many-colored, 2
ποταμός, ὁ: river, stream, 1
προ-φεύγω: to flee away, escape, avoid, 1
σεύω: to set in motion, drive; hasten, 5
στατός, -ή, -όν: stalled, standing, placed, 1
ὑπό-τροπος, -ον: returning, turning back, 2
ὑψηλός, -ή, -όν: high, lofty, tall, 2
ὑψοῦ: aloft, on high, 1
φάτνη, ἡ: manger, 1
χαίτη, ἡ: hair, 2
χαλκός, ὁ: copper, bronze, 9
ὦμος, ὁ: shoulder, 7

501 οὐ...ἔτι: *no longer*; modifies ἵξεσθαι
   ἔφαντο: *thought*; 3rd pl. aor. mid. φημί
502 ἵξεσθαι: fut. inf. ἱκνέομαι in indirect
   discourse; μιν is acc. subject
   προφυγόντα: 2nd aor. pple with μιν
504 ὅ γ': *this one*; i.e. Paris
505 σεύατο: aor. mid.
   ποσὶ κραιπνοῖσι: dat. pl., πούς
   πεποιθώς: *being confident in, trusting in*
   + dat.; pf. describes the state (having
   entered and now enduring), nom. sg. pf.
   pple πείθω
506 ὡς δ'ὅτε: *just as when...*; a simile
   στατὸς: *stalled*; i.e. 'stabled'
507 ἀπορρήξας: nom. sg. aor. pple
   θείη: 3rd sg. pres. subj. θέω ; a simile in

Homer is often in the subj., see 22.93
   πεδίοιο: *over the plain*; gen. of place
   within (type of partitive), see also 6.38
508 εἰωθὼς: nom. sg. pf. pple ἔθω
   ἐϋρρεῖος ποταμοῖο: *in the...*; gen. place
   within (type of partitive), see also 6.507
509 ἔχει: *holds*; κάρη is neut. acc. direct obj.
   ἀμφὶ δὲ: tmesis, interpret with verb
510 ὤμοις: dat. place where or dat. of
   compound verb: 'around his shoulders'
   ἀγλαΐη-φι: equivalent to a dat singular,
   here the obj. of the pple; -φι often is
   instrumental or locative in force, but
   may substitute as a general dative
   πεποιθώς: see line 505

ῥίμφά ἑ γοῦνα φέρει μετά τ᾽ ἤθεα καὶ νομὸν ἵππων· 511
ὣς υἱὸς Πριάμοιο Πάρις κατὰ Περγάμου ἄκρης 512
τεύχεσι παμφαίνων ὥς τ᾽ ἠλέκτωρ ἐβεβήκει 513
καγχαλόων, ταχέες δὲ πόδες φέρον· αἶψα δ᾽ ἔπειτα 514
Ἕκτορα δῖον ἔτετμεν ἀδελφεὸν, εὖτ᾽ ἄρ᾽ ἔμελλε 515
στρέψεσθ᾽ ἐκ χώρης ὅθι ᾗ ὀάριζε γυναικί. 516
τὸν πρότερος προσέειπεν Ἀλέξανδρος θεοειδής· 517
'ἠθεῖ᾽, ἦ μάλα δή σε καὶ ἐσσύμενον κατερύκω 518
δηθύνων, οὐδ᾽ ἦλθον ἐναίσιμον ὡς ἐκέλευες;' 519
τὸν δ᾽ ἀπαμειβόμενος προσέφη κορυθαίολος Ἕκτωρ· 520

ἀδελφός, ὁ: brother, 2
αἶψα: straightaway, quickly, at once, 3
ἄκρη, ἡ: summit, mountain-top, 2
Ἀλέξανδρος, ὁ: Alexander (Paris), 6
ἀπ-αμείβομαι: to reply, answer, 2
δηθύνω: to delay, linger, be long, 2
ἐν-αίσιμος, -ον: fateful, proper, due 2
ἑός, -ή, -όν: his own, her own, its own, 13
εὖτε: when, at the time when, 2
ἠθεῖος, -η: honored (one) 3
ἦθος, -εος, τό: accustomed place, haunt, 1
ἠλέκτωρ, -ωρος, ὁ: the beaming sun, 1
θεο-ειδής, -ές: godlike, divine in form, 3
ἵππος, ὁ: horse, 8
καγχαλάω: to rejoice, exult, 1
κατ-ερυκάνω: to hinder, hold or draw back, 2

κελεύω: to bid, order, command, exhort, 5
μέλλω: to be about to, to intend to, 4
νομός, ὁ: place of pasture; pasture, 1
ὀαρίζω: to chat with, converse with (dat), 3
ὅ-θι: where, 2
παμ-φαίνω: to shine or show brightly 2
Πάρις, ὁ: Paris, 4
Πέργαμον, τό: Pergamum (citadel of Troy) 1
πρόσ-φημι: to speak to, address, 8
πρότερος, -α, -ον: before; sooner, earlier, 3
ῥίμφα: swiftly, quickly, fleetingly, 2
σεύω: to set in motion, drive; hasten, 5
στρέφω: to turn, whirl, 1
ταχύς, εῖα, ύ: quick, swift, hastily, 6
τέτμον: aor. overtake, reach, find, 2
χώρη, ἡ: place, region, 1

---

511 ἑ: him; acc. sg. 3ʳᵈ pers. pronoun
    γοῦνα: neut. pl. subject agrees with 3ʳᵈ sg. verb
512 ὥς: so…; ending the simile from 6.506
    κατὰ: down from…; gen. place from which
513 τεύχεσι: dat. pl. of means
    ὥς τ᾽: just as…; epic τε (cf. ὥστε)
    ἐβεβήκει: plpf. βαίνω
514 φέρον: impf. φέρω, supply Paris as obj.
516 στρέψεσθαι: μέλλω governs a future inf., in this case fut. mid. inf.
    ᾗ: his own; ἑῇ, fem. dat. sg. of ἑός
517 τὸν: i.e. Hector

πρότερος: first; comparative degree
518 ἠθεῖε: vocative direct address
    ἦ μάλα δή: now quite truly; introducing a yes/no question
    καὶ ἐσσύμενον: even (though) being in haste; pf. mid. pple σεύω; καί is an adv. that makes the pple concessive in sense
    κατερύκω: am I hindering; 1ˢᵗ sg. pres. progressive, alternative to κατ-ερυκάνω
519 ἦλθον: 3ʳᵈ pl. aor. ἔρχομαι
    ἐναίσιμον: duly, at a proper time; i.e. in in the alloted time, adverbial acc.
    ὡς: just as

'δαιμόνι', οὐκ ἄν τίς τοι ἀνὴρ, ὃς ἐναίσιμος εἴη,   521

ἔργον ἀτιμήσειε μάχης, ἐπεὶ ἄλκιμός ἐσσι·   522

ἀλλὰ ἑκὼν μεθιεῖς τε καὶ οὐκ ἐθέλεις· τὸ δ' ἐμὸν κῆρ   523

ἄχνυται ἐν θυμῷ, ὅθ' ὑπὲρ σέθεν αἴσχε' ἀκούω   524

πρὸς Τρώων, οἳ ἔχουσι πολὺν πόνον εἵνεκα σεῖο.   525

ἀλλ' ἴομεν· τὰ δ' ὄπισθεν ἀρεσσόμεθ', αἴ κέ ποθι Ζεὺς   526

δώῃ ἐπουρανίοισι θεοῖς αἰειγενέτῃσι   527

κρητῆρα στήσασθαι ἐλεύθερον ἐν μεγάροισιν,   528

ἐκ Τροίης ἐλάσαντας ἐϋκνήμιδας Ἀχαιούς.'   529

ἀει-γενέτης, -ες: ever-lasting, immortal, 1
αἶσχος, τό: shame, disgrace, 2
ἀκούω: to hear, listen to, 6
ἄλκιμος, -η, -ον: strong, stout, 4
ἀρέσκω: to make amends for, appease, 1
ἀ-τιμάω: to dishonor, disdain, 1
ἀχεύω: to grieve, vex, annoy, 2
δαιμόνιε, -η: good sir, lady, marvel (voc.), 4
ἑκών, ἑκοῦσα, ἑκόν: willing, on purpose, 1
ἐλαύνω: to drive; drive off; set in motion, 5
ἐλεύθερος, -η, -ον: free, of freedom, 2
ἐν-αίσιμος, -ον: fateful, proper, due 2
ἔνεκα (εἵνεκα): for the sake of, because of, 8

ἐπ-ουράνιος, -ον: heavenly, 3
ἔργον, τό: work, labor, deed, act, 8
ἐϋ-κνήμις, -ῖδος: well-greaved, 1
κῆρ, τό: heart; soul, mind, 2
κρητήρ, -ῆρος, ὁ: mixing bowl or vessel, 1
μάχη, ἡ: battle, fight, combat, 6
μεθ-ίημι: let go, release; be remiss; give up, 2
ὄπισθεν: behind; in the future, later, 2
πό-θι: where; πο-θι, anywhere, 1
πόνος, ὁ: work, labor, toil, 5
Τροίη, ἡ: Troy, 5
ὑπέρ: above (+ gen.); beyond (+ acc.), 4

521 δαιμόνιε: vocative direct address
     τοι: *you know, to be sure*; particle
     τίς: *any*; τις gains accent from enclitic
     ἐναίσιμος: *a proper fellow*; compare 519
     εἴη: *was*; relative clause of characteristic,
     opt. εἰμί replaces subj. in secondary seq.
522 ἄν...ἀτιμήσειε: *would dishonor*; potential
     aor. opt.
     ἔργον μάχης: *your work in war;* Hector
     draws attention to Paris' fighting skills
     ἐσσι: 2ⁿᵈ sg. pres. εἰμί, Att. εἶ
523 μεθιεῖς: 2ⁿᵈ sg. pres. μεθ-ίημι
     οὐκ ἐθέλεις: i.e. does not have the will
524 ἄχνυται: 3ʳᵈ sg. pres. pass. ἀχεύω
     ὅθ'...ἀκούω: *whenever I hear....*; ὅτε, a
     general temporal clause: ἄν + 1ˢᵗ sg subj
     ὑπὲρ σέ-θεν: ὑπὲρ σοῦ, -θεν indicates
     gen. place from which and at times, as
     here, a genitive in general
     αἴσχεα: *reproaches*; acc. direct object

525 πρὸς Τρώων: *at the hands of...*; gen.
     place from which 'from the side of'
     εἵνεκα σεῖο: σοῦ, gen. of σύ
526 ἴομεν: *let us...*; 1ˢᵗ pl. hortatory subj. of
     ἔρχομαι (stem ι-), see p. 31
     τὰ δ': *these things*; i.e. the trouble
     between the brothers, neut. pl. acc.
     ἀρεσσόμεθα: fut. mid.
     αἴ κε...δώῃ: *in the hope that... grant
     (that the Trojans)*; 3ʳᵈ sg. aor. subj.
     δίδωμι, see pg. 28
527 θεοῖς: *for...*; dat. pl. of interest governed
     by the aor. inf. στήσασθαι
528 στήσασθαι: *to set up*; aor. inf.; supply
     the Trojans as the subject
     κρητῆρα ἐλεύθερον: *mixing bowl of
     freedom*; add. direct obj. of the inf.
528 ἐλάσαντας: aor. pple ἐλαύνω, modifies
     the missing acc. subject of στήσασθαι,
     i.e. the Trojans

Homer's *Iliad*
Book 22

ὣς οἳ μὲν κατὰ ἄστυ πεφυζότες ἠΰτε νεβροὶ   1

ἱδρῶ ἀπεψύχοντο πίον τ' ἀκέοντό τε δίψαν,   2

κεκλιμένοι καλῇσιν ἐπάλξεσιν· αὐτὰρ Ἀχαιοὶ   3

τείχεος ἆσσον ἴσαν, σάκε' ὤμοισι κλίναντες.   4

Ἕκτορα δ' αὐτοῦ μεῖναι ὀλοιὴ μοῖρα πέδησεν   5

Ἰλίου προπάροιθε πυλάων τε Σκαιάων.   6

αὐτὰρ Πηλείωνα προσηύδα Φοῖβος Ἀπόλλων·   7

'τίπτέ με, Πηλέος υἱέ, ποσὶν ταχέεσσι διώκεις,   8

αὐτὸς θνητὸς ἐὼν θεὸν ἄμβροτον; οὐδέ νύ πώ με   9

ἔγνως ὡς θεός εἰμι, σὺ δ' ἀσπερχὲς μενεαίνεις.   10

ἀκέομαι: to heal, cure; quench, 1
ἄμ-βροτος, -η, -ον: immortal, divine, 1
ἀπο-ψύχω: to cool off, grow cold; faint, 1
ἀ-σπερχές: unceasingly, vehemently, (adv) 2
Ἀπόλλων, ὁ: Apollo, 5
ἆσσον: nearer, 3
γιγνώσκω: to learn, note, realize, know, 6
δίψα, -ης, ἡ: thirst, 1
διώκω: to pursue, follow; prosecute, 8
ἔπαλξις, ἡ: battlement, 1
ἠΰτε: as, like as, just as, 2
θνητός, -ή: mortal, liable to die, 2
ἱδρώς, -ῶτος (ἱδρος) ἡ: sweat, 1
κλίνω: to lean, recline, lie down, 3
μενεαίνω: to become angry, rage, 1

μοῖρα, ἡ: lot, portion, part; fate, destiny, 4
νεβρός, ὁ: fawn, young deer, 2
ὀλοός, -ή, -όν: deadly, destructive, 4
πεδάω: to bind fast, shackle, 1
Πηλείων, -ωνος, ὁ: son of Peleus, Achilles, 5
Πηλεύς, -έος: Peleus, 3
πίνω: to drink, 1
προ-πάροιθε: before, in front of (gen.) 4
πω: yet, up to this time, 3
σάκος, τό: a shield, 5
Σκαιαί, αἱ: Scaean (gates), 5
ταχύς, εῖα, ύ: quick, swift, hastily, 6
τίπτε: why in the world? what? (τί ποτε), 2
Φοῖβος, ὁ: Phoebus Apollo, 3
ὦμος, ὁ: shoulder, 6

1 ὣς οἳ μὲν: *thus they...;* demonstrative
  κατὰ: *throughout; 'in' extensive in sense*
  πεφυζότες: pf. act. pple φεύγω
2 ἱδρῶ: ἱδρω(τ)α, acc. sg.; 'cooled off the
  sweat,' verb is impf.
  πίον: 3ʳᵈ pl. aor. πίνω
3 κελιμένοι: pf. mid. κλίνω
  καλῇσιν ἐπάλξεσιν: dat. place where
4 ἆσσον: governs a gen. object
  ἴσαν: 3ʳᵈ pl. impf. ἔρχομαι
  σάκε': σάκεα, neut. pl. acc.
  ὤμοισι: dat. of place where
4 κλίναντες: aor. pple κλίνω

5 αὐτοῦ: *there; 'in this very place'*
  μεῖναι: aor. inf. μένω
  ὀλοιή: ὀλοή
6 τε: *and*
7 προσηύδα: *began to address;* inchoative
  impf.
8 υἱέ: vocative, direct address
  ποσὶν: dat. pl. of means, πούς
9 αὐτός: *(you) yourself;* intensive, 2ⁿᵈ sg.
  ἐὼν: *though...;* nom. sg. pple εἰμί, the pple
  is concessive in sense
10 ἔγνως: 2ⁿᵈ sg. aor. γιγνώσκω
  ὡς: *that...*

μοῖρα **and** κήρ: Just as αἶσα (p. 50), μοῖρα^(p.49, 55, 85, 98), denotes a distributed part, lot, portion or
due measure, is also used with κατὰ and ὑπέρ, and in regard to death can denote one's 'fate'
or 'destiny.' κήρ^(p.75,91) (cf. κῆρ(δ), 'heart') is specific to one's lot in death: 'fate,' or 'destiny.'

ἦ νύ τοι οὔ τι μέλει Τρώων πόνος, οὓς ἐφόβησας,   11

οἳ δή τοι εἰς ἄστυ ἄλεν, σὺ δὲ δεῦρο λιάσθης.   12

οὐ μέν με κτενέεις, ἐπεὶ οὔ τοι μόρσιμός εἰμι.'   13

    τὸν δὲ μέγ᾽ ὀχθήσας προσέφη πόδας ὠκὺς Ἀχιλλεύς· 14

'ἔβλαψάς μ᾽, ἑκάεργε, θεῶν ὀλοώτατε πάντων,   15

ἐνθάδε νῦν τρέψας ἀπὸ τείχεος· ἦ κ᾽ ἔτι πολλοὶ   16

γαῖαν ὀδὰξ εἷλον πρὶν Ἴλιον εἰσαφικέσθαι.   17

νῦν δ᾽ ἐμὲ μὲν μέγα κῦδος ἀφείλεο, τοὺς δὲ σάωσας   18

ῥηϊδίως, ἐπεὶ οὔ τι τίσιν γ᾽ ἔδεισας ὀπίσσω.   19

ἦ σ᾽ ἂν τισαίμην, εἴ μοι δύναμίς γε παρείη.'   20

ἀφ-αιρέω: to take away from, remove, 2
βλάπτω: to hinder, mislead; hurt, 2
γαῖα, ἡ: earth, ground, land, country, 8
δείδω: fear, dread, shrink from, feel awe, 4
δεῦρο: hither, here, 3
δύναμις, -εως, ἡ: power, wealth, strength, 1
εἴλω: hem in, confine; pin down (aor. ἀλ) 3
εἰσ-αφικνέομαι come to, arrive at, 1
ἑκα-εργος, ὁ: far-darter, 2
ἐνθάδε: here, hither, there, thither, 3
κῦδος, -εος, ὁ: glory, majesty, 6
λιάζομαι: to bend, incline; withdraw, 1
μέλω: to be a care or concern for (dat, gen), 4
μόρσιμος, -ον: fated, alloted, destined, 1
ὀδάξ: (by biting) with teeth, 1

ὀλοός, -ή, -όν: deadly, destructive, 4
ὀπίσ(σ)ω: backwards; in the future, later, 6
ὀχθέω: to be sorely angered, very angry, 2
πάρ-ειμι: to be at hand, be present, 2
πόνος, ὁ: work, labor, toil, 5
πρίν: until, before, 8
πρόσ-φημι: to speak to, address, 8
ῥηδίως: easily, 2
σώζω (σαόω): to save, rescue, keep, 3
τίνω: to pay a price; mid. make pay, punish 1
τίσις, ἡ: revenge, vengeance, payback, 1
τρέπω: to turn, change 2
φοβέω: to put to flight, terrify, frighten, 8
ὠκύς, -εῖα, -ύ: quick, swift, fleet, 7

---

11 νύ: νῦν
   τοι: *for you*; σοι with μέλει
   οὔ τι: *not at all*; τι is an inner acc.: 'any care'
   οὓς: relative, acc. pl.
12 δή τοι: *you know, in fact*
   ἄλεν: 3rd pl. aor. pass. εἴλω
   λιάσθης: 2nd sg. aor. pass. λιάζομαι
13 οὐ μέν: *not*; emphatic denial
   κτενέεις: fut. κτείνω
   τοι: σοι
14 ὀχθήσας: *becoming…*; inceptive aor. pple
   πόδας: *in foot*; acc. of respect
15 ὀλοώτατε: superlative adj., vocative
16 τρέψας: nom. sg. aor. pple τρέπω
   κ᾽…εἷλον: *many would have…*; past potential (ἄν + aor. ind) is an unrealized

action in the past; 3rd pl. aor. αἱρέω (ἑλ)
17 πρὶν: *before*; governs an inf., translate as a finite verb
18 νῦν δ᾽: *but as it is*; 'but now,' commonly follows past potential and contrafactual conditions to return the reader to what is in fact true
   ἀφείλε(σ)ο: 2nd sg. aor. mid ἀφ-αιρέω as in line 17, the 2nd aor. stem is ἑλ
   τοὺς δ᾽: *and these*; relative
   σάωσας: 2nd sg. aor. (not a pple)
19 οὔ τι: *not at all*; τι is inner acc.: 'any fear'
   ἐπεὶ : *since…*; causal
20 ἂν τισαίμην…παρείη: *would… should*; future-less-vivid condition (εἰ + opt., ἄν + opt) here opt. τίνω and πάρ-ειμι:

ὣς εἰπὼν προτὶ ἄστυ μέγα φρονέων ἐβεβήκει,   21
σευάμενος ὥς θ᾽ ἵππος ἀεθλοφόρος σὺν ὄχεσφιν,   22
ὅς ῥά τε ῥεῖα θέῃσι τιταινόμενος πεδίοιο·   23
ὣς Ἀχιλεὺς λαιψηρὰ πόδας καὶ γούνατ᾽ ἐνώμα.   24
τὸν δ᾽ ὃ γέρων Πρίαμος πρῶτος ἴδεν ὀφθαλμοῖσι,   25
παμφαίνονθ᾽ ὥς τ᾽ ἀστέρ᾽ ἐπεσσύμενον πεδίοιο,   26
ὅς ῥά τ᾽ ὀπώρης εἶσιν, ἀρίζηλοι δέ οἱ αὐγαὶ   27
φαίνονται πολλοῖσι μετ᾽ ἀστράσι νυκτὸς ἀμολγῷ·   28
ὅν τε κύν᾽ Ὠρίωνος ἐπίκλησιν καλέουσι.   29
λαμπρότατος μὲν ὅ γ᾽ ἐστί, κακὸν δέ τε σῆμα τέτυκται,   30

ἀεθλοφόρος, -ον: prize-bearing, victorious 2
ἀμολγός, ὁ: dead of darkness (of night), 2
ἀρί-ζηλος, -ον: conspicuous, clear, 1
ἀστήρ, ἀστρός, ὁ: star, 8
αὐγή, ἡ: sunlight, sun rays, glare, 2
γέρων, -οντος, ὁ: elder, old man, 8
ἐπί-κλησις, ἡ: surname, name, 2
ἐπι-σεύομαι: to speed to; act. put in motion, 2
θέω: to run, rush, 5
ἵππος, ὁ: horse, 8
καλέω: to call, summon, invite, 6
λαιψηρός, -ά, -ός: light, nimble, swift, 3
λαμπρός, -ά, -ός: bright, radiant, 1
νύξ, -κτος, ἡ: night, 5
νωμάω: to handle, ply; distribute, 2

ὀπώρη, ἡ: harvest-time, time between Siris
and Acturus, 2
ὀφθαλμός, ὁ: the eye, 4
ὄχος, ὄχεος, τό: chariot, wagon, 3
παμ-φαίνω: to shine or show brightly 2
προτί: πρός, to, toward; near, 4
ῥεῖα: easily, deftly, lightly, 2
σεύω: to set in motion, drive; hasten, 5
σῆμα, -ατος τό: sign, mark; grave-mound, 5
σύν: along with, with, together (+ dat.), 6
τεύχω: to make, build, construct, prepare, 7
τιταίνω: to stretch out, draw out, extend, 2
φαίνω: to show, point out; mid. appear, 4
φρονέω: to think, devise, be prudent, 6
Ὠρίων, Ὠρίωνος, ὁ: Orion, 1

21 ὣς εἰπών: speaking thus; aor. pple εἶπον
   μέγα φρονέων: thinking proud thoughts
   ἐβεβήκει: plpf. βαίνω
22 ὥς θ᾽: just as…; epic τε, a simile
   ὄχεσ-φιν: typically instrument, φι
   indicates a general dative
23 ὅς: who…
   ῥά: ἄρα
   τε: epic τε, leave untranslated
   θέῃσι: 3rd sg. pres. subj. θέω
   πεδίοιο: on/within the plain; gen. of place
   within (type of partitive)
24 ὣς Ἀχιλεὺς: so Achilles..; ends the simile
   τὸν δ᾽: this one; i.e. Achilles
   ἴδεν: aor. unaugmented εἶδον (aor ὁράω)
25 ὀφθαλμοῖσι: dat. of means
26 παμφαίνοντα: acc. sg. pple

ὥς τ: just as…; begins a simile, see l. 21
ἐπεσσύμενον: pf. mid. pple ἐπι-σεύομαι
πεδίοιο: on the plain; see l. 23
27 ὀπώρης: during…gen. of time within
   εἶσιν: 3rd sg. ἔρχομαι (εἶμι)
   οἱ: to him; dat. of reference + φαίνονται
28 νυκτὸς ἀμολγῷ: in…; dat. of time when
29 ὅν…: which…; i.e. the star, ἀστέρα
   τε: epic τε, leave untranslated
   κύν(α): acc. predicate, i.e. the star Sirius,
   known as the 'Dog star'
   καλέουσι: call (x) (y); with a double acc.
30 λαμπρότατος: superlative adj.
   ὅ: which…; γε emphasizes the clause
   τε: epic τε, leave untranslated
   τέτυκται: is made; 'is wrought' + nom.
   pred. (here neuter); pf. pass. τεύχω

καί τε φέρει πολλὸν πυρετὸν δειλοῖσι βροτοῖσιν·   31

ὣς τοῦ χαλκὸς ἔλαμπε περὶ στήθεσσι θέοντος.   32

ᾤμωξεν δ᾽ ὃ γέρων, κεφαλὴν δ᾽ ὅ γε κόψατο χερσὶν   33

ὑψόσ᾽ ἀνασχόμενος, μέγα δ᾽ οἰμώξας ἐγεγώνει   34

λισσόμενος φίλον υἱόν· ὃ δὲ προπάροιθε πυλάων   35

ἑστήκει, ἄμοτον μεμαὼς Ἀχιλῆϊ μάχεσθαι·   36

τὸν δ᾽ ὃ γέρων ἐλεεινὰ προσηύδα χεῖρας ὀρεγνύς·   37

' Ἕκτορ μή μοι μίμνε, φίλον τέκος, ἀνέρα τοῦτον   38

οἶος ἄνευθ᾽ ἄλλων, ἵνα μὴ τάχα πότμον ἐπίσπῃς   39

Πηλεΐωνι δαμείς, ἐπεὶ ἦ πολὺ φέρτερός ἐστι,   40

ἄμοτον: adv. insatiably, continually, 1
ἄνευ-θε: without, free from; adv. far away, 5
ἀν-έχω: to hold up; suffer, endure, tolerate, 4
βροτός, ὁ, ἡ: a mortal, human, 3
γεγωνέω: to cry out, shout, 1
γέρων, -οντος, ὁ: elder, old man, 8
δειλός, -ή, -όν: wretched, poor, miserable, 3
ἐλεεινός, -η, -ον: pitiable, piteous, 2
ἐφ-έπω: to pursue, drive, direct, 3
θέω: to run, rush, 5
ἵνα: in order that (+ subj.); where (+ ind.), 3
κεφαλή, ἡ: the head, 3
κόπτω: to strike, smite, 1
λάμπω,: to shine, give light, radiate, 2
λίσσομαι: to beg, pray, entreat, supplicate, 6

μέμαα: to strive, be eager, press on, yearn, 8
μίμνω: to stay, remain, abide; await, 5
οἰμώζω: to cry out in grief, 3
οἶος, -η, -ον: alone, lone, only, 6
ὀρέγνυμι: to stretch out, reach for, 1
Πηνείων, -ωνος, ὁ: son of Peleus, 5
πότμος, ὁ: fate, death, 3
προ-πάροιθε: before, in front of (gen.) 4
πυρετός, ὁ: burning heat; fever, 1
στῆθος, τό: chest, breast, 5
τάχα: soon, presently; quickly, forthwith, 6
τέκος, -εος, τό: a child, 5
ὑψόσε: upward, aloft, on high, 1
φέρτερος, -η, -ον: stronger, more powerful, 2
χαλκός, ὁ: copper, bronze, 9

---

31 ὡς: so...; ending the simile from 22.26
     τοῦ: this one's; demonstrative
     θέοντος: (while) running; or 'as he was
     running,' cirumstantial pple. θέω
32 ᾤμωξεν: aor. οἰμώζω
     ὅ γε: still Priam
     χερσὶν: dat. pl. of means, χείρ
33 ἀνασχόμενος: aor. mid. pple ἀν-έχω
34 μέγα: loudly; 'greatly,' adverbial acc.
     οἰμώξας: aor. pple
     ἐγεγώνει: impf. γεγωνέω
36 ἑστήκει: had stopped; 'had stood still,'
     thus 'was standing' plpf. ἵστημι
     μεμαὼς: pf. act. pple μέμαα
     Ἀχιλῆϊ: with...; dat. of association is

common with μάχομαι
37 προσηύδα: began to address (acc) to
     (acc.); inchoative impf. with double acc.
     ἐλεεινὰ: neuter pl. object of προσηύδα
     ὀρεγνύς: nom. sg. pres. pple
     μὴ...μίμνε: don't wait for; neg. imperative,
     the verb is transitive
38 φίλον τέκος: vocative direct object
     ἀνέρα: acc. sg. ἀνήρ
39 ἵνα μὴ: so that...may not; purpose, 2nd sg.
     aor. subj. ἐφ-έπω
40 Πηλεΐωνι: by...; dat. of agent
     δαμείς: nom. aor. passive pple δαμάζω
     ἐπεὶ: since
     πολὺ: by far, far; acc. of extent

σχέτλιος· αἴθε θεοῖσι φίλος τοσσόνδε γένοιτο　　41

ὅσσον ἐμοί· τάχα κέν ἑ κύνες καὶ γῦπες ἔδοιεν　　42

κείμενον· ἦ κέ μοι αἰνὸν ἀπὸ πραπίδων ἄχος ἔλθοι·　　43

ὅς μ' υἱῶν πολλῶν τε καὶ ἐσθλῶν εὖνιν ἔθηκε,　　44

κτείνων καὶ περνὰς νήσων ἔπι τηλεδαπάων.　　45

καὶ γὰρ νῦν δύο παῖδε, Λυκάονα καὶ Πολύδωρον,　　46

οὐ δύναμαι ἰδέειν Τρώων εἰς ἄστυ ἀλέντων,　　47

τούς μοι Λαοθόη τέκετο, κρείουσα γυναικῶν.　　48

ἀλλ' εἰ μὲν ζώουσι μετὰ στρατῷ, ἦ τ' ἂν ἔπειτα　　49

χαλκοῦ τε χρυσοῦ τ' ἀπολυσόμεθ', ἔστι γὰρ ἔνδον·　　50

αἴθε: would that, 1
αἰνός, -ή, -όν: terrible, dire, dread, grim, 8
ἀπο-λύω: to loose from; mid. ransom 2
ἄχος, -εος, τό: anguish, distress, grief, 4
γύψ, γύπος, ὁ: vulture, 1
δύναμαι: to be able, can, be capable, 6
δύο (δύω): two, 4
ἔδω: to eat, 4
εἴλω: hem in, confine; pin down (aor. ἀλ) 3
ἔνδον: within, at home, 2
ἐσθλός, -ή, -όν: good, well-born, noble, 7
εὖνις: bereft of (+ gen.), 1
ζώω: to live, 2
κεῖμαι: to lie down, be laid, 9
κρείουσα, ἡ, ὁ: ruler, lord, master, 1

Λαοθόη, ἡ: Laothoe, 1
Λυκάων, -ονος, ὁ: Lycaon, 1
νῆσος, ἡ: an island, 1
ὅσος, -η, -ον: as much as, many as; all who, 6
πέρνημι: to sell, come to sell, 1
Πολύδωρος, ὁ: Polydorus, 1
πραπίδες, αἱ: mind, gut, midriff, 1
στρατός, ὁ: army, 2
σχέτλιος, -η, -ον: hard-hearted, cruel, 2
τάχα: soon, presently; quickly, forthwith, 6
τηλε-δαπός, -ή, -όν: far off, distant, 1
τοσσόσ-δε, -ήδε, -όνδε: so very, so much, 1
χαλκός, ὁ: copper, bronze, 9
χρυσός, ὁ: gold, 4

---

41 αἴθε...γένοιτο: would that...; introduces an opt. of wish; aor. opt. γίγνομαι, p. 25
τοσσόνδε...ὅσσον: so... as; 'so much...as much as,' correlatives; acc. of extent which modifies φίλος
42 ἐμοί: supply φίλος
ἑ: 3rd sg. pronoun, acc.
κέν...ἔδοιεν: would...; potential opt. ἔδω
43 κείμενον: lying (dead); pres. mid. pple
μοι: dat. of possession
κέ...ἔλθοι: would go; i.e. 'depart' not 'arrive,' potential opt ἔρχομαι
44 ἔθηκε: made (x) (y); aor. τίθημι often has this meaning with a double accusative
45 περνὰς: nom. sg. aor. pple πέρνημι
ἔπι: upon + gen.
46 παῖδε: dual acc.

47 ἰδέειν: aor. inf. εἶδον
ἀλέντων: being hemed in; aor. pass. pple εἴλω in a gen. abs.
48 τούς: whom...; relative
μοι: dat. of interest
τέκετο: aor. mid. τίκτω
49 ἦ τ': truly; τε is not copulative; it may be emphatic and is most likely superfluous.
ἄν...ἀπολυσόμεθα: we will perhaps ransom; fut. mid. indicative with ἄν, untranslated, has conditional force; or possibly an anticipatory aor. subjunctive describing an imminent future action, often with passion or feeling
50 χαλκοῦ...χρυσοῦ: for...; gen. of price
ἔστι: it is...; i.e. the gold and bronze

πολλὰ γὰρ ὤπασε παιδὶ γέρων ὀνομάκλυτος Ἄλτης.   51

εἰ δ' ἤδη τεθνᾶσι καὶ εἰν Ἀΐδαο δόμοισιν,   52

ἄλγος ἐμῷ θυμῷ καὶ μητέρι, τοὶ τεκόμεσθα·   53

λαοῖσιν δ' ἄλλοισι μινυνθαδιώτερον ἄλγος   54

ἔσσεται, ἢν μὴ καὶ σὺ θάνῃς Ἀχιλῆϊ δαμασθείς.   55

ἀλλ' εἰσέρχεο τεῖχος, ἐμὸν τέκος, ὄφρα σαώσῃς   56

Τρῶας καὶ Τρῳάς, μὴ δὲ μέγα κῦδος ὀρέξῃς   57

Πηλεΐδῃ, αὐτὸς δὲ φίλης αἰῶνος ἀμερθῇς.   58

πρὸς δ' ἐμὲ τὸν δύστηνον ἔτι φρονέοντ' ἐλέησον   59

δύσμορον, ὅν ῥα πατὴρ Κρονίδης ἐπὶ γήραος οὐδῷ   60

αἰών, -ῶνος, ὁ: one's lifetime, life; soul, 1
ἄλγος, τό: pain, distress, grief, 5
Ἄλτης, ὁ: Altes, 1
ἀμέρδω: to deprive from (gen), 1
γέρων, -οντος, ὁ: elder, old man, 8
γῆρας, γήραος, τό: old age, 2
δύσ-μορος, -ον: ill-fated, unlucky, 2
δύσ-τηνος, -ον: wretched, unhappy, 3
εἰσ-έρχομαι: to come to, 3
ἐλεέω: to pity, have compassion for, 9
ἤδη: already, now, at this time, 4
ἤν: ἐαν (εἰ ἄν) if, 3
Κρονίδης, ὁ: son of Cronus, Jupiter, 2

κῦδος, -εος, ὁ: glory, majesty, 6
μινυνθάδιος, -α, -ον: short-lived, 1
ὀνομάκλυτος, -ον: of famous name 1
ὀπάζω: to give, grant, 2
ὀρέγω: stretch out, reach for; hand, give 3
οὐδός, ὁ: threshold, 2
Πηλεΐδης, ὁ: son of Peleus, 4
ῥᾶ: easily, (ῥ') 1
σῴζω (σαόω): to save, rescue, keep, 3
τέκος, -εος, τό: a child, 3
Τρώιος, -η, -ον: Trojan, 4
φρονέω: to think, devise, be prudent, 6

51 πολλὰ: *many (gifts)*; i.e. large dowry
  παιδὶ: *to his daughter*; fem. dat. indirect
  object
52 εἰ δ': *but if…*; compare εἰ μὲν in l. 49
  τεθνᾶσι: 3rd pl. pf. θνήσκω
  εἰν: ἐν
  Ἀΐδαο: gen. sg., see pg. 26
53 ἐμῷ θυμῷ καὶ μητέρι τοὶ: *in my heart and
  to your mother*; a lack of parallelism, dat.
  place where, dat. of interest, and τοὶ (σοὶ)
  is dat. of possession
  τεκόμεσθα: aor. mid. τίκτω
54 λαοῖσιν: *for…*; dat. of interest
55 ἔσσεται, ἢν…θάνῃς: future-more-vivid
  condition (εἰ + ἄν + aor. subj., fut. ind.),
  fut. mid. εἰμί; ἢν = ἐάν, aor. subj. θνήσκω
  δαμασθείς: nom. aor. pass. pple δαμάζω
  here with dat. of agent, compare line 40
56 εἰσέρχε(σ)ο: sg. imperative

ὄφρα: *so that…*; purpose; aor. subj.
57 Τρῶας καὶ Τρῳάς: masc. and fem.: 3rd
  decl. masc. (core vocab.Τρώς, Τρωός,
  ὁ) and 1st decl. fem. adj. (Τρώιος -η -ον)
  μὴ…ὀρέξῃς: *do not…*; 'you should not'
  prohibit subjunctive (μή + 2nd sg. aor.
  subj.) ὀρέγω
58 Πηλεΐδῃ: *for….*; dat. of interest
  φίλης αἰῶνος: *of your dear life*; 'from
  your dear life,' gen. of separation
  ἀμερθῇς: *you should not…*; supply μὴ, 2nd
  prohibitive subj.; aor. subj. ἀμέρδω
59 πρὸς δ: *and in addition*; 'and besides'
  ἐμὲ τὸν δύστηνον: *me, this wretched man*
  φρονέοντα: *being conscious, being
  mindful*; i.e. having φρένες
  ἐλέησον: aor. act. imperative
60 ὅν: *whom…*; relative

αἴσῃ ἐν ἀργαλέῃ φθίσει, κακὰ πόλλ᾽ ἐπιδόντα,   61

υἷάς τ᾽ ὀλλυμένους ἑλκηθείσας τε θύγατρας,   62

καὶ θαλάμους κεραϊζομένους, καὶ νήπια τέκνα   63

βαλλόμενα προτὶ γαίῃ ἐν αἰνῇ δηϊοτῆτι,   64

ἑλκομένας τε νυοὺς ὀλοῇς ὑπὸ χερσὶν Ἀχαιῶν.   65

αὐτὸν δ᾽ ἂν πύματόν με κύνες πρώτῃσι θύρῃσιν   66

ὠμησταὶ ἐρύουσιν, ἐπεί κέ τις ὀξέϊ χαλκῷ   67

τύψας ἠὲ βαλὼν ῥεθέων ἐκ θυμὸν ἕληται,   68

οὓς τρέφον ἐν μεγάροισι τραπεζῆας θυραωρούς,   69

οἵ κ᾽ ἐμὸν αἷμα πιόντες ἀλύσσοντες περὶ θυμῷ   70

αἷμα, -ατος τό: blood, 4
αἰνός, -ή, -όν: terrible, dire, dread, grim, 8
αἶσα, ἡ: lot, portion, share; fate, destiny, 6
ἀλύσσω: to be restless, uneasy, distressed, 2
ἀργαλέος, -η, -ον: painful, burdensome, 1
βάλλω: to throw, shoot, hit, strike, 8
γαῖα, ἡ: earth, ground, land, country, 8
δηιοτής, -ῆτος, ἡ: battle, strife, warfare, 1
ἕλκω: to drag, drag away, 7
ἐπ-εῖδον: to look upon, 2
ἐρύω: to drag, haul, pull, draw, 7
ἠέ: or, either...or, 7
θάλαμος, ὁ: room, chamber, sleeping room 7
θυγάτηρ, ἡ: a daughter, 7
θύρα, ἡ: door, 3
θυραωρός, -όν: (guard) of the gate, 1
κεραΐζω: to ravage, plunder, sack, 1

νήπιος, -η, -ον: young; childish, foolish, 9
νυός, ἡ: daughter-in-law, 1
ὄλλυμι: to destroy, lose, consume, kill, 7
ὀλοός, -ή, -όν: deadly, destructive, 4
ὀξύς, -εῖα, -ύ: sharp, piercing; keen, 7
πίνω: to drink, 2
προτί: πρός, to, toward; near, 4
πύματος, -η, -ον: last, hindmost, 3
ῥεθος, -εος, τό: limb, 2
τέκνον, τό: a child, 9
τραπεζεύς, ὁ: of or at the table, 1
τρέφω: to raise (a child), rear, 4
προτί: πρός, to, toward, near, 4
τύπτω: to beat, strike, smite, 2
φθίω: to decay, waste away; destroy, 2
χαλκός, ὁ: copper, bronze, 9
ὠμηστής, ὁ: eating raw flesh, ravenous, 1

---

61 αἴσῃ ἐν ἀργαλέῃ: anastrophe
  κακὰ: *evils*; object of ἐπιδόντα, l. 62 and
  following is in apposition to κακὰ
  ἐπιδόντα: acc. sg. aor. pple ἐπ-εῖδον
62 ἑλκηθείσας: aor. pass. pple ἑλκέω (ἕλκω)
64 βαλλόμενα: pres. pass. pple
  προτὶ: *against, near* + dat. place where
65 ὀλοῇς: modifies fem. dat. pl. χείρ
  ὑπὸ: *under (the power of)*
66 αὐτὸν με: *me myself*; intensive pronoun
  ἂν...ἐρύουσιν: *(perhaps) will drag*. fut.
  indicative + ἄν; ἄν, untranslated, has

conditional force; see 22.49;
  πρώτῃσι θύρῃσιν: *in...*; dat. place where
67 ἐπεὶ κέ...ἕληται: *whenever...*; general
  temporal clause; aor. mid. subj. αἱρέω
68 τύψας, βαλὼν: nom. sg. aor. act. pple.
  τύπτω, βάλλω
  ῥεθέων ἐκ: ἐκ ῥεθέων
69 οὓς: *which*; i.e. dogs
70 οἵ: *these...*; demonstrative
  κ(έ)..κείσονται: see line 66 above
  πιόντες: aor. pple πίνω

κείσοντ᾽ ἐν προθύροισι. νέῳ δέ τε πάντ᾽ ἐπέοικεν   71
ἀρηϊκταμένῳ, δεδαϊγμένῳ ὀξέϊ χαλκῷ,   72
κεῖσθαι· πάντα δὲ καλὰ θανόντι περ ὅττι φανήῃ·   73
ἀλλ᾽ ὅτε δὴ πολιόν τε κάρη πολιόν τε γένειον   74
αἰδῶ τ᾽ αἰσχύνωσι κύνες κταμένοιο γέροντος,   75
τοῦτο δὴ οἴκτιστον πέλεται δειλοῖσι βροτοῖσιν.   76
ἦ ῥ᾽ ὃ γέρων, πολιὰς δ᾽ ἄρ᾽ ἀνὰ τρίχας ἕλκετο χερσὶ 77
τίλλων ἐκ κεφαλῆς· οὐδ᾽ Ἕκτορι θυμὸν ἔπειθε.   78
μήτηρ δ᾽ αὖθ᾽ ἑτέρωθεν ὀδύρετο δάκρυ χέουσα   79
κόλπον ἀνιεμένη, ἑτέρηφι δὲ μαζὸν ἀνέσχε·   80

αἰδώς, -οῦς, ὁ: shame, respect, 2
αἰσχύνω: to bring shame upon; feel shame, 2
ἀν-έχω: to hold up; suffer, endure, tolerate, 4
ἀν-ίημι: to release, send up, give up, 6
ἀνά: up, upon (+ dat.); up to, on to (+ acc.), 6
Ἄρης, ὁ: Ares; battle, 4
βροτός, ὁ, ἡ: a mortal, human, 3
γένειον, τό: beard, chin, 1
γέρων, -οντος, ὁ: elder, old man, 8
δαίζω: to tear, rend, slay, 1
δάκρυον, τό: tear (neuter δάκρυ) 5
δειλός, -ή, -όν: wretched, poor, miserable, 3
ἕλκω: to drag, drag away, 7
ἐπ-έοικε: be fitting, suitable, right, seemly, 1
ἕτερος, -η, -ον: one of two, one...the other, 3
ἑτέρω-θεν: from or on the other side, 2
ἠμί: to speak, say, 6
θρίξ, τριχός, ἡ: hair, hairs, 1

κάρη, -ήτος τό: head, 6
κεῖμαι: to lie down, be laid, 9
κεφαλή, ἡ: the head, 3
κόλπος, ὁ: bosom, lap; hollow, 5
μαζός, ὁ: breast, 2
νέος, -η, -ον: young; new, novel, strange, 2
ὀδύρομαι: to lament, weep, bewail, 2
οἴκτιστος, η, ον: most pitiable, lamentable, 1
ὀξύς, -εῖα, -ύ: sharp, piercing; keen, 7
ὅτι (ὅττι): that; because, 6
πέλομαι: to be, become, 8
πολιός, -ή, -όν: grizzled, grey, grisly, 3
πρό-θυρον, τό: front gateway; doorway, 1
τίλλω: to pull out, pluck, 2
φαίνω: to show, point out; mid. appear, 4
χαλκός, ὁ: copper, bronze, 9
χέω: to pour, shed, 5

71 νέῳ: for the young; dat. interest; epic τε
   πάντα ἐπέοικεν: it is completely fitting;
   adv. acc. or acc. respect: 'in all things'
72 ἀρηϊ: in war; dat. place where; if
   personified, then dat. of agent 'by Ares'
   κταμένῳ: killed; aor. mid. pple with pass.
   sense, κτείνω
   δεδαϊγμένῳ: pf. pass. pple δαίζω
   ὀξέϊ χαλκῷ: dat. of means
73 κεῖσθαι: to lie (dead)
   πάντα: subject; supply 3rd sg. ἐστί
   θανόντι περ: though...; dat., aor. pple
   θνήσκω; περ suggests pple is concessive
   ὅτ(τ)ι φανήῃ: whatever appears; i.e.

'whatever is seen,' relative clause of
characteristic; 3rd sg. aor. pass.φαίνω
74 κάρη: neut. sg. modified by neut. πολιόν
75 αἰδῶ: nakedness; i.e. the shameful parts;
   acc. sg. equivalent to αἰδοῖον
   κταμένοιο γέροντος: gen. absolute;
   'being killed,' aor. pple
76 τοῦτο δὴ: this very thing; subject
77 ἦ: spoke; 3rd sg impf. ἠμί
   ἀνὰ...ἕλκετο: pulled up (and out); tmesis
78 ἔπειθε: impf. πείθω
79 κατὰ...χέουσα: pouring down; tmesis
80 ἀνιεμένη: undoing; pres. mid. ἀν-ίημι
   ἑτέρη-φι: with the other (hand); φι = dat.

καί μιν δάκρυ χέουσ᾽ ἔπεα πτερόεντα προσηύδα·   81

‘ Ἕκτορ, τέκνον ἐμὸν, τάδε τ᾽ αἴδεο καί μ᾽ ἐλέησον   82

αὐτήν, εἴ ποτέ τοι λαθικηδέα μαζὸν ἐπέσχον·   83

τῶν μνῆσαι, φίλε τέκνον, ἄμυνε δὲ δήϊον ἄνδρα   84

τείχεος ἐντὸς ἐών, μὴ δὲ πρόμος ἵστασο τούτῳ,   85

σχέτλιος· εἴ περ γάρ σε κατακτάνῃ, οὔ σ᾽ ἔτ᾽ ἔγωγε   86

κλαύσομαι ἐν λεχέεσσι, φίλον θάλος, ὃν τέκον αὐτή,   87

οὐδ᾽ ἄλοχος πολύδωρος· ἄνευθε δέ σε μέγα νῶϊν   88

Ἀργείων παρὰ νηυσὶ κύνες ταχέες κατέδονται.’   89

ὣς τώ γε κλαίοντε προσαυδήτην φίλον υἱόν,   90

αἰδέομαι: be or feel ashamed of; respect, 5
ἀμύνω: to keep off, ward off, defend, 2
ἄνευ-θε: without, free from; adv. far away, 5
Ἀργεῖος, -η, -ον: Argive, 6
δάκρυον, τό: tear (neuter δάκρυ) 5
δήϊος, -ον: hostile, destructive; enemy, 4
ἐγώγε: I, for my part, 4
ἐλεέω: to pity, have compassion for, 9
ἐντός: within, inside, 2
ἐπ-έχω: to extend, present, 2
θάλος, τό: young shoot, young person, 2
κατ-έδω: to eat up, devour, 2
κατα-κτείνω: to kill, slay, 7

κλαίω: to weep, lament, wail, 6
λαθι-κηδής, -ές: banishing care, 1
λέχος, τό: bed, couch; burial couch, bier, 2
μαζός, ὁ: breast, 2
μιμνήσκω: to remind, recall, recollect, 5
νῶϊ: we two (νῶϊ acc., νωΐν gen. and dat.), 3
πολύ-δωρος, -ον: richly endowed, 2
πρόμος, ὁ: champion, leading man, 1
πτερόεις, -εντος: feathered, winged, 4
σχέτλιος, -η, -ον: hard-hearted, cruel, 2
ταχύς, εῖα, ύ: quick, swift, hastily, 6
τέκνον, τό: a child, 9
χέω: to pour, shed, 5

---

81 μιν: him; i.e. Hector
ἔπεα: neuter acc. pl. ἔπος
προσηύδα: began to address (x) to (y);
προσηύδαε, 3rd sg. inchoative impf.
α-contract verb, with a double acc.
82 τάδε: these; i.e. her breasts, acc. obj.
αἴδε(σ)ο: pres. mid. imperative
ἐλέησον: aor. act. imperative
83 αὐτήν: intensive pronoun with με
τοι: σοι, dat. of compound verb
ἐπέσχον: aor. ἐπέχω
84 τῶν: these things; verbs of remembering
and forgetting often govern a gen. object
μνῆσαι: aor. mid. imperative μιμνήσκω
85 ἐών: nom. pple εἰμί
μὴ...ἵστασο: pres. mid. imperative ἵστημι
τούτῳ: against this one; or ‘before this
one;’ πρόμος (πρόμαχος) governs a dat.,
which may be construed as a dat. of

compound adj (πρό) or dat. of association
(i.e. ‘to fight with this one’)
86 εἴ περ: even if...
κατακτάνῃ: κατακτάνεε(σ)αι , 2nd sg.
fut. mid. κατα-κτείνω
οὔ...ἔτι: no longer; ‘not still’
87 ὃν: whom...; relative
τέκον: aor. τίκτω
88 ἄλοχος: supply κλαύσεται from above
ἄνευθε...μέγα νῶϊν: very far from us two;
μέγα ‘greatly,’ is an adv. acc.; νῶϊν is a
1st pers. pronoun, dual gen. obj. of ἄνευθε
89 νηυσί: ships; dat. pl.
90 ὣς: thus
τώ γε κλαίοντε προσαυδήτην: these
two...; dual demonstrative, dual nom.
pple, and dual 3rd pers. impf.
φίλον υἱόν: (their) dear son; φίλος carries
the sense of a possessive: ‘their own’

πολλὰ λισσομένω· οὐδ' Ἕκτορι θυμὸν ἔπειθον,   91

ἀλλ' ὅ γε μίμν' Ἀχιλῆα πελώριον ἆσσον ἰόντα.   92

ὡς δὲ δράκων ἐπὶ χειῇ ὀρέστερος ἄνδρα μένῃσι,   93

βεβρωκὼς κακὰ φάρμακ', ἔδυ δέ τέ μιν χόλος αἰνός,   94

σμερδαλέον δὲ δέδορκεν ἑλισσόμενος περὶ χειῇ·   95

ὣς Ἕκτωρ ἄσβεστον ἔχων μένος οὐχ ὑπεχώρει   96

πύργῳ ἔπι προὔχοντι φαεινὴν ἀσπίδ' ἐρείσας·   97

ὀχθήσας δ' ἄρα εἶπε πρὸς ὃν μεγαλήτορα θυμόν·   98

'ὤ μοι ἐγών, εἰ μέν κε πύλας καὶ τείχεα δύω,   99

Πουλυδάμας μοι πρῶτος ἐλεγχείην ἀναθήσει,   100

αἰνός, -ή, -όν: terrible, dire, dread, grim, 8
ἀνα-τίθημι: to impose, put upon, 1
ἄσβεστος, -ον: unquenchable, unceasing, 1
ἀσπίς, -ίδος, ἡ: shield, 4
ἆσσον: nearer, 3
βιβρώσκω: to eat, eat up, 1
δέρκομαι: to look, see, 1
δράκων, -οντος, ὁ: serpent, dragon, 2
δύω: come, go; go into, put on (garments) 9
ἐλεγχείη, ἡ: disgrace, reproach, 1
ἑλίσσω: to coil, roll, 2
ἐρείδω: to lean, prop; press, 3
λίσσομαι: to beg, pray, entreat, supplicate, 6
μεγαλ-ήτωρ, -ορος: great-hearted, heroic, 3

μίμνω: to stay, remain, abide; await, 5
ὀρέστερος, -η, -ον: of the mountain, 1
ὀχθέω: to be sorely angered, very angry, 2
πελώριος, -ον: mighty, huge, 1
Πουλυδάμας, ὁ: Polydamas, 1
προ-έχω: to project, jut out, hold before, 1
πύργος, ὁ: wall, rampart, tower, 7
σμερδαλέος, -η, -ον: terrible, fearful, dread, 1
ὑπο-χωρέω: to withdraw, go back, 2
φαεινός, -ή, -όν: shining, beaming, radiant, 4
φάρμακον, τό: drug, poison, 1
χειή, ἡ: hole, 2
χόλος, ὁ: anger, wrath, 4

---

91 λισσομένω: dual nom. pple
     Ἕκτορι: dat. object of impf. πείθω
     θυμὸν: in…; acc. of respect;
92 ἀλλ' ὅ γε: but he in fact…
     μίμν': awaited for; μίμνε, transitive
     ἰόντα: acc. sg. pple ἔρχομαι (stem ι)
93 ὡς δὲ: just as…; introducing a simile
     ἐπὶ: over, near; dat. of place where
     μένῃσι: 3rd sg. pres. subj. μένω; a simile
     in Homer is often in the subj. but in Attic
     is more often in the indicative; see 6.507
94 βεβρωκὼς: nom. pf. pple βιβρώσκω
     φάρμακα: i.e. the belief that snake venom
     comes from consuming poisonous plants
     ἔδυ: 3rd sg. impf. indicative δύω
95 σμερδαλέον: inner acc. 'look a terrible
     look,' often translated as an adv.'terribly'
     δέδορκεν: pf. act.

περὶ χειῇ: around in his hole; place where
96 ὣς: so…;
97 πύργῳ ἔπι: anastrophe
     προὔχοντι: dat. pres. pple προ-έχω
     ἐρείσας: nom. sg. aor. pple
98 ὀχθήσας: becoming…; inceptive aor.
     nom. sg. pple
     ὃν: his; ἑόν, possessive adj., thus θυμόν is
     the obj. of πρὸς: Hector is debating the
     matter with himself
99 ὤ μοι: Ah me!; exclamatory
     ἐγών: ἐγώ final -ν avoids elision
     εἰ…κε…δύω, ἀναθήσει: if I enter…, will
     say; future-more-vivid condition (εἰ + κε
     + subj., fut. indicative); δύω is pres. subj.
     and ἀνατίθημι (stem θη/θε) is fut. ind.
100 πρῶτος: as often, translate as an adverb

ὅς μ᾽ ἐκέλευε Τρωσὶ ποτὶ πτόλιν ἡγήσασθαι   101
νύχθ᾽ ὕπο τήνδ᾽ ὀλοήν, ὅτε τ᾽ ὤρετο δῖος Ἀχιλλεύς.   102
ἀλλ᾽ ἐγὼ οὐ πιθόμην· ἦ τ᾽ ἂν πολὺ κέρδιον ἦεν.   103
νῦν δ᾽ ἐπεὶ ὤλεσα λαὸν ἀτασθαλίῃσιν ἐμῇσιν,   104
αἰδέομαι Τρῶας καὶ Τρῳάδας ἑλκεσιπέπλους,   105
μή ποτέ τις εἴπῃσι κακώτερος ἄλλος ἐμεῖο·   106
' Ἕκτωρ ἦφι βίηφι πιθήσας ὤλεσε λαόν.'   107
ὣς ἐρέουσιν· ἐμοὶ δὲ τότ᾽ ἂν πολὺ κέρδιον εἴη   108
ἄντην ἢ Ἀχιλῆα κατακτείναντα νέεσθαι,   109
ἠέ κεν αὐτῷ ὀλέσθαι ἐϋκλειῶς πρὸ πόληος.   110

αἰδέομαι: be or feel ashamed of; respect, 5
ἄντην: face to face, facing, 1
ἀτασθαλίη, ἡ: recklessness, rashness, 1
βιή, ἡ: violence, force, power, 3
ἑλκεσί-πεπλος, -ον: trailing the robe, 2
ἑός, -ή, -όν: his own, her own, its own, 13
ἐρέω: I will say or speak, 3
ἐϋ-κλεής, -ες: glorious, famous, 1
ἡγέομαι: to lead, guide; consider, think, 2
ἠέ: or, either...or, 7
κατα-κτείνω: to kill, slay, 7
κελεύω: to bid, order, command, exhort, 5

κερδίων, -ιον: more profitable, better, best, 3
νέομαι: to go or come back, return, 3
νύξ, -κτος, ἡ: night, 5
ὄλλυμι: to destroy, lose, consume, kill, 7
ὀλοός, -ή, -όν: deadly, destructive, 4
ὄρνυμι: to stir, set in motion, rouse, 4
ποτί: to, toward, 3
πρό: before, in front; in place of (+ gen.), 2
πτόλις, -ιος, ἡ: a city, 5
τότε: at that time, then, τοτέ, at some time, 8
Τρῳάς, -άδος, ἡ: Trojan (fem. adj.), 2

101 ὅς: who...; relative
    ἐκέλευε: kept urging, kept bidding; an
    iterative impf. is appropriate here
    Τρωσὶ: dat. obj. of ἡγέομαι
102 νύχθ᾽ ὕπὸ: during...; anastrophe, νύκτα,
    acc. sg. elision before aspirated vowel
    ὤρετο: aor. mid. ὄρνυμι
103 πιθόμην: aor. mid. πείθω
    ἂν...ἦεν: it would be; ἂν + impf. ind. is
    present potential, unrealized, εἰμί
    πολὺ: by far; acc. of extent
104 νῦν δ᾽: but as it is; commonly follows
    contrafactuals and unrealized potential
    ὤλεσα: 1st sg. aor. ὄλλυμι
    ἀτασθαλιησιν ἐμῇσιν: because of my...;
    dat. of cause
105 αἰδέομαι: I feel shame before...
106 μή...εἴπῃσι: lest...say; clause of fearing;
    μή + subj., here 3rd sg aor. subj. εἶπον

κακώτερος: comparative
ἐμεῖο: than me; gen. of comparison
107 ἦ-φι βίη-φι: the suffix -φι is instrumental
    but can be equivalent to any dat., in this
    case the dat. obj. of the aor. pple πείθω
    ὤλεσε: aor. ὄλλυμι
108 ἐρέουσιν: they will say; i.e. people in
    general
    ἂν...εἴη: it would be; potential opt. (ἂν +
    opt.) εἰμί, compare with line 103 above
    πολὺ: by far; acc. of extent
109 ἢ...ἠέ: either...or
    κατακτείναντα: aor. pple modifies a
    missing μέ the acc. subject of νέεσθαι
110 κεν: superfluous repetition of ἂν above
    αὐτῷ: by...; dat. of agent
    ὀλέσθαι: to perish; aor. mid. inf. ὄλλυμι
    πόληος: gen. πόλις, see pg. 77

εἰ δέ κεν ἀσπίδα μὲν καταθείομαι ὀμφαλόεσσαν   111

καὶ κόρυθα βριαρήν, δόρυ δὲ πρὸς τεῖχος ἐρείσας   112

αὐτὸς ἰὼν Ἀχιλῆος ἀμύμονος ἀντίος ἔλθω   113

καί οἱ ὑπόσχωμαι Ἑλένην καὶ κτήμαθ᾽ ἅμ᾽ αὐτῇ,   114

πάντα μάλ᾽ ὅσσά τ᾽ Ἀλέξανδρος κοίλης ἐνὶ νηυσὶν   115

ἠγάγετο Τροίηνδ᾽, ἥ τ᾽ ἔπλετο νείκεος ἀρχή,   116

δωσέμεν Ἀτρεΐδῃσιν ἄγειν, ἅμα δ᾽ ἀμφὶς Ἀχαιοῖς   117

ἀλλ᾽ ἀποδάσσεσθαι, ὅσα τε πτόλις ἥδε κέκευθε·   118

Τρωσὶν δ᾽ αὖ μετόπισθε γερούσιον ὅρκον ἕλωμαι   119

μή τι κατακρύψειν, ἀλλ᾽ ἄνδιχα πάντα δάσασθαι   120

Ἀλέξανδρος, ὁ: Alexander (Paris), 6
ἅμα: at the same time; along with (+ dat.), 9
ἀμύμων, -ονος: blameless, noble, 9
ἀμφίς: apart; round, about, 1
ἄν-διχα: asunder, apart; in two, 1
ἀντίος, -η, -ον: opposite, facing; in reply, 4
ἀπο-δατέομαι: to distribute, apportion out, 1
ἀρχή, ἡ: beginning, origin, 1
ἀσπίς, -ίδος, ἡ: shield, 4
Ἀτρεΐδης, ὁ: son of Atreus, Atreides, 4
αὖ: again, in turn; further, moreover, 6
βριαρός, -ή, -όν: strong, 1
γερούσιος, -α, -ον: of the elders, 1
δατέομαι: to divide, distribute, 2
Ἑλένη, ἡ: Helen, 6
ἐρείδω: to lean, prop; press, 3

κατα-κρύπτω: to cover over, conceal; hide 1
κατα-τίθημι: to set down, lay, put, place, 2
κεύθω: to cover, hide, conceal, 1
κοιλός, -ή, -όν: hollow, hollowed, 2
κόρυς, κόρυθος ἡ: helmet, 5
κτῆμα, -ατος, τό: possessions, land, goods, 1
μετ-όπισθε : from behind, backwards, back, 4
νεῖκος, τό: a quarrel, dispute, strife, 1
ὀμφαλόεις, -εσσα, -εν: embossed, 2
ὅρκος, ὁ: oath, 1
ὅσος, -η, -ον: as much as, many as; all who, 6
πέλομαι: to be, become, 8
πτόλις, -ιος, ἡ: a city, 5
Τροίην-δε: to Troy, 1
ὑπ-ισχνέομαι: to promise, 5

111 εἰ κεν καταθείομαι, ἔλθω, ὑπόσχωμαι, ἕλωμαι: *if...*; protasis of a long future-more-vivid that breaks off without an apodosis in l. 121; all aorist subj.: κατατίθημι, ὑπισχνέομαι, αἱρέω
112 πρὸς: *on the side of*
113 αὐτὸς: *I myself*; intensive pronoun ἰων: nom. sg. pres. pple ἔρχομαι ἀντίος: governs a gen.
114 οἱ: dat. sg. 3rd pers. pronoun ἑ ὑπόσχωμαι: governs infs. δωσέμεν... κτήμαθ᾽: κτήματα αὐτῇ: intensive pronoun, i.e. Helen
115 πάντα...ὅσσα: *quite all, as much as..*; the governing verb is δωσέμεν in 117 νηυσὶν: *ships*

116 ἠγάγετο: aor. mid. ἄγω ἥ: *which...*; no specific antecedent, this relative takes its gender from the pred. ἀρχή: *beginning*; predicate nominative
117 δωσέμεν: *to give*; fut. inf. is governed by ὑπόσχωμαι above and in turn governs Ἑλένην...πάντα..; as a direct object Ἀτρεΐδῃσιν: dat. indirect object ἄγειν: *to carry off*; inf. of purpose ἅμα δ᾽: an adverb, not a preposition ἀμφίς: *apart from (this)*
118 ἀλλ᾽: ἄλλα, neuter acc. d.o. ἀποδάσσεσθαι: fut., parallel to δωσέμεν κέκευθε: pf. κεύθω
120 πάντα: acc. sg. modifies κτῆσιν δάσασθαι: aor. inf. δατέομαι

κτῆσιν ὅσην πτολίεθρον ἐπήρατον ἐντὸς ἐέργει·   121

ἀλλὰ τί ἤ μοι ταῦτα φίλος διελέξατο θυμός;   122

μή μιν ἐγὼ μὲν ἵκωμαι ἰών, ὃ δέ μ’ οὐκ ἐλεήσει   123

οὐδέ τί μ’ αἰδέσεται, κτενέει δέ με γυμνὸν ἐόντα   124

αὔτως ὥς τε γυναῖκα, ἐπεί κ’ ἀπὸ τεύχεα δύω.   125

οὐ μέν πως νῦν ἔστιν ἀπὸ δρυὸς οὐδ’ ἀπὸ πέτρης   126

τῷ ὀαριζέμεναι, ἅ τε παρθένος ἠΐθεός τε   127

παρθένος ἠΐθεός τ’ ὀαρίζετον ἀλλήλοιιν.   128

βέλτερον αὖτ’ ἔριδι ξυνελαυνέμεν ὅττι τάχιστα·   129

εἴδομεν ὁπποτέρῳ κεν Ὀλύμπιος εὖχος ὀρέξῃ.’   130

αἰδέομαι: be or feel ashamed of; respect, 5
αὔτως: in the same manner, just, as it is, 3
βέλτερος, -α, -ον: better, 1
γυμνός, -ή, -όν: naked, unclad, unarmed, 2
δια-λέγω: to converse, debate, talk, 2
δρῦς, δρυός, ἡ: oak tree, 1
δύω: come, go; go into, put on (garments) 9
ἐλεέω: to pity, have compassion for, 9
ἐντός: within, inside, 2
ἐπ-ήρατος, -ον:, lovely, beloved, 1
ἔργω: to shut up, shut in; keep, bar, 1
ἔρις, -ιδος, ἡ: strife, quarrel, contention, 1
εὖχος, τό: answer to a prayer; boast, 1
ἠΐθεος, -ον: unmarried, 2

ἱκνέομαι: to go, come, approach, arrive, 5
κτῆσις, ἡ: possessions, land, goods, 1
ὀαρίζω: to chat with, converse (dat), 3
Ὀλύμπιος, -ον: Olympian; Zeus, 2
ὁπότερος, -η, -ον: which of two, 1
ὀρέγω: stretch out, reach for; hand, give 3
ὅσος, -η, -ον: as much as, many as; all who, 6
ὅτι (ὅττι): that; because, 6
παρθένος, ἡ: maiden, virgin, girl, 2
πέτρη, ἡ: rock, ledge, cliff, 1
πτολίεθρον, τό: city; citadel, 1
πῶς: how?; πως: somehow, in any way, 5
συν-ελαύνω: drive together, 1
τάχιστα: very quickly, very swifty, 1

121 κτῆσιν: acc. obj. modifed by πάντα
     ὅσην: as much as
122 τί ἤ: why truly; Hector breaks the future-
     more-vivid condition off without an
     apodosis and poses a question
     φίλος: my own; adj. used as a possessive
123 μή...ἵκωμαι: (I fear) lest...; fearing or
     possibly hortatory; aor. subj. ἱκνέομαι
     μιν: him; i.e. Achilles
     ἰων: nom. sg. pres. pple ἔρχομαι
     ὃ δέ: but he...; i.e. Achilles
124 οὐδέ τί: nor at all; inner acc.
     κτενέει: fut.
     ἐόντα: acc. sg. pres. pple εἰμί
125 αὔτως ὥς: in the same way as; epic τε
     ἐπεί κ’: whenever...; general temporal
     clause; κε + subj. (pres. subj. δύω)
     ἀπὸ...δύω: take off; tmesis

126 οὐ μέν...ἔστιν: it is not...possible; οὐ
     μέν suggests an emphatic denial
127 τῷ: with this one; ‘to this,’ i.e. Achilles
     ὀαριζέμεναι: inf. subj.; see use in 6.516
128 ἅ τε: just as; ‘in respect to which things’
     relative is an acc. of respect; epic τε
     παρθένος ἠΐθεός τε: a maiden and a
     young man; repeated for emphasis
     ὀαρίζετον: dual 3ʳᵈ pers. pres.
     ἀλλήλοιιν: dual dat., see l. 127
129 βέλτερον: (it is) better; supply ἐστίν
     ἔριδι: in...; dat. of respect
     ὅτ(τ)ι τάχιστα: as quickly as possible
130 εἴδομεν: let us know; hortatory subj οἶδα
     ὁπποτέρῳ: to whichever one...;
     κεν...ὀρέξῃ: will hold out; anticipatory
     subj. (equal to fut. with anticipation)
     εὖχος: neuter acc. object

ὣς ὅρμαινε μένων, ὃ δέ οἱ σχεδὸν ἦλθεν Ἀχιλλεὺς   131

ἶσος Ἐνυαλίῳ, κορυθάϊκι πτολεμιστῇ,   132

σείων Πηλιάδα μελίην κατὰ δεξιὸν ὦμον   133

δεινήν· ἀμφὶ δὲ χαλκὸς ἐλάμπετο εἴκελος αὐγῇ   134

ἢ πυρὸς αἰθομένου ἢ ἠελίου ἀνιόντος.   135

Ἕκτορα δ᾽, ὡς ἐνόησεν, ἕλε τρόμος· οὐδ᾽ ἄρ᾽ ἔτ᾽ ἔτλη   136

αὖθι μένειν, ὀπίσω δὲ πύλας λίπε, βῆ δὲ φοβηθείς·   137

Πηλεΐδης δ᾽ ἐπόρουσε ποσὶ κραιπνοῖσι πεποιθώς.   138

ἠΰτε κίρκος ὄρεσφιν, ἐλαφρότατος πετεηνῶν,   139

ῥηϊδίως οἴμησε μετὰ τρήρωνα πέλειαν,   140

αἴθομαι: to burn, blaze, 4
ἀν-έρχομαι: to go up, approach, 5
αὐγή, ἡ: sunlight, sun rays, glare, 2
αὖ-θι: on the spot, here, here, there, 6
δεινός, -ή, -όν: fearful, terrible, strange 5
δεξιός, -ή, -όν: right, right hand, 1
εἴκελος, -η, -ον: like (dat) 1
ἐλαφρός, -ή, -όν: light, nimble, 2
Ἐνυάλιος, ὁ: Enyalus (person) 1
ἐπ-ορούω: to spring at, 1
ἠέλιος, ὁ: sun, 1
ἠΰτε: as when, just as, 2
ἶσος, -η, -ον: equal to; peer to; like (dat) 2
κίρκος, ὁ: hawk, falcon, 1
κορυθάϊξ, -θάϊκος: helmet-wavering, 1
κραιπνός, -ή, -όν: swift, rapid, rushing, 2
λάμπω,: to shine, give light, radiate, 1
λείπω: to leave, forsake, abandon, 7
μελίη, ἡ: ashen (spear), ash tree, 3
νοέω: to notice, perceive; think, suppose, 6

οἰμάω: to swoop, pounce, 3
ὀπίσ(σ)ω: backwards; in the future, later, 6
ὁρμαίνω: to ponder, deliberate, 1
ὄρος, -εος, τό: a mountain, hill, 3
πέλεια, ἡ: dove, pigeon, 1
πετεηνός -ή -όν: full-fledged, winged (bird) 1
Πηλεΐδης, ὁ: son of Peleus, 4
Πηλιάς -άδος, ἡ: of Mount Pelias, Pelian, 1
πολεμιστής, -ου, ὁ: warrior, 3
πῦρ, πυρός, τό: fire, 9
ῥηϊδίως: easily, 2
σείω: to brandish, shake, move to and fro 1
σχεδόν: near, nearly, almost, just about, 3
τλάω: to bear, endure, suffer, undergo, 3
τρήρων, -ωνος, ὁ, ἡ: timid, 1
τρομός, -ή, -όν: trembling, unsteady, 2
φοβέω: to put to flight, terrify, frighten, 8
χαλκός, ὁ: copper, bronze, 9
ὦμος, ὁ: shoulder, 7

---

131 ὣς: *thus*
   ὃ δέ...Ἀχιλλεὺς: *but this one, Achilles*;
   name is in apposition to demonstrative
   οἱ: dat. sg. 3rd person pronoun ἑ
   ἦλθεν: aor. ἔρχομαι
132 σείων: nom. sg. pple
   Πηλιάδα: *of Mount Pelias*; not Achilles
133 κατὰ: *over*...; extensive in sense
134 ἀμφὶ δὲ: *around about*; adv. or tmesis
135 ἤ...ἤ: *either...or*
   πυρός...ἀνιόντος: gen. nouns + pples
   modifying αὐγῇ; pple ἀν-έρχομαι (-ι)

136 ὡς: *as, when*
   ἕλε: aor. αἱρέω (stem ἑλ-)
   οὐδ᾽...ἔτι: *and no longer*; 'not still'
   ἔτλη: ἔτλαε, aor. τλάω
137 λίπε: aor. λείπω
   βῆ: aor. βαίνω
   φοβηθείς: nom. sg. aor. pass. pple
138 ποσὶ κραιπνοῖσι: dat. pl., πούς
   πεποιθώς: *being confident in*; pf. πείθω
139 ὄρεσφιν: *in the mountains*; φι dat. where
140 οἴμησε: *pounces*; gnomic aor. in a simile
   μετὰ: *after, behind*; acc. place to which

ἣ δέ θ' ὕπαιθα φοβεῖται, ὃ δ' ἐγγύθεν ὀξὺ λεληκὼς   141
ταρφέ' ἐπαΐσσει, ἐλέειν τέ ἑ θυμὸς ἀνώγει·   142
ὣς ἄρ' ὅ γ' ἐμμεμαὼς ἰθὺς πέτετο, τρέσε δ' Ἕκτωρ   143
τεῖχος ὕπο Τρώων, λαιψηρὰ δὲ γούνατ' ἐνώμα.   144
οἳ δὲ παρὰ σκοπιὴν καὶ ἐρινεὸν ἠνεμόεντα   145
τείχεος αἰὲν ὑπ' ἐκ κατ' ἀμαξιτὸν ἐσσεύοντο,   146
κρουνὼ δ' ἵκανον καλλιρρόω· ἔνθα δὲ πηγαὶ   147
δοιαὶ ἀναΐσσουσι Σκαμάνδρου δινήεντος.   148
ἣ μὲν γάρ θ' ὕδατι λιαρῷ ῥέει, ἀμφὶ δὲ καπνὸς   149
γίγνεται ἐξ αὐτῆς ὡς εἰ πυρὸς αἰθομένοιο·   150

αἰεί, αἰέν: always, forever, in every case, 5
αἴθομαι: to burn, blaze, 4
ἀμάξιτος, -ον: traversed by wagons, 1
ἀν-αίσσω: to spring up, leap up, dart up, 1
ἄνωγα: to command, order, bid, 7
δινήεις, -εντος: whirling, eddying, 1
δοιοί, -αί, -ά: twofold, two; both, 1
ἐγγύ-θεν: from near, from close at hand, 3
ἐμμεμαώς, -υῖα, -ός: being eager, striving, 1
ἐπ-αίσσω: to rush upon, spring, leap to, 1
ἐρινεός, ὁ: wild fig-tree, 2
ἠνεμόεις, -εσσα, -εν: windy, wind-blown, 1
ἰθύς, -εῖα, -ύ: straight (on), forthwith, 3
ἰκάνω: to approach, come, arrive, reach, 8
καλλί-ρροος, -ον: beautiful-, fair-flowing, 1
καπνός, ὁ: smoke, 1
κρουνός, ὁ: spring, fountain (dual -ω), 2
λαιψηρός, -ά, -ός: light, nimble, swift, 3

λάσκω: to screech, scream; howl, 1
λιαρός, -ή, -όν: warm, 1
νωμάω: to handle, ply; distribute, 2
ὀξύς, -εῖα, -ύ: sharp, piercing; keen, 7
πέτομαι: to fly, flutter, 4
πηγή, ἡ: spring, source, 1
πῦρ, πυρός, τό: fire, 9
ῥέω: to flow, run, stream, 2
σεύω: to set in motion, drive; hasten, 5
Σκάμανδρος, ὁ: Scamander river, 1
σκοπιή, ἡ: lookout-place, height, 1
τάρφος, -εος, τό: thicket, 1
τρέω: flee from fear, retreat, shrink away, 1
ὕδωρ, ὕδατος, τό: water, 3
ὕπαιθα: out from under, under and away, 1
φοβέω: to put to flight, terrify, frighten, 8

---

141 ἣ δέ τε: and that one…; dove, πέλεια
ὃ δ': and this one…; hawk, κίρκος
ὀξύ: sharply; neut. sg, adverbial acc.
λεληκὼς: nom. sg. pf. pple λάσκω
142 ταρφέ': ταρφέα; neut. pl.
ἐλέειν: aor. inf. αἱρέω
τε: and
143 ὡς: so…; ending the simile from l. 139
ὅ γ': this one; i.e. Achilles
πέτετο: began to…; inchoative impf.
144 τεῖχος ὕπο: ὕπο τεῖχος; place to which
145 οἳ δὲ: and these
146 τείχεος…ὕπο ἐκ: out from under the

wall; gen. place from which, the road
was not close enough for arrows to
strike Achilles
κατ': over…; acc. place to which
ἐσσεύοντο: impf. mid. σεύω
147 κρουνὼ…καλλιρρόω: dual acc.
ἵκανον: 3rd pl. impf. ἰκάνω
149 ἣ μὲν…ἣ δ': one (spring)…other (spring)
ἀμφὶ δὲ: and round about; adv. or tmesis
καπνός: i.e. steam
150 ἐξ αὐτῆς: from (the spring) itself
ὡς εἰ: as if
πυρὸς: supply ἐξ; gen. place from which

ἣ δ᾽ ἑτέρη θέρεϊ προρέει ἐϊκυῖα χαλάζῃ,   151

ἢ χιόνι ψυχρῇ, ἢ ἐξ ὕδατος κρυστάλλῳ.   152

ἔνθα δ᾽ ἐπ᾽ αὐτάων πλυνοὶ εὐρέες ἐγγὺς ἔασι   153

καλοὶ λαΐνεοι, ὅθι εἵματα σιγαλόεντα   154

πλύνεσκον Τρώων ἄλοχοι καλαί τε θύγατρες   155

τὸ πρὶν ἐπ᾽ εἰρήνης, πρὶν ἐλθεῖν υἷας Ἀχαιῶν.   156

τῇ ῥα παραδραμέτην, φεύγων, ὃ δ᾽ ὄπισθε διώκων·   157

πρόσθε μὲν ἐσθλὸς ἔφευγε, δίωκε δέ μιν μέγ᾽ ἀμείνων   158

καρπαλίμως, ἐπεὶ οὐχ ἱερήϊον οὐδὲ βοείην   159

ἀρνύσθην, ἅ τε ποσσὶν ἀέθλια γίγνεται ἀνδρῶν,   160

ἀέθλιον, τό: prize (for a contest), 1
ἀμείνων, -ον: better, 4
ἄρνυμαι: to strive to attain, gain, 1
βοείη, ἡ: ox-hide, ox-hide shield, 1
διώκω: to pursue, follow; prosecute, 8
ἐγγύς: near (+ gen.); adv. nearby, 2
ἐϊκώς, ἐϊκυῖα: be like, seem like (dat), 3
εἷμα, -ατος, τό: a garment, clothing, 2
εἰρήνη, ἡ: peace, 1
ἐσθλός, -ή, -όν: good, well-born, noble, 7
ἕτερος, -η, -ον: one of two, one…the other, 3
εὐρύς, -εῖα, -ύ: wide, broad, spacious, 6
θέρος, -εος τό: summer, 1
θυγάτηρ, ἡ: a daughter, 7
ἱερήϊον, τό: sacrificial victim, 1
καρπάλιμος, -ον: swift, 2

κρύσταλλος, ὁ: ice, 1
λαΐνεος, -ον: made of stone, 1
ὅ-θι: where, 2
ὄπισθεν: behind; in the future, later, 2
παρα-τρέχω: to run by (aor. δραμ), 1
πλυνός, ὁ: a washing-trough, washing-tank 1
πλύνω: to wash, clean, 1
πρίν: until, before, 8
προ-ρέω: to flow forth, 1
πρόσ-θεν: before, in front, 5
σιγαλόεις, -εντος: shining, glittering, 2
ὕδωρ, ὕδατος, τό: water, 3
χάλαζα, ἡ: hail, 1
χιών, -ονός, ἡ: snow, 1
ψυχρός, -ά, -όν: cold, chill, frigid, 1

---

151 ἣ δ᾽ ἑτέρη: the other (spring)
     θέρεϊ: in…; dat. of time when
152 ἢ…ἢ: or…or
153 ἔνθα δ᾽: and there
     ἐπ᾽αὐτάων…ἐγγύς: near by them
     ἔασι: there are; 3rd pl. pres. epic εἰμί
     (εἰσί)
155 πλύνεσκον: were accustomed to wash;
     σκ indicates an iterative impf.
     τε: and
156 τὸ πρὶν: formerly; adverb
     ἐπ᾽εἰρήνης: during…; gen. of time within
     πρὶν ἐλθεῖν: before…; governs an acc. +
     inf. construction; aor. inf. ἔρχομαι

υἷας: acc. pl. subject of inf. (here 3rd
     decl. acc. pl.)
157 τῇ: in this (place); dat. of place where
     παραδραμέτην: dual 3rd pers. aor.
     παρατρέχω
     (ὃ μὲν) φεύγων ὃ δ᾽: (the one) fleeing,
     the other…
158 μέγα: far, by far; adverbial acc.
160 ἀρνύσθην: were trying to win; dual 3rd
     pers. mid. conative impf. (Lat. conor try)
     ἅ τε…ἀέθλια: which prizes…; relative
     adj., nom. subj. with an epic τε
     ποσσὶν ἀνδρῶν: by the feet of men; dat.
     of means, πούς; i.e. in a foot race

ἀλλὰ περὶ ψυχῆς θέον Ἕκτ'ρος ἱπποδάμοιο.   161
ὡς δ' ὅτ' ἀεθλοφόροι περὶ τέρματα μώνυχες ἵπποι   162
ῥίμφα μάλα τρωχῶσι· τὸ δὲ μέγα κεῖται ἄεθλον,   163
ἢ τρίπος ἠὲ γυνὴ, ἀνδρὸς κατατεθνηῶτος·   164
ὣς τὼ τρὶς Πριάμοιο πόλιν πέρι διηθήτην   165
καρπαλίμοισι πόδεσσι· θεοὶ δ' ἐς πάντες ὁρῶντο·   166
τοῖσι δὲ μύθων ἦρχε πατὴρ ἀνδρῶν τε θεῶν τε·   167
'ὢ πόποι, ἦ φίλον ἄνδρα διωκόμενον περὶ τεῖχος   168
ὀφθαλμοῖσιν ὁρῶμαι· ἐμὸν δ' ὀλοφύρεται ἦτορ   169
Ἕκτορος, ὅς μοι πολλὰ βοῶν ἐπὶ μηρί' ἔκηεν   170

ἄεθλον, τό: prize (for a contest), 1
ἀεθλοφόρος, -ον: prize-bearing, victorious 2
ἄρχω: to begin; rule, be leader of, 1
βοῦς, ὁ, ἡ: cow, ox, bull; cattle, oxen, 6
δινεύω: turn, 1
διώκω: to pursue, follow; prosecute, 8
ἠέ: or, either…or, 7
ἦτορ, τό: heart, soul, mind, spirit, 2
ἱππό-δαμος, -ον: horse-taming, 4
ἵππος, ὁ: horse, 8
καίω: to burn, kindle, 1
καρπάλιμος, -ον: swift, 2
κατα-θνήσκω: to die, 2
κεῖμαι: to lie down, be laid, 9

μηρία, τά: thigh-bones, 1
μυθέομαι: to say, speak of, mention, 5
μῶνυξ, -υχος: single-hooved, 1
ὀλοφύρομαι: to lament, mourn, pity (gen), 1
ὁράω: to see, 3
ὀφθαλμός, ὁ: the eye, 4
πόποι: alas!, 3
ῥίμφα: swiftly, quickly, fleetingly, 2
τέρμα, -ατος, τό: an end, boundary, limit, 1
τρί-πος, -ποδος, ὁ: tripod, three-footed, 2
τρίς: thrice, three times, 3
τρωχάω: to run, gallop, 1
ψυχή, ἡ: soul, life, breath, spirit, 6

---

161 περὶ ψυχῆς: for the life; 'about the life,'
     i.e. the prize for this race is Hector's life
     θέον: 3rd pl. impf. θέω
162 ὡς δ'ὅτ': just as when…; begins simile
     τέρματα: acc. place to which; i.e. the
     turning points in a race, likely boundary
     stones or landmarks such as trees
163 τὸ μέγα…ἄεθλον: this great prize; i.e.
     the following
     κεῖται: lies at hand
164 ἢ, ἠὲ: either, or; in apposition to ἄεθλον
     κατατεθνηῶτος: gen. sg. pf. act. pple
165 ὣς: so…; ending the simile from 162
     τὼ: these (two); dual nom.
     διηθήτην: whirled about, roamed

about; 3rd pers. dual aor. pass. pres. epic
δινεύω
166 πόδεσσι: dat. of mean πούς (else ποσίν)
     δ' ἐς: and at (them); i.e. at the two men
     ὁρῶντο: 3rd pl. impf. mid. ὁράω
167 τοῖσι δὲ: and to these (gods); dat. ind.
     object
     τε…τε: both…and
169 ὀφθαλμοῖσιν: dat. of means
     ὁρῶμαι: ὁράομαι, pres. indicative
170 ὅς: who…; relative
     μοι…ἐπὶ: for me; anastrophe
     βοῶν: gen. pl. βοῦς
     μηρί': μηρια; neut. pl.
     ἔκηεν: aor. καίω

Ἴδης ἐν κορυφῇσι πολυπτύχου, ἄλλοτε δ' αὖτε   171

ἐν πόλει ἀκροτάτῃ· νῦν αὖτέ ἑ δῖος Ἀχιλλεὺς   172

ἄστυ πέρι Πριάμοιο ποσὶν ταχέεσσι διώκει.   173

ἀλλ' ἄγετε φράζεσθε, θεοί, καὶ μητιάασθε   174

ἠέ μιν ἐκ θανάτοιο σαώσομεν, ἦέ μιν ἤδη   175

Πηλεΐδῃ Ἀχιλῆϊ δαμάσσομεν ἐσθλὸν ἐόντα.'   176

   τὸν δ' αὖτε προσέειπε θεὰ γλαυκῶπις Ἀθήνη·   177

'ὦ πάτερ ἀργικέραυνε, κελαινεφές, οἷον ἔειπες·   178

ἄνδρα θνητὸν ἐόντα, πάλαι πεπρωμένον αἴσῃ,   179

ἂψ ἐθέλεις θανάτοιο δυσηχέος ἐξαναλῦσαι;   180

αἶσα, ἡ: lot, portion, share; fate, destiny, 6
ἄκρος, -α, -ον: topmost, top, excellent, 7
ἄλλ-οτε: at another time, at other times, 1
ἀργι-κέραυνος, -ον: with bright lightning, 1
ἄψ: back, back again, backwards, 4
γλαυκ-ῶπις, -ιδος: bright-eyed, grey-eyed, 5
διώκω: to pursue, follow; prosecute, 8
δυσ-ηχής, -ές: ill-sounding, 1
ἐξ-ανα-λύω: to set utterly free, 1
ἐσθλός, -ή, -όν: good, well-born, noble, 7
ἤδη: already, now, at this time, 4
ἠέ: or, either…or, 7
θάνατος, ὁ: death, 8
θεά, ἡ: goddess, 5

θνητός, -ή: mortal, liable to die, 2
Ἴδη, ἡ: Mount Ida, 1
κελαι-νεφής, -ές: of dark clouds, 2
κορυφή, ἡ: summit, crest, 1
μητιάω: to meditate, deliberate; devise, 1
οἷος, -α, -ον: of what sort, such, as, 3
πάλαι: long ago, 2
Πηλεΐδης, ὁ: son of Peleus, 4
πολύ-πτυχος, -ον: many-valleyed, -folded, 1
πόρω: to give, furnish, offer, supply, 5
σώζω (σαόω): to save, rescue, keep, 3
ταχύς, εῖα, ύ: quick, swift, hastily, 6
φράζω: to consider, think; show, indicate, 2

173 ἄστυ πέρι: περὶ ἄστυ, anastrophe
     ποσὶν: dat. pl. of means πούς
174 ἄγετε: *come now*; introduces two
     pres. mid. pl. imperatives
175 ἠέ…ἠέ: *whether…or*; two indirect
     questions governed by μητιάασθε
     σαώσομεν, δαμάσσομεν: *we are to…we
     are to…*; deliberative. 1st pl. subj.
     retained in ind. question; 1st pl. aor.
     subj. σαόω, δαμάζω
176 Ἀχιλῆϊ: *for Achilles;* dat. of interest

ἐόντα: *though…*; concessive pple εἰμί
177 τὸν δ': i.e. Zeus
178 οἷον ἔειπες: *what sort of thing you speak
     of!*, an indirect (not direct) interrogative
     which may be used in main sentences to
     express surprise; compare this to Hera's
     words at the death of Sarpedon 16.441-2
179 πεπρωμένον: *destined*; 'given over'
     common meaning for pf. πόρω
     αἴσῃ: *to his lot*; i.e. to death, ind. obj.
180 ἐξαναλῦσαι: aor. inf.

Independent Subjunctive is employed 4 ways in Books 6 and 22. See p. 22 for the first two.

3. Deliberative (direct question)[1 time]   σαώσομεν [p.72] *are we to save him or are we to kill…*
4. Anticipatory (ἄν + subj.) [6 times]   ἂν πάθῃσι [p.105] *he will suffer* τις εἴπῃσιν[p.46] *one will say*
   #4 is not used in Attic Greek. It expresses passionate expectation of an imminent future action.

ἔρδ'· ἀτὰρ οὔ τοι πάντες ἐπαινέομεν θεοὶ ἄλλοι.' 181
τὴν δ' ἀπαμειβόμενος προσέφη νεφεληγερέτα Ζεύς· 182
'θάρσει, Τριτογένεια, φίλον τέκος· οὔ νύ τι θυμῷ 183
πρόφρονι μυθέομαι, ἐθέλω δέ τοι ἤπιος εἶναι· 184
ἔρξον ὅπη δή τοι νόος ἔπλετο, μὴ δ' ἔτ' ἐρώει.' 185
ὣς εἰπὼν ὄτρυνε πάρος μεμαυῖαν Ἀθήνην· 186
βῆ δὲ κατ' Οὐλύμποιο καρήνων ἀΐξασα. 187
Ἕκτορα δ' ἀσπερχὲς κλονέων ἔφεπ' ὠκὺς Ἀχιλλεύς. 188
ὡς δ' ὅτε νεβρὸν ὄρεσφι κύων ἐλάφοιο δίηται, 189
ὄρσας ἐξ εὐνῆς, διά τ' ἄγκεα καὶ διὰ βήσσας· 190

ἄγκος, -εος, τό: glen, hollow, bend, 1
ἀΐσσω: to start, spring, leap up, 4
ἀπ-αμείβομαι: to reply, answer, 2
ἀ-σπερχές: unceasingly, vehemently, (adv) 2
βῆσσα, ἡ: glen, 1
δι-ίημι: to drive off, 2
διά: through (gen.) on account of (acc.), 8
ἔλαφος, ὁ, ἡ: deer, 1
ἐπ-αινέω: to approve, praise (dat) 1
ἔρδω: to do, perform, 2
ἐρωέω to draw back, rest from, leave off, 1
εὐνή, ἡ: bed, marriage-bed, 3
ἐφ-έπω: to pursue, drive, direct, 3
ἤπιος, -α, -ον: mild, gentle, 1
θαρσέω: to be of good heart, take courage, 2
κάρηνον, τό: head, 1
κλονέω: to drive into confusion, 1

μέμαα: to strive, be eager, press on, yearn, 8
μυθέομαι: to say, speak of, mention, 5
νεβρός, ὁ: fawn, young deer, 2
νεφελητερέτα: cloud-gatherer, -gathering, 1
νοῦς, ὁ: mind, thought, reason, attention, 4
Ὀλύμπιος, -ον: Olympian; Zeus, 2
ὅπη: in what way, in what direction, 2
ὄρνυμι: to stir, set in motion, rouse, 4
ὄρος, -εος, τό: a mountain, hill, 3
ὀτρύνω: to stir up, rouse, encourage, 3
πάρος: before, formerly, in former time 6
πέλομαι: to be, become, 8
πρόσ-φημι: to speak to, address, 8
πρό-φρων, -ονος, ὁ, ἡ: willing, earnest, 3
τέκος, -εος, τό: a child, 5
Τριτογένεια, ἡ: Tritogeneia (Athena), 1
ὠκύς, -εῖα, -ύ: quick, swift, fleet, 7

181 ἔρδ(ε): 3rd sg. impf.
     τοι: σοι; dat. sg.
     ἐπαινέομεν: 1st pl. fut.
182 προσέφη: *began to address*; inchoative
     impf. πρόσφημι
183 θάρσει: θάρσε-ε; sg. pres. imperative
     οὔ...τι: *not at all*; inner acc.
     θυμῷ πρόφρονι: *with...*; dat. of manner
     equivalent to adverb
     τοι: σοι; dat. sg.
184 εἶναι: inf. εἰμί
185 ἔρξον: aor. act. imperative ἔρδω (εργ)
     δή: *precisely, exactly*
     τοι: *your*; σοι; dat. of possession

μὴ δ'ἔτι: *no longer*
ἐρώει: ἐρώε-ε; neg. pres. imperative
186 ὄτρυνε: *he began to...*; inchoative impf.
     μεμαυῖαν: fem. acc. sg. pf. pple μέμαα
187 βῆ: aor. βαίνω
     κατά: *down from*; gen place from which
     ἀΐξασα: fem. sg. aor. pple ἀΐσσω
188 ἔφεπ': *kept following after*; ἔφεπε, 3rd
     sg. iterative impf.
189 ὡς δ'ὅτε: *just as when*; simile
     ὄρεσ-φι: *in the mountains*; φι, dat. where
190 ὄρσας: nom. sg. aor. pple ὄρνυμι
     διά: *through*; + acc. (Att. + gen.)

τὸν δ' εἴ πέρ τε λάθῃσι καταπτήξας ὑπὸ θάμνῳ,   191
ἀλλά τ' ἀνιχνεύων θέει ἔμπεδον, ὄφρά κεν εὕρῃ·   192
ὡς Ἕκτωρ οὐ λῆθε ποδώκεα Πηλεΐωνα.   193
ὁσσάκι δ' ὁρμήσειε πυλάων Δαρδανιάων   194
ἀντίον ἀΐξασθαι ἐϋδμήτους ὑπὸ πύργους,   195
εἴ πως οἱ καθύπερθεν ἀλάλκοιεν βελέεσσι,   196
τοσσάκι μιν προπάροιθεν ἀποστρέψασκε παραφθὰς   197
πρὸς πεδίον· αὐτὸς δὲ ποτὶ πτόλιος πέτετ' αἰεί.   198
ὡς δ' ἐν ὀνείρῳ οὐ δύναται φεύγοντα διώκειν·   199
οὔτ' ἄρ' ὃ τὸν δύναται ὑποφεύγειν οὔθ' ὃ διώκειν·   200

αἰεί, αἰέν: always, forever, in every case, 5
ἀΐσσω: to start, spring, leap up, 4
ἄλαλκε: to ward off (acc) from (dat), 1
ἀν-ιχνεύω: to track, search out, 1
ἀντίος, -η, -ον: opposite, facing; in reply, 4
ἀπο-στρέφω: to turn back, 1
βέλος, -εος, τό: a arrow, missle, dart, 2
Δαρδάνιος, -η, -ον: Dardanian, Trojan, 2
διώκω: to pursue, follow; prosecute, 8
δύναμαι: to be able, can, be capable, 6
ἔμ-πεδος, -όν: steadfast, continuous 2
εὔ-δμητος, -ον: well-built, well-constructed 1
εὑρίσκω: to find, discover, devise, invent, 3
θάμνος, σό: a bush, shrub, 1
θέω: to run, rush, 5
καθ-ύπερθε: down from above, 1

κατα-πτήσσω: to cower beneath, crouch, 1
λανθάνω: to escape notice of, forget (gen) 5
ὄνειρος, ὁ: dream, vision at sleep, 1
ὁρμάω: to set in motion, begin, urge, 3
ὁσάκις: as many times as, as often as, 1
παρα-φθάνω: to overtake, outstrip, 1
πέτομαι: to fly, flutter, 4
Πηλεΐων, -ωνος, ὁ: son of Peleus, 5
ποδ-ώκης, -ες: swift of foot, 1
ποτί: to, toward, 3
προ-πάροιθε: before, in front of (gen.) 4
πτόλις, -ιος, ἡ: a city, 5
πύργος, ὁ: wall, rampart, tower, 7
πῶς: how?; πως: somehow, in any way, 5
τοσάκις: so many times, so often, 1
ὑπο-φεύγω: to flee out from under, escape, 1

191 τὸν δ': this one; i.e. the dog
    εἴ πέρ: even if...; concessive
    τε...τε: both...and
    λάθῃσι: 3rd sg. aor. λανθάνω
192 ἀλλά: yet
    ὄφρά κεν εὕρῃ: until...; 3rd sg. aor. subj.
    εὑρίσκω; add dog, hare as subj. and obj.
193 ὡς: so..; ending the simile from l. 189
    λῆθε: impf. λανθάνω (alternate λήθω)
194 ὁρμήσειε: set out for (+ gen); 3rd sg. aor.
    opt. in general temporal clause in
    secondary sequence (ἄν + subj. in
    primary sequence)
    πυλάων Δαρδανιάων: for...; obj. of
    verb, a variation of partitive gen.
    depicting the desired end

195 ἀΐξασθαι: to dart...; inf. of purpose
    ὑπὸ: beneath...; acc. place to which
196 εἴ...ἀλάλκοιεν: in the hope that he
    might...; expresses the motive in
    secondary seq. (for ἄν + subj., see p. 28)
    οἱ: from him
    βελέεσσι: dat. pl. of means
197 προπάροιθεν: beforehand; temporal
    ἀποστρέψασκε: would/used to/kept/was
    accustomed to...; iterative impf. -σκ
    suggests customary action
    παραφθάς: nom. sg. aor. pple
198 ποτὶ πτόλιος: on the side of the city
199 ὡς δ': just as...; beginning a simile
    δύναται: (one) is able...; add τις
200 ὃ τὸν...ὃ: this one...that one...that one..

ὣς ὃ τὸν οὐ δύνατο μάρψαι ποσίν, οὐδ᾽ ὃς ἀλύξαι.   201

πῶς δέ κεν Ἕκτωρ κῆρας ὑπεξέφυγεν θανάτοιο,   202

εἰ μή οἱ πύματόν τε καὶ ὕστατον ἤντετ᾽ Ἀπόλλων   203

ἐγγύθεν, ὅς οἱ ἐπῶρσε μένος λαιψηρά τε γοῦνα;   204

λαοῖσιν δ᾽ ἀνένευε καρήατι δῖος Ἀχιλλεύς,   205

οὐδ᾽ ἔα ἱέμεναι ἐπὶ Ἕκτορι πικρὰ βέλεμνα,   206

μή τις κῦδος ἄροιτο βαλών, ὃ δὲ δεύτερος ἔλθοι.   207

ἀλλ᾽ ὅτε δὴ τὸ τέταρτον ἐπὶ κρουνοὺς ἀφίκοντο,   208

καὶ τότε δὴ χρύσεια πατὴρ ἐτίταινε τάλαντα,   209

ἐν δ᾽ ἐτίθει δύο κῆρε τανηλεγέος θανάτοιο,   210

αἴρω (ἀείρω): to take away, raise, lift up, 6
ἀλύσκω: to escape, avoid, shun, 1
ἀνα-νεύω: to nod in refusal, nod back, 2
ἄντομαι: to face (opposite), meet, 1
Ἀπόλλων, ὁ: Apollo, 5
ἀφ-ικνέομαι: to arrive at, come, arrive, 1
βάλλω: to throw, shoot, hit, strike, 8
βέλεμνον, τό: arrow, javelin (cf. βέλος) 1
δεύτερος, -α, -ον: second, 2
δύναμαι: to be able, can, be capable, 6
δύο (δύω): two, 4
ἐάω: to allow, permit, let be, suffer, 4
ἐγγύ-θεν: from near, from close at hand, 3
ἐπ-όρνυμι: to stir up, arouse, set in motion, 1
θάνατος, ὁ: death, 8
ἵημι: to send forth, throw; let go, release, 2
κάρη, -ήτος τό: head, 6

κήρ, κηρός, ἡ: doom, death, bane, 3
κρουνός, ὁ: spring, fountain (dual -ω), 2
κῦδος, -εος, ὁ: glory, majesty, 6
λαιψηρός, -ά, -ός: light, nimble, swift, 3
μάρπτω: to seize, clasp, lay hold of, 1
πικρός, -ον: pointed, sharp, 1
πύματος, -η, -ον: last, hindmost, 3
πῶς: how?; πως: somehow, in any way, 5
τάλαντον, τό: a scale (to weigh); talent, 1
τανηλεγής, -ές: bringing long woe, 1
τέταρτος, -α, -ον: fourth, 1
τιταίνω: to stretch, draw, extend, 2
τότε: at that time, then, τοτέ, at some time, 8
ὑπ-εκ-φεύγω: to flee, escape, 2
ὕστατος, -η, -ον: last, latter, 1
χρύσεος, -η, -ον: golden, of gold, 5

---

201 ὡς: so...; ending simile from l. 199
ὃ τὸν: this one...that one...
δύνατο μάρψαι: impf; aor inf. μάρπτω
ποσίν: dat. of means πούς
ὃς: that one..; add δύνατο
ἀλύξαι: aor. inf..

202 κεν...ὑπεξέφυγεν...εἰ μή...ἤντετο: could have escaped, if...were not drawing near; equivalent to a mixed contrary-to-fact (εἰ + impf. ind, ἄν/κε + aor. ind.); ἄν/κε + aor. ind. alone is past potential

203 πύματον...ὕστατον: both adverbial acc.

204 ὅς: who...; relative, i.e. Apollo
οἱ: his; i.e. Hector, dat. of possession
ἐπῶρσε: 3rd sg. aor. ἐπόρνυμι

205 λαοῖσιν: to his people; i.e. Achaians
καρήατι: dat. sg. of means, κάρη

206 ἔα: ἔαε, 3rd sg. impf. ἐάω + inf.
ἱέμεναι: to send forth; 'shoot,' inf. ἵημι

207 μή...ἄροιτο: lest...win; clause of fearing governs opt. (aor. opt. ἄρνυμι) in secondary sequence (subj. in primary)
βαλὼν: nom. sg. aor. pple βάλλω
ὃ δὲ: and he...; Apollo
ἔλθοι: same construction as above, here an aor. opt. ἔρχομαι

208 ὅτε δή: just when; δή implies exactness
τὸ τέταρτον: the fourth time; adv. acc.

209 πατὴρ: i.e. Zeus

210 ἐν δ᾽: and thereon; 'and on (it)'

τὴν μὲν Ἀχιλλῆος, τὴν δ᾽ Ἕκτορος ἱπποδάμοιο,　　211
ἕλκε δὲ μέσσα λαβών· ῥέπε δ᾽ Ἕκτορος αἴσιμον ἦμαρ,　212
ᾤχετο δ᾽ εἰς Ἀΐδαο, λίπεν δέ ἑ Φοῖβος Ἀπόλλων.　　213
Πηλεΐωνα δ᾽ ἵκανε θεὰ γλαυκῶπις Ἀθήνη,　　　214
ἀγχοῦ δ᾽ ἱσταμένη ἔπεα πτερόεντα προσηύδα·　　215
'νῦν δὴ νῶι ἔολπα, Διὶ φίλε φαίδιμ᾽ Ἀχιλλεῦ,　　216
οἴσεσθαι μέγα κῦδος Ἀχαιοῖσι προτὶ νῆας　　217
Ἕκτορα δῃώσαντε μάχης ἄτόν περ ἐόντα.　　218
οὔ οἱ νῦν ἔτι γ᾽ ἔστι πεφυγμένον ἄμμε γενέσθαι,　219
οὐδ᾽ εἴ κεν μάλα πολλὰ πάθοι ἑκάεργος Ἀπόλλων　220

ἄατος (ἆτος), -ον: insatiate (gen) 2
ἀγχοῦ: near, nigh, close by, 2
αἴσιμος, -η, -ον: in due measure, due, fated, 2
Ἀπόλλων, ὁ: Apollo, 5
γλαυκ-ῶπις, -ιδος: bright-eyed, grey-eyed, 5
δῃόω: to cut down, slay; tear, 1
ἑκα-εργος, ὁ: far-darter, 2
ἕλκω: to drag, drag away, 7
ἔλπω: to hope; expect, think, 1
ἡμεῖς: we, 2
θεά, ἡ: goddess, 5
ἱκάνω: to approach, come, arrive, reach, 8
ἱππό-δαμος, -ον: horse-taming, 4
κῦδος, -εος, ὁ: glory, majesty, 6

λαμβάνω: to take, receive, catch, grasp, 5
λείπω: to leave, forsake, abandon, 7
μάχη, ἡ: battle, fight, combat, 6
μέσ(σ)ος, -η, -ον: the middle of, 5
νῶϊ: we two (νῶϊ acc., νωΐν gen. and dat.), 3
οἴχομαι: to go; depart, 4
πάσχω: to suffer, experience, 3
Πηλεΐων, -ωνος, ὁ: son of Peleus, 5
προτί: πρός, to, toward; near, 4
πτερόεις, -εντος: feathered, winged, 4
ῥέπω: to sink, fall, incline downward, 1
φαίδιμος -η -ον: glistening, shining, bright 7
Φοῖβος, ὁ: Phoebus Apollo, 3

211 τὴν μὲν...τὴν δ᾽: one fate...another fate;
+ κῆρα, in apposition to dual κῆρε
212 μέσσα (τάλαντα): the middle of the
balances; i.e. scales
λαβών: nom. sg. λαμβάνω i.e. Zeus
held the middle of the scales
213 ᾤχετο: impf. οἴχομαι
εἰς Ἀΐδαο: to Hades' (house); add δόμον
215 λίπεν: aor. λείπω
ἱσταμένη: pres. mid. pple ἵστημι
216 νῦν δὴ: at this very moment; 'just now'
νῶι: dual 1st pl. acc. pronoun; acc. subj.
of οἴσεσθαι fut. inf. of φέρω
ἔολπα: 1st sg. pf. ἔλπω
Διὶ: to Zeus; dat. sg. with vocative φίλε
217 οἴσεσθαι: fut. inf. φέρω; νωι is acc subj.
Ἀχαιοῖσι: in the eyes of the Achaians;

'for the Achaians,' dat. of reference
νῆας: ships
218 δῃώσαντε: dual. nom. aor. pple
περ ἐόντα: though being...; concessive
acc. sg. pres. pple εἰμί governs acc. pred.
219 οὔ...ἔτι γ᾽: no longer, at any rate; or 'at
least,' γε is restrictive and emphatic
οἱ...ἔστι: is it possible for him; impers.
πεφυγμένον...γενέσθαι: periphrastic for
perfect mid inf. φεύγω (pf. mid. pple +
aor. inf. γίγνομαι); subj. of ἔστι; see
6.488 for another example
ἄμμε: acc. pl. 1st pl. pronoun; Att. ἡμᾶς
220 οὐδ᾽εἴ: not even if...
κεν...πάθοι: should...; potential opt., aor.
opt. πάσχω
πολλὰ: many troubles; 'many things'

προπροκυλινδόμενος πατρὸς Διὸς αἰγιόχοιο.   221

ἀλλὰ σὺ μὲν νῦν στῆθι καὶ ἄμπνυε, τόνδε δ' ἐγώ τοι   222

οἰχομένη πεπιθήσω ἐναντίβιον μαχέσασθαι.'   223

ὣς φάτ' Ἀθηναίη, ὃ δ' ἐπείθετο, χαῖρε δὲ θυμῷ,   224

στῆ δ' ἄρ' ἐπὶ μελίης χαλκογλώχινος ἐρεισθείς.   225

ἣ δ' ἄρα τὸν μὲν ἔλειπε, κιχήσατο δ' Ἕκτορα δῖον   226

Δηϊφόβῳ ἐϊκυῖα δέμας καὶ ἀτειρέα φωνήν·   227

ἀγχοῦ δ' ἱσταμένη ἔπεα πτερόεντα προσηύδα·   228

'ἠθεῖ', ἦ μάλα δή σε βιάζεται ὠκὺς Ἀχιλλεύς,   229

ἄστυ πέρι Πριάμοιο ποσὶν ταχέεσσι διώκων·   230

ἀγχοῦ: near, nigh, close by, 2
αἰγί-οχος, -ον: Aegis-bearing, 2
ἀνα-πνέω: to take or draw breath, 1
ἀ-τειρής, -ές: unyielding; stubborn, 1
βιάζω: to overpower, use force, constrain, 1
Δεΐφοβος, ὁ: Deïphobus, 4
δέμας, τό: bodily frame, build, 1
διώκω: to pursue, follow; prosecute, 8
ἐϊκώς, ἐϊκυῖα: be like, seem like (dat), 3
ἐναντί-βιος -ον: face-to-face, opposite (dat) 1
ἐρείδω: to lean, prop; press, 3
ἠθεῖος, -η: honored (one), 3

κιχάνω: to reach, come upon, find, 6
λείπω: to leave, forsake, abandon, 7
μελίη, ἡ: ashen (spear), ash tree, 3
οἴχομαι: to go; depart, 4
προ-προκυλίνδομαι: to keep rolling before, 1
πτερόεις, -εντος: feathered, winged, 4
ταχύς, εῖα, ύ: quick, swift, hastily, 6
φωνή, ἡ: sound, speech, voice, 1
χαίρω: to rejoice, be glad; fare well, 1
χαλκο-γλώχιν, -ινος: with bronze point, 1
ὠκύς, -εῖα, -ύ: quick, swift, fleet, 7

221 προπροκυλινδόμενος: + gen., i.e. keep
    coming as a suppliant making requests
    Διὸς: *Zeus*
222 στῆθι: *stop!*; 'stand still!'aor. act.
    imperative ἵστημι
    ἄμπνυε: imperative ἀνα-πνέω
223 τοι: σοι; dat. with adj. ἐναντί-βιον
    πεπιθήσω: *let me…*; hortatory subj. (1st
    sg. reduplicated aor. subj. πείθω)
224 ὃ δ': *and this one*; Achilles
    χαῖρε: 3rd sg. impf.
    θυμῷ: *in his heart*

225 στῆ: 3rd sg. aor., see l. 222
    ἐπὶ: *upon*
    ἐρεισθείς: *leaning*; aor. pass. pple
226 κιχήσατο aor. mid. κιχάνω
227 δέμας...φωνήν: *in… and in…*; both are
    acc. of respect
    προσηύδα: *began to…*; inchoative impf.
228 ἱσταμένη: pres. mid. pple. ἵστημι
229 ἠθεῖ(ε): vocative direct address
    ἦ μάλα δή: *quite truly now*
230 ἄστυ πέρι: περὶ ἄστυ, anastrophe
    ποσὶν: dat. pl. of means πούς

Irregular Forms:		city (ἡ)	much/many (adj. masc.)	ship (ἡ)	temple (ὁ)
Sg.	Nom.	πόλις	πολύς	νηῦς	νηός
	Gen.	πόλιος, -ηος	πολέος	νηός, νεός	νηοῦ
	Dat.	πόλει, πόληι	---	νηί	νηῷ
	Acc.	πόλιν	πολύν	νῆα, νέα	νηόν
Pl.	Nom.	πόλεες, πόλεις	πολέες	νῆες, νέες	νηοί
	Gen.	πόλεων	πολέων	νηῶν, νεῶν	νηῶν
	Dat.	πόλεσι	πολέεσσι, πολέσι	νήυσι, νήεσσι	νηοῖς
	Acc.	πόλεις, πόλῑς	πολέας	νῆας, νέας	νηούς

ἀλλ' ἄγε δὴ στέωμεν καὶ ἀλεξώμεσθα μένοντες.'   231
τὴν δ' αὖτε προσέειπε μέγας κορυθαίολος Ἕκτωρ·   232
'Δηΐφοβ' ἦ μέν μοι τὸ πάρος πολὺ φίλτατος ἦσθα   233
γνωτῶν, οὓς Ἑκάβη ἠδὲ Πρίαμος τέκε παῖδας·   234
νῦν δ' ἔτι καὶ μᾶλλον νοέω φρεσὶ τιμήσασθαι,   235
ὃς ἔτλης ἐμεῦ εἵνεκ', ἐπεὶ ἴδες ὀφθαλμοῖσι,   236
τείχεος ἐξελθεῖν, ἄλλοι δ' ἔντοσθε μένουσι.'   237
τὸν δ' αὖτε προσέειπε θεὰ γλαυκῶπις Ἀθήνη·   238
'ἠθεῖ', ἦ μὲν πολλὰ πατὴρ καὶ πότνια μήτηρ   239
λίσσονθ' ἐξείης γουνούμενοι, ἀμφὶ δ' ἑταῖροι,   240

ἀλέξομαι: to ward or keep off, resist, 2
γλαυκ-ῶπις, -ιδος: bright-eyed, grey-eyed, 5
γνωτός, ὁ, ἡ: relative, kinsman, -woman, 1
γουνόομαι: grasp knees, implore, entreat, 1
Δηΐφοβος, ὁ: Deïphobus, 4
Ἑκάβη, ἡ: Hecabe, 4
ἕνεκα (εἵνεκα): for the sake of, because of, 8
ἔντοσ-θε: within, inside, 2
ἐξείης: one after another, in order, 2
ἐξ-έρχομαι: to come or come out, 3
ἑταῖρος, ὁ (ἕταρος): comrade, companion, 5

ἠθεῖος, -η: honored (one), 3
θεά, ἡ: goddess, 5
λίσσομαι: to beg, pray, entreat, supplicate, 6
μᾶλλον: more, rather, much, 1
νοέω: to notice, perceive; think, suppose, 6
ὀφθαλμός, ὁ: the eye, 4
πάρος: before, formerly, in former time 6
πότνια, ἡ: mistress, queen, 8
τιμάω: to honor, pay honor, revere, 1
τλάω: to bear, endure, suffer, undergo, 3

231 ἄγε δὴ: come on now
    στέωμεν, ἀλεξώμεσθα: let us…let us…;
    hortatory aor. subj ἵστημι (one expects
    στήομεν, Att. στήωμεν)
232 τὴν δ': this one; Athena
233 Δηΐφοβε: vocative direct address
    τὸ πάρος: previously
    πολὺ: far; adv. acc. (acc. of extent)
    ἦσθα: 2nd sg. impf. εἰμί
234 γνωτῶν: among…; i.e. brothers
    partitive gen.
    οὕς…παῖδας: which …; relative adj.
    τέκε: 3rd sg. aor. τίκτω but subj. plural
235 καὶ μᾶλλον: even more; adverbial καὶ

    νοέω φρεσὶ: I have in mind; dat. pl.
    place where, φρήν
    τιμήσασθαι: supply acc. σέ
236 ὃς: you who…; relative, 2nd pers. sg.
    ἔτλης: 2nd sg. aor. τλάω
    ἴδες: aor. εἶδον
    ὀφθαλμοῖσι: dat. pl. of means
237 τείχεος: from…; gen. of separation
    ἐξελθεῖν: inf. ἐξέρχομαι
238 τὸν δ': this one; i.e. Hector
239 ἠθεῖ(ε): vocative direct address
    πολλὰ: many times, often; adv. acc.
240 λίσσονθ': λίσσονται, 3rd pl. pres.
    ἀμφὶ δ': and around (me); adverbial

Type of Condition	Protasis (if-clause)	Apodosis (then-clause)
Simple	εἰ+ any indicative	any indicative
Present General (Indefinite)	εἰ + ἄν/κέ + subj. (if ever)	present indicative
Past General (Indefinite)	εἴ + optative (if ever)	past indicative
Future More Vivid	εἰ + ἄν/κέ + subjunctive	future indicative
Future Less Vivid	εἰ+ optative (should)	ἄν/κέ + optative (would)
Contrary to Fact	εἰ + past ind. (were/had)	ἄν/κέ + past (would/would have)

αὖθι μένειν· τοῖον γὰρ ὑποτρομέουσιν ἅπαντες·   241
ἀλλ' ἐμὸς ἔνδοθι θυμὸς ἐτείρετο πένθεϊ λυγρῷ.   242
νῦν δ' ἰθὺς μεμαῶτε μαχώμεθα, μὴ δέ τι δούρων   243
ἔστω φειδωλή, ἵνα εἴδομεν εἴ κεν Ἀχιλλεὺς   244
νῶϊ κατακτείνας ἔναρα βροτόεντα φέρηται   245
νῆας ἔπι γλαφυράς, ἦ κεν σῷ δουρὶ δαμήῃ.'   246
ὣς φαμένη καὶ κερδοσύνῃ ἡγήσατ' Ἀθήνη·   247
οἳ δ' ὅτε δὴ σχεδὸν ἦσαν ἐπ' ἀλλήλοισιν ἰόντες,   248
τὸν πρότερος προσέειπε μέγας κορυθαίολος Ἕκτωρ·   249
'οὔ σ' ἔτι, Πηλέος υἱέ, φοβήσομαι, ὡς τὸ πάρος περ   250

ἅπας, ἅπασα, ἅπαν: every, quite all, 6
αὖ-θι: on the spot, here, here, there, 6
βροτόεις, -εσσα, -εν: gory, 2
γλαφυρός, -ή, -όν: hollow, hollowed, 3
ἔναρα, τά: spoils, loot; an enemy's armor, 3
ἔνδο-θι: within, at home, 2
ἡγέομαι: to lead, guide; consider, think, 2
ἰθύς, -εῖα, -ύ: straight (on), forthwith, 3
ἵνα: in order that (+ subj.); where (+ ind.), 3
κατα-κτείνω: to kill, slay, 7
κερδοσύνη, ἡ: cunning, craft, opportunism, 1
λυγρός, -ή, -όν: mournful, baneful, ruinous, 3
μέμαα: to strive, be eager, press on, yearn, 8

νῶϊ: we two (νῶϊ acc., νωΐν gen. and dat.), 3
πάρος: before, formerly, in former time 6
πένθος, τό: grief, sadness, sorrow, 2
Πηλεύς, -έος, ὁ: Peleus, 3
πρότερος, -α, -ον: before; sooner, earlier, 3
σός, -ή, -όν: your, yours, 7
σχεδόν: near, nearly, almost, just about, 3
τείρω: to wear out, distress, afflict, 4
τοῖος, -α, -ον: of such kind, such sort, such 2
ὑπο-τρόμω: to tremble with fear or before, 1
φειδωλή, ἡ: sparing, gruding use, 1
φοβέω: to put to flight, terrify, frighten, 8

241 τοῖον: such (trembling)...!; inner acc.
    ἐτείρετο: impf. τείρω
242 ἰθύς: straightaway; adverb
    μεμαῶτε: dual nom. pf. pple μέμαα
    μαχώμεθα: let us..; hortatory subj.
    μὴ...ἔστω: let there not be at all sparing
    use of spears; neg. 3rd pers. imper. εἰμί
244 ἵνα εἴδομεν: so that...; purpose, pf. subj.
    οἶδα
    εἴ...ἦ: whether...or; indirect question
    κατακτείνας: nom. sg. aor. pple
    κεν...φέρηται: he will carry away;
    anticipatory subj. describes passionately
    an imminent future action, see. pg. 72
246 κεν...δαμήῃ: he will be overcome; again,
    anticipatory subj.; aor. pass. δαμάζω

247 ὡς: so...
    φαμένη: pres. mid. pple. φημί
    καὶ: in fact; adverbial
    κερδοσύνῃ: with cunning; dat. of manner
248 οἳ δ': these (two)
    ὅτε δὴ: just when...
    ἦσαν: 3rd pl. impf. εἰμί
    ἐπ' ἀλλήλοισιν: against one another
    ἰόντες: pple ἔρχομαι
249 πρότερος: first; 'earlier' adj. as adverb
250 οὔ...ἔτι: no longer; 'not still'
    ὡς...περ: just as...; 'in the very manner
    as' equivalent to ὡς; here, just as Att.
    ὥσπερ
    τὸ πάρος: previously

τρὶς περὶ ἄστυ μέγα Πριάμου δίον, οὐδέ ποτ᾽ ἔτλην   251

μεῖναι ἐπερχόμενον· νῦν αὖτέ με θυμὸς ἀνῆκε   252

στήμεναι ἀντία σεῖο· ἕλοιμί κεν, ἤ κεν ἀλοίην.   253

ἀλλ᾽ ἄγε δεῦρο θεοὺς ἐπιδώμεθα· τοὶ γὰρ ἄριστοι   254

μάρτυροι ἔσσονται καὶ ἐπίσκοποι ἁρμονιάων·   255

οὐ γὰρ ἐγώ σ᾽ ἔκπαγλον ἀεικιῶ, αἴ κεν ἐμοὶ Ζεὺς   256

δώῃ καμμονίην, σὴν δὲ ψυχὴν ἀφέλωμαι·   257

ἀλλ᾽ ἐπεὶ ἄρ κέ σε συλήσω κλυτὰ τεύχε᾽, Ἀχιλλεῦ,   258

νεκρὸν Ἀχαιοῖσιν δώσω πάλιν· ὣς δὲ σὺ ῥέζειν.᾽   259

τὸν δ᾽ ἄρ᾽ ὑπόδρα ἰδὼν προσέφη πόδας ὠκὺς Ἀχιλλεύς·   260

ἀ-εικίζω: to treat unseemly, dishonor, 2
ἁλίσκομαι: to be taken or captured (aor ἁλ) 1
ἀν-ίημι: to release, send up, give up, 6
ἀντίος, -η, -ον: opposite, facing; in reply, 4
ἄριστος, -η, -ον: best, most excellent, 9
ἁρμονία, ἡ: agreement, pact; harmony, 1
ἀφ-αιρέω: to take away from, remove, 2
δεῦρο: hither, here, 3
ἔκ-παγλος, -ον: violent, vehement, terrible, 1
ἐπ-εῖδον: to look upon, 2
ἐπ-έρχομαι: to come to, arrive at, reach, 1
ἐπί-δίδωμι: to give (besides), increase, 2
ἐπί-σκοπος, ὁ: guardian, overseer, 1
Ζεύς, ὁ: Zeus, 11

καμμονίη, ἡ: endurance, steadfastness, 1
κλυτός -ή -όν: famous, renowned, heard of, 3
μάρτυρος, ὁ: witness, 1
νεκρός, ὁ: corpse, the dead, 3
πάλιν: again, once more; back, backwards, 3
πρόσ-φημι: to speak to, address, 8
ῥέζω: to do accomplish, make, perform, 3
συλάω: to strip off, 4
τλάω: to bear, endure, suffer, undergo, 3
τρίς: thrice, three times, 3
ὑπόδρα: from under (his brow), 2
ψυχή, ἡ: soul, life, breath, spirit, 6
ὠκύς, -εῖα, -ύ: quick, swift, fleet, 7

251 ἔτλην: 1ˢᵗ sg. τλάω
252 μεῖναι: *to wait for (you) attacking*; aor. inf. μένω
    ἀνῆκε: *urged; sent forth*; aor. ἀν-ίημι
253 στήμεναι: aor. inf. ἵστημι
    ἕλοιμι...ἀλοίην: *I might take (you) or I might be taken*; i.e. kill or be killed; potential aot. opt. αἱρέω, ἁλίσκομαι
254 ἄγε: *come now*
    ἐπιδώμεθα: *let us give (to one another) our gods*; hortatory aor. mid. ἐπιδίδωμι; i.e. let us take an oath
    τοὶ: *these*...; i.e. gods
255 ἔσσονται: fut. dep. εἰμί
    ἔκπαγλον: adverbial acc.
256 ἀεικιῶ, αἴ κεν...δώῃ...ἀφέλωμαι: future-

more-vivid condition (εἰ + κεν + subj., fut. ind.); fut. ἀεικίζω, 3ʳᵈ sg. aor. subj. δίδωμι and 1ˢᵗ sg. aor. mid. ἀφ-αιρέω
258 ἐπεὶ...κέ...συλήσω, δώσω: *whenever...*; general temporal clause (equivalent to a future-more-vivid), aor. subj. συλάω, and 1ˢᵗ sg. fut. indicative δίδωμι
    συλήσω: governs a double acc.: *strip* (acc) *from* (acc.)
259 ὣς δὲ: *and thus, and in this way*; i.e. in the same way
    ῥέζειν: infinitive as imperative
260 ἰδών: *looking*; nom. aor. pple. εἶδον
    προσέφη: 3ʳᵈ sg. impf. πρόσφημι
    πόδας: *in*...; acc. pl. of respect, πούς

‘ Ἕκτορ, μή μοι, ἄλαστε, συνημοσύνας ἀγόρευε·   261

ὡς οὐκ ἔστι λέουσι καὶ ἀνδράσιν ὅρκια πιστά,   262

οὐδὲ λύκοι τε καὶ ἄρνες ὁμόφρονα θυμὸν ἔχουσιν,   263

ἀλλὰ κακὰ φρονέουσι διαμπερὲς ἀλλήλοισιν,   264

ὣς οὐκ ἔστ’ ἐμὲ καὶ σὲ φιλήμεναι, οὐδέ τι νῶϊν   265

ὅρκια ἔσσονται, πρίν γ’ ἢ ἕτερόν γε πεσόντα   266

αἵματος ἆσαι Ἄρηα, ταλαύρινον πολεμιστήν.   267

παντοίης ἀρετῆς μιμνήσκεο· νῦν σε μάλα χρὴ   268

αἰχμητήν τ’ ἔμεναι καὶ θαρσαλέον πολεμιστήν.   269

οὔ τοι ἔτ’ ἔσθ’ ὑπάλυξις, ἄφαρ δέ σε Παλλὰς Ἀθήνη   270

ἀγορεύω: to speak in assembly, declare, 2
αἷμα, -ατος τό: blood, 4
αἰχμητής, ὁ: warrior, spearman, 3
ἄ-λαστος, -ον: not to be forgotten, 1
ἀρετή, ἡ: excellence; virtue, 1
Ἄρης, ὁ: Ares; battle, 4
ἀρνός, τοῦ, τῆς: lamb, sheep, (no nom.), 2
ἄφαρ: straightway, at once, quickly, soon, 1
ἄω: statiate…with (gen), give fill of (gen), 1
δι-αμπερές: right through, continuously, 1
ἕτερος, -η, -ον: one of two, one…the other, 3
θαρσαλέος, -η, -ον: bold, courageous, stout 1
λέων, -οντος, ὁ: lion, 2
λύκος, ὁ: wolf, 1
μιμνήσκω: to remind, recall, recollect, 5

νῶϊ: we two (νῶϊ acc., νωΐν gen. and dat.), 3
ὁμό-φρων -οντος: of the same mind, united 1
ὅρκιον, τό: oath, 2
Παλλάς, ἡ: Pallas Athena, 3
παντοῖος, -α, -ον: of every sort or kind, 1
πίπτω: to fall, fall down, drop, 5
πιστός, -ή, -όν: trustworthy, faithful, 1
πολεμιστής, -ου, ὁ: warrior, 3
πρίν: until, before, 8
συν-ημοσύνη, ἡ: agreement, covenant, 1
ταλαύρινος -ον: bearing a bull's hide shield 1
ὑπάλυξις, ἡ: escape, means of avoiding, 1
φιλέω: to love, befriend, 3
φρονέω: to think, devise, be prudent, 6
χρή: it is necessary, 1

---

261 Ἕκτορ: voc. direct address
μὴ…ἀγόρευε: negative imperative
ἄλαστε: voc. direct address; i.e. not to
be forgiven or forgotten by Achilles
262 ὡς: just as…
ἔστι: there does exist; ‘is’ neut. pl. subj.
λέουσι, ἀνδράσιν: between…; ‘for’
dat. interest or possession: ‘lions and
humans do not have…’
264 φρονέουσι: they devise; κακὰ is acc. obj.
265 ὣς: so…; ending the simile
ἔστι: it is…possible that; acc. subj. + inf.
φιλήμεναι: to be friends; inf.
οὐδέ τι: nor at all; acc. of extent
νῶϊν: dat. of possession

266 ἔσσονται: fut. mid. εἰμί
πρίν…ἕτερον…ἆσαι: until one (of us
two)…; acc. subj. and aor. inf. ἄω +
partitive gen. αἵματος
πεσόντα: acc. sg. aor. pple πίπτω
267 Ἄρηα: acc. obj. of inf. ἆσαι
μιμνήσκε(σ)ο: pres. mid. imperative; as
often, verbs of remembering and
forgetting govern a genitive
269 τ’…καὶ: both…and; joining two acc.
predicates of the inf.
ἔμεναι: inf. εἰμί
270 οὔ…ἔτι: no longer
τοι: σοι; dat. sg.
ἔσθ’: ἔστι

ἔγχει ἐμῷ δαμάᾳ· νῦν δ' ἀθρόα πάντ' ἀποτίσεις   271

κήδε' ἐμῶν ἑτάρων, οὓς ἔκτανες ἔγχεϊ θύων.'   272

ἦ ῥα, καὶ ἀμπεπαλὼν προΐει δολιχόσκιον ἔγχος·   273

καὶ τὸ μὲν ἄντα ἰδὼν ἠλεύατο φαίδιμος Ἕκτωρ·   274

ἕζετο γὰρ προϊδών, τὸ δ' ὑπέρπτατο χάλκεον ἔγχος,   275

ἐν γαίῃ δ' ἐπάγη· ἀνὰ δ' ἥρπασε Παλλὰς Ἀθήνη,   276

ἂψ δ' Ἀχιλῆϊ δίδου, λάθε δ' Ἕκτορα, ποιμένα λαῶν.   277

Ἕκτωρ δὲ προσέειπεν ἀμύμονα Πηλεΐωνα·   278

'ἤμβροτες, οὐδ' ἄρα πώ τι, θεοῖς ἐπιείκελ' Ἀχιλλεῦ,   279

ἐκ Διὸς ᾔείδης τὸν ἐμὸν μόρον, ἦ τοι ἔφης γε·   280

ἀθρόος, -όν: in heaps, in masses, 1
ἀλέομαι: to escape, avoid, flee from, 5
ἁμαρτάνω: miss, fail, be deprived of (gen) 2
ἀμύμων, -ονος: blameless, noble, 9
ἀνά: up, upon (+ dat.); up to, on to (+ acc.), 6
ἀνα-πάλλω: to poise and sway, 2
ἄντα: face to face, facing, before, 1
ἀπο-τίνω: to pay back, pay for, atone for, 1
ἁρπάζω: seize, carry off, kidnap, 2
ἄψ: back, back again, backwards, 4
γαῖα, ἡ: earth, ground, land, country, 8
δολιχόσκιος, -ον: casting a long shadow, 4
ἕζομαι: to sit; sit someone down, set, 3
ἐπι-είκελος, -ον: like, resembling (dat) 1
ἑταῖρος, ὁ (ἕταρος): comrade, companion, 5

ἠμί: to speak, say, 6
θύω: to seethe, rage, 1
κῆδος, -εος, τό: trouble, care, 3
λανθάνω: to escape notice, forget (gen) 5
μόρος, ὁ: fate, lot, destiny; death, 2
Παλλάς, ἡ: Pallas Athena, 3
πήγνυμι: to stick, fix, 4
Πηλείων, -ωνος, ὁ: son of Peleus, 5
ποιμήν, -ένος, ὁ: shepherd, 2
προ-εῖδον: look forth, catch sight of before 1
προ-ίημι: to send forth, throw, launch, 2
πω: yet, up to this time, 3
ὑπερ-πέτομαι: to fly over, fly past, 1
φαίδιμος -η -ον: glistening, shining, bright 7
χάλκεος, -εα, -εον: bronze, brazen, copper, 4

271 ἔγχει ἐμῷ: dat. of means
    δαμάᾳ: 3rd sg. fut. δαμάζω
272 οὕς: *whom…*; relative
    ἔκτανες: aor. κτείνω
    θύων: circumstantial pres. pple
273 ἦ: *he spoke*; 3rd sg. impf. ἠμί
    ἀμπεπαλὼν: nom. sg reduplicated aor.
    pple ἀνα-πάλλω
    προΐει: προΐε-ε, 3rd sg. impf. προίημι
274 τὸ μὲν...τὸ δ': *...but*; a strong contrast,
    which may be left untranslated; lit. 'in
    this respect on the one hand…in that
    respect on the other hand;' acc. respect
    ἄντα ἰδὼν: *looking face-to-face*; i.e.
    straight on without flight; aor. εἶδον
275 ἠλεύατο: aor. ἀλέομαι
276 ἕζετο: crouched; 'sat'

277 ἐπάγη: 3rd sg. aor. pass. πήγνυμι
    ἀνὰ δ'ἥρπασε: tmesis, aor.
278 Ἀχιλῆϊ: dat. indirect object.
    δίδου: δίδο-ε, 3rd sg. impf. δίδωμι
    λάθε: impf. λανθάνω (λήθω, λάθω)
279 ἤβμροτες: 2nd sg. epic aor. ἁμαρτάνω
    ἐπιείκελ': ἐπιείκελε, voc. direct address
    Ἀχιλλεῦ: voc. direct address
280 ἐκ Διὸς: *from Zeus*; gen. of source
    ᾔείδης: *did you know*; 2nd sg. plpf. οἶδα
    with simple past sense (ἠ- is a temporal
    augment)
    ἦ τοι: *truly to be sure, truly you know*;
    τοι is a particle
    ἔφης: *you thought at least* (that you
    knew my fate); impf.

ἀλλά τις ἀρτιεπὴς καὶ ἐπίκλοπος ἔπλεο μύθων,   281

ὄφρά σ' ὑποδείσας μένεος ἀλκῆς τε λάθωμαι.   282

οὐ μέν μοι φεύγοντι μεταφρένῳ ἐν δόρυ πήξεις,   283

ἀλλ' ἰθὺς μεμαῶτι διὰ στήθεσφιν ἔλασσον,   284

εἴ τοι ἔδωκε θεός· νῦν αὖτ' ἐμὸν ἔγχος ἄλευαι   285

χάλκεον· ὡς δή μιν σῷ ἐν χροῒ πᾶν κομίσαιο.   286

καί κεν ἐλαφρότερος πόλεμος Τρώεσσι γένοιτο   287

σεῖο καταφθιμένοιο· σὺ γάρ σφισι πῆμα μέγιστον.   288

ἦ ῥα, καὶ ἀμπεπαλὼν προΐει δολιχόσκιον ἔγχος,   289

καὶ βάλε Πηλεΐδαο μέσον σάκος οὐδ' ἀφάμαρτε·   290

ἀλέομαι: to escape, avoid, flee from, 5
ἀλκή, ἡ: might, strength (ἀλκί – dat.), 3
ἀνα-πάλλω: to poise and sway, 2
ἀρτι-επής, -ες: quick of speech, glib, 1
ἀφ-αμαρτάνω: to miss; lose, 2
βάλλω: to throw, shoot, hit, strike, 8
διά: through (gen.) on account of (acc.), 8
δολιχόσκιος, -ον: casting a long shadow, 4
ἐλάσσων, -ον: less, smaller, 1
ἐλαφρός, -ή, -όν: easy, light, nimble, 2
ἐπί-κλοπος, -ον: thievish, wily, cunning, 1
ἠμί: to speak, say, 6
ἰθύς, -εῖα, -ύ: straight (on), forthwith, 3
κατα-φθίνω: to waste away, perish, 1
κομίζω: to take care of, attend; receive, 2
λανθάνω: to escape notice, forget (gen) 5

μέμαα: to strive, be eager, press on, yearn, 8
μέσ(σ)ος, -η, -ον: the middle of, 5
μετά-φρενον, τό: the back (behind midriff), 1
μῦθος, ὁ: story, word, speech, 2
πέλομαι: to be, become, 8
πήγνυμι: to stick, fix, 4
Πηλεΐδης, ὁ: son of Peleus, 4
πῆμα, -ατος, τό: suffering, misery, woe, 3
προ-ίημι: to send forth, throw, launch, 2
σάκος, τό: a shield, 5
στῆθος, τό: chest, breast, 5
σφεῖς: they, 6
ὑπο-δείδω: to cower under, fear utterly, 1
χάλκεος, -εα, -εον: bronze, brazen, copper, 4
χρώς, -ωτός, ὁ: skin, body (χροΐ: dat. sg.) 3

---

281 τις: someone; predicate of ἔπλεο
    ἐπίκλοπος...μύθων: cunning in words;
    adj. governs gen. of explanation
    ἔπλε(σ)ο: 2nd sg. impf. πέλομαι
282 ὄφρα...λάθωμαι: so that I may...;
    purpose, subj. λανθάνω (λήθω, λάθω)
    μένεος ἀλκῆς τε: gen. obj. of λάθωμαι
283 οὐ μέν: not; emphatic denial
    μοι φεύγοντι...ἀλλ' ἰθὺς μεμαῶτι: not to
    me fleeing but to me pressing straight on
    μεταφρένῳ ἐν: anastrophe
    πήξεις: 2nd sg. fut. πήγνυμι
284 ἰθυς: straight on; adverb
    μεμαῶτι: pf. pple; supply dat. sg. μοι
    στήθεσ-φιν: expecting gen. obj. of διὰ,
    but -φι is place where: 'through in...'

ἔλασ(σ)ον: aor. imperative ἐλαύνω
    τοι: σοι, dat. ind. object
285 ἔδωκε: aor. δίδωμι
    ἄλευαι: aor. mid. imperative ἀλέομαι
286 ὡς...κομίσαι(σ)ο: would that you receive;
    aor. mid. opt. of wish. κομίζω
    μιν πᾶν: it entire(ly); μιν refers to neuter
    δόρυ; πᾶν is neuter: translate as adverb
287 κεν...γένοιτο: would...; potential opt.
    ἐλαφρότερος: comparative, pred. adj.
    σεῖο καταφθιμένοιο: gen. absolute; aor.
288 σὺ: you (are); supply linking verb ἐσσί
289 ἦ: he spoke; 3rd sg. impf. ἠμί
    ἀμπεπαλὼν: nom. sg reduplicated aor.
    προΐει: προΐε-ε, 3rd sg. impf. προίημι
290 βάλε, ἀφ-άμαρτε: 3rd sg. aor. indicative

τῆλε δ' ἀπεπλάγχθη σάκεος δόρυ· χώσατο δ' Ἕκτωρ 291

ὅττί ῥά οἱ βέλος ὠκὺ ἐτώσιον ἔκφυγε χειρός, 292

στῆ δὲ κατηφήσας, οὐδ' ἄλλ' ἔχε μείλινον ἔγχος. 293

Δηΐφοβον δ' ἐκάλει λευκάσπιδα μακρὸν ἀΰσας· 294

ἤτεέ μιν δόρυ μακρόν· ὃ δ' οὔ τί οἱ ἐγγύθεν ἦεν. 295

Ἕκτωρ δ' ἔγνω ᾗσιν ἐνὶ φρεσὶ φώνησέν τε· 296

'ὢ πόποι ἦ μάλα δή με θεοὶ θάνατόνδε κάλεσσαν· 297

Δηΐφοβον γὰρ ἔγωγ' ἐφάμην ἥρωα παρεῖναι· 298

ἀλλ' ὃ μὲν ἐν τείχει, ἐμὲ δ' ἐξαπάτησεν Ἀθήνη. 299

νῦν δὲ δὴ ἐγγύθι μοι θάνατος κακός, οὐδ' ἔτ' ἄνευθεν, 300

αἰτέω: to ask, ask for, beg, 2
ἄνευ-θε: without, free from; adv. far away, 5
ἀπο-πλάζω: to make glance off or wander, 1
αΰω: to call aloud, shout, 3
βέλος, -εος, τό: a arrow, missle, dart, 2
γιγνώσκω: to learn, note, realize, know, 6
Δείφοβος, ὁ: Deïphobus, 4
ἐγγύ-θεν: from near, from close at hand, 3
ἐγγύ-θι: near, at hand; near to (+ gen.), 2
ἐγώγε: I, for my part, 4
ἐκ-φεύγω: to flee out away, escape, 1
ἐξ-απατάω: to deceive, 1
ἑός, -ή, -όν: his own, her own, its own, 13
ἐτώσιος, -ον: to no purpose, fruitless, 1
ἥρως, ὁ: hero, warrior, 5

θάνατος, ὁ: death, 8
καλέω: to call, summon, invite, 6
κατ-ηφέω: to be downcast, be mute, 1
λεύκ-ασπις, -ιδος, ὁ, ἡ: white-shielded, 1
μακρός, ά, όν: long, far, distant, large, 5
μείλινος, -ον: ashen, 2
ὅτι (ὅττι): that; because, 6
πάρ-ειμι: to be at hand, be present, 2
πόποι: alas!, 3
σάκος, τό: a shield, 5
τῆλε: at a distance, far off, 3
φωνέω: to utter, speak, 6
χώομαι: to be angry, become angry, 1
ὠκύς, -εῖα, -ύ: quick, swift, fleet, 7

---

291 ἀπεπλάγχθη: 3ʳᵈ sg. aor. pass.
　　σάκεος: off/from…; gen. of separation
　　χώσατο: became…; inceptive aorist
292 ὅτ(τ)ι: because…
　　οἱ: his…; dat. of possession
293 στῆ: 3ʳᵈ sg. aor. ἵστημι
　　ἄλλ': other; ἄλλο
294 ἐκάλει: he called (by name)
　　μακρὸν: loudly; adverbial acc.
295 ἤτεέ: impf. αἰτέω with a double acc.:
　　asked (acc) for (acc)
　　ὃ δ': but this one; i.e. Deiphobus
　　οὔ τί: not at all

296 ἔγνω: 3ʳᵈ sg. aor. γιγνώσκω
　　ᾗσιν: her own; ἐῇσιν, fem. dat. pl. ἑός
　　ἐνὶ: ἐν
　　τε: and
297 ἦ μάλα δή: quite truly now
　　θάνατόνδε: to death; place to which
298 ἐφάμην: I thought; 1ˢᵗ sg. impf. φημί
　　Δηΐφοβον ἥρωα: acc. subject of inf.
　　παρεῖναι: inf. πάρ-ειμι
299 ὃ μὲν: this one (is); supply ἐστί
　　ἐν: within…
300 μοι: my; dat. of possession

οὐδ᾽ ἀλέη· ἦ γάρ ῥα πάλαι τό γε φίλτερον ἦεν   301

Ζηνί τε καὶ Διὸς υἷι ἑκηβόλῳ, οἵ με πάρος γε   302

πρόφρονες εἰρύατο· νῦν αὖτέ με μοῖρα κιχάνει.   303

μὴ μὰν ἀσπουδί γε καὶ ἀκλειῶς ἀπολοίμην,   304

ἀλλὰ μέγα ῥέξας τι καὶ ἐσσομένοισι πυθέσθαι.᾽   305

ὣς ἄρα φωνήσας εἰρύσσατο φάσγανον ὀξύ,   306

τό οἱ ὑπὸ λαπάρην τέτατο μέγα τε στιβαρόν τε,   307

οἴμησεν δὲ ἀλεὶς ὥς τ᾽ αἰετὸς ὑψιπετήεις,   308

ὅς τ᾽ εἶσιν πεδίονδε διὰ νεφέων ἐρεβεννῶν   309

ἁρπάξων ἢ ἄρν᾽ ἀμαλὴν ἢ πτῶκα λαγωόν·   310

αἰετός, ὁ: eagle, 1
ἀ-κλειῶς, -ον: ingloriously, without glory, 1
ἀλέη, ἡ: avoiding, escape, 1
ἀμαλός, -ή, -όν: soft, weak, feeble, 1
ἀπ-όλλυμι: destroy, kill, slay; *mid.* perish, 4
ἀρνός, τοῦ, τῆς: lamb, sheep, (no nom.), 2
ἁρπάζω: seize, carry off, kidnap, 2
ἀ-σπουδί: without effort, without a struggle 1
διά: through (gen.) on account of (acc.), 8
εἴλω: hem in, confine; pin down (aor. ἀλ) 3
ἑκη-βόλος, -ον: attaining his aim, 1
ἐρεβεννός, -η, -ον: dark, gloomy, 2
ἐρύω: to drag, haul, pull, draw, 7
κιχάνω: to reach, come upon, find, 6
λαγωός, ὁ: hare, rabbit, 1
λαπάρη, ἡ: soft part of body, flank, 1

μάν (Att. μήν): indeed, in truth 1
μοῖρα, ἡ: lot, portion, part; fate, destiny, 4
νέφος, -εος, τό: a cloud, mass of clouds, 1
οἰμάω: to swoop, pounce, 3
ὀξύς, -εῖα, -ύ: sharp, piercing; keen, 7
πάλαι: long ago, 2
πάρος: before, formerly, in former time 6
πρό-φρων, -ονος, ὁ, ἡ: willing, earnest, 3
πτώξ, πτωκός, ὁ: cowering (animal), 1
πυνθάνομαι: to learn by hearsay or inquiry, 4
ῥέζω: to do accomplish, make, perform, 3
στιβαρός, -ή, -όν: thick, stout, strong, 1
τείνω: to stretch out, extend, 1
ὑψι-πετήεις, -εσσα, -εν: high-flying, 1
φάσγανον, τό: sword, 2
φωνέω: to utter, speak, 6

---

301 ἀλέη: nom. subject, add linking ἐστὶ
ἦ γάρ ῥα πάλαι...ἦεν: *since indeed, it seems, this has long since been...;*
ἄρα + impf. (εἰμί) indicates a 'truth just realized': true in the past and now true, translated in the pres.; πάλαι + pres. suggests an act lasting to the present
τό γε: *this;* i.e. Hector's death
φίλτερον: *dearer;* comparative φίλος
302 Ζηνί...υἷι: *to Zeus and the... son*
πάρος γε: *previously at least;* see 301
303 εἰρύατο: *had drawn...(from danger);*
i.e. 'had rescued' (compare Lat. ēripiō); plpf. ἐρύω; see 6.403 for a similar use
304 μὴ μὰν...ἀπολοίμην: *Truly may I not perish;.* aor. opt. of wish; μήν has the

force of δή, and often follows negative statements
305 ῥέξας: nom. sg. aor. pple ῥέζω, this line is in direct contrast to ἀσπουδί... above
τι: *something;* acc. obj., μέγα modifies
ἐσσομένοισι: *for (those) to come;* i.e. people in the future; fut. pple εἰμί; see 6.358 for Helen's similar awareness
πυθέσθαι: aor. inf. of purpose
306 εἰρύσσατο: aor. mid. ἐρύω
307 τό: *which;* relative pronoun
τέτατο: plpf. mid. τείνω
308 ἀλεὶς: *gathering himself;* 'shut in' nom. aor. pass. pple εἴλω, here as a deponent
ὥς τε: *just as...;* epic τε
309 εἶσιν: 3ʳᵈ sg. pres. ἔρχομαι

ὣς Ἕκτωρ οἴμησε τινάσσων φάσγανον ὀξύ.   311

ὁρμήθη δ' Ἀχιλεύς, μένεος δ' ἐμπλήσατο θυμὸν   312

ἀγρίου, πρόσθεν δὲ σάκος στέρνοιο κάλυψε   313

καλὸν δαιδάλεον, κόρυθι δ' ἐπένευε φαεινῇ   314

τετραφάλῳ· καλαὶ δὲ περισσείοντο ἔθειραι   315

χρύσεαι, ἃς Ἥφαιστος ἵει λόφον ἀμφὶ θαμειάς.   316

οἷος δ' ἀστὴρ εἶσι μετ' ἀστράσι νυκτὸς ἀμολγῷ   317

ἕσπερος, ὃς κάλλιστος ἐν οὐρανῷ ἵσταται ἀστήρ,   318

ὣς αἰχμῆς ἀπέλαμπ' εὐήκεος, ἣν ἄρ' Ἀχιλλεὺς   319

πάλλεν δεξιτερῇ φρονέων κακὸν Ἕκτορι δίῳ   320

ἄγριος, -α, -ον: wild, fierce, 3
αἰχμή, ἡ: spearpoint, 3
ἀμολγός, ὁ: dead of darkness (of night), 2
ἀπο-λάμπω: to shine, 2
ἀστήρ, ἀστρός, ὁ: star, 8
δαιδάλεος, -ον: cunningly wrought, 2
δεξιτερός, -ή, -όν: right hand (of two), 1
ἔθειρα, ἡ: hair; mane, quills, 1
ἐμ-πίπλημι: to fill, fill (acc) full of (gen), 2
ἐπί-νεύω: to nod to, nod forward, 1
ἕσπερος, ὁ: evening-star; evening; western, 1
εὐ-ήκης, -ες: well-pointed, 1
Ἥφαιστος, ὁ: Hephaestus, 1
θαμέες, θαμειαί: thick and fast, set together, 1
ἵημι: to send forth, throw; let go, release, 2
καλύπτω: to conceal, cover, 5
κόρυς, κόρυθος ἡ: helmet, 5
λόφος, ὁ: plume (on a helmet), 2

νύξ, -κτος, ἡ: night, 5
οἰμάω: to swoop, pounce, 3
οἷος, -α, -ον: of what sort, such, as, 3
ὀξύς, -εῖα, -ύ: sharp, piercing; keen, 7
ὁρμάω: to set in motion, begin, urge, 3
οὐρανός, ὁ: sky, heavens, 3
πάλλω: to shake, brandish; quiver, 5
περι-σείομαι: to be shaken around, 1
πρόσ-θεν: before, in front, 5
σάκος, τό: a shield, 5
στέρνον, τό: breast, chest, 1
τετρα-φαλος, -ον: of four horns, 1
τινάσσω: to shake, brandish, 1
φαεινός, -ή, -όν: shining, beaming, radiant, 4
φάσγανον, τό: sword, 2
φρονέω: to think, devise, be prudent, 6
χρύσεος, -η, -ον: golden, of gold, 5

---

311 ὣς: so…; ending simile from l. 308
312 ὁρμήθη: was set in motion; aor. pass.
    μένεος: partitive gen. μένος with verb
    ἐμπλήσατο: aor. ἐμ-πίπλημι
313 πρόσθεν: governs the gen. στέρνοιο
314 κόρυθι: dat. of compound verb
315 περισσείοντο: impf. pass.
316 ἅς: relative, antecedent is ἔθειραι
    ἵει: ἵε-ε, 3ʳᵈ sg. impf. ἵημι
    λόφον ἀμφὶ: ἀμφὶ λόφον, anastrophe
317 οἷος δ'…ὣς: just as…so; 'which sort
    as… so' a simile
    ἀστήρ…ἕσπερος: the evening star; i.e.

the planet Venus appearing low in the
western sky at sunset
    εἶσι: 3ʳᵈ sg. pres. ἔρχομαι
    μετὰ: among…; 'with'
    νυκτὸς ἀμολγῷ: in…; dat. time when
318 κάλλιστος: superlative καλός
    ἵσταται: 3ʳᵈ sg. pres. mid. ἵστημι
319 αἰχμῆς…εὐήκεος: from…; gen. source,
    implicit in the prefix ἀπ-
    ἀπέλαμπε: it shined; impers.
    ἣν: which…; relative, antecedent αἰχμῆς
320 δεξιτερῇ: dat. of means
    Ἕκτορι: for…; dat. of interest

εἰσορόων χρόα καλόν, ὅπῃ εἴξειε μάλιστα.　321

τοῦ δὲ καὶ ἄλλο τόσον μὲν ἔχε χρόα χάλκεα τεύχεα　322

καλά, τὰ Πατρόκλοιο βίην ἐνάριξε κατακτάς·　323

φαίνετο δ' ᾗ κληῖδες ἀπ' ὤμων αὐχέν' ἔχουσι,　324

λαυκανίην, ἵνα τε ψυχῆς ὤκιστος ὄλεθρος·　325

τῇ ῥ' ἐπὶ οἷ μεμαῶτ' ἔλασ' ἔγχεϊ δῖος Ἀχιλλεύς,　326

ἀντικρὺ δ' ἁπαλοῖο δι' αὐχένος ἤλυθ' ἀκωκή·　327

οὐδ' ἄρ' ἀπ' ἀσφάραγον μελίη τάμε χαλκοβάρεια,　328

ὄφρά τί μιν προτιείποι ἀμειβόμενος ἐπέεσσιν.　329

ἤριπε δ' ἐν κονίῃς· ὃ δ' ἐπεύξατο δῖος Ἀχιλλεύς·　330

ἀκωκή, ἡ: point, 1
ἀμείβομαι: to reply, respond; *act.* exchange 4
ἀντικρύ: opposite, straight on, 1
ἁπαλός, -ή, -ον: tender, soft to the touch, 1
ἀσφάραγος, ὁ: windpipe (φάρυγξ) 1
αὐχήν, -ένος, ὁ: neck, throat, 3
βιή, ἡ: violence, force, power, 3
διά: through (gen.) on account of (acc.), 8
εἴκω: to yield to, give way, retire, (dat) 2
εἰσ-οράω: to look upon, view, behold, 1
ἐλαύνω: to drive; drive off; set in motion, 5
ἐν-αρίζω: to strip of armor, 1
ἐπ-εύχομαι:, to pray, pray to, 2
ἐρείπω: to throw down, fall down, 2
ᾗ: where, in which place, 1
ἵνα: in order that (+ subj.); where (+ ind.), 3
κατα-κτείνω: to kill, slay, 7
κληΐς, -ῖδος ἡ: key, bolt; oarlock, collarbone 2

κονίη, ἡ: dust, a cloud of dust, 4
λαυκανίη, ἡ: throat, 1
μάλιστα: most of all; certainly, especially, 7
μελίη, ἡ: ashen (spear), ash tree, 3
μέμαα: to strive, be eager, press on, yearn, 8
ὄλεθρος, ὁ: ruin, destruction, death, 4
ὅπῃ: in what way, in what direction, 2
Πατροκλῆς, ὁ: Patroclus, 3
τέμνω: to cut, cut up, 2
τόσος, -η, -ον: so much, so many, so great, 5
φαίνω: to show, point out; *mid.* appear, 4
χάλκεος, -εα, -εον: bronze, brazen, copper, 4
χαλκο-βαρής, -ές: heavy with bronze, 1
χρώς, -ωτός, ὁ: skin, body (χροΐ: dat. sg.) 3
ψυχή, ἡ: soul, life, breath, spirit, 6
ὠκύς, -εῖα, -ύ: quick, swift, fleet, 7
ὦμος, ὁ: shoulder, 7

321 εἰσορόων: nom. sg. pple, εἰσορῶν
χρόα: *body*; acc. sg., Hector's body
εἴξειε: *(it) might give way*; i.e. body be
pierced; aor. opt., relative characteristic
322 τοῦ δέ: *of this one*; of Hector; + χρόα
καὶ ἄλλο τόσον μὲν: *in respect to so
much else (of the body) in fact*; 'in
regard to...' acc. respect; καί is adverbial
ἔχε: *protected, covered*; neut. pl. subject
323 τὰ: relative, acc. obj.
Πατρόκλοιο: gen. modifies βίην
ἐνάριξε: *stripped (acc) from (acc); this
verb governs a double acc.
κατακτάς: nom. aor. pple κατακτείνω

324 φαίνετο: *there appeared*; 'was shown'
ᾗ: *where*; 'in which place' dat. where
κληῖδες...ἔχουσι: *collarbone separates*;
αὐχέν': αὐχένα; acc. sg. obj.
325 ἵνα τε: *and where ... (is);* connective
ὤκιστος: superlative ὠκύς
326 τῇ: *in this (place);* dat. of place where
ἐπὶ οἷ μεμαῶτα: *(Hector) rushing upon
him*; i.e. upon Achilles; pf. pple. acc. sg.
ἔλασε: aor. ἐλαύνω
327 ἤλυθε: aor. ἔρχομαι
328 ἀπ'...τάμε: *cut off*; tmesis, aor. τέμνω
329 ὄφρά...προσ-είποι: *so that...*; purpose
330 ἤριπε: aor. ἐρείπω

' Ἕκτορ, ἀτάρ που ἔφης Πατροκλῆ' ἐξεναρίζων   331

σῶς ἔσσεσθ', ἐμὲ δ' οὐδὲν ὀπίζεο νόσφιν ἐόντα,   332

νήπιε· τοῖο δ' ἄνευθεν ἀοσσητὴρ μέγ' ἀμείνων   333

νηυσὶν ἔπι γλαφυρῇσιν ἐγὼ μετόπισθε λελείμμην,   334

ὅς τοι γούνατ' ἔλυσα· σὲ μὲν κύνες ἠδ' οἰωνοὶ   335

ἑλκήσουσ' ἀϊκῶς, τὸν δὲ κτεριοῦσιν Ἀχαιοί.'   336

   τὸν δ' ὀλιγοδρανέων προσέφη κορυθαίολος Ἕκτωρ·   337

'λίσσομ' ὑπὲρ ψυχῆς καὶ γούνων σῶν τε τοκήων,   338

μή με ἔα παρὰ νηυσὶ κύνας καταδάψαι Ἀχαιῶν,   339

ἀλλὰ σὺ μὲν χαλκόν τε ἅλις χρυσόν τε δέδεξο,   340

ἀ(ε)ϊκῶς: shamefully, in an unseemly way, 1
ἅλις: enough, in heaps, in abundance, 2
ἀμείνων, -ον: better, 4
ἄνευ-θε: without, free from; far from, 5
ἀοσσητήρ, -ῆρος, ὁ: assistant, helper, 1
γλαφυρός, -ή, -όν: hollow, hollowed, 3
δέχομαι: to accept, receive; wait for, expect 5
ἐάω: to allow, permit, let be, suffer, 4
ἑλκέω: to drag, drag away, 2
ἐξ-εν-αρίζω: to strip from armor, 6
κατα-δάπτω: to devour, consume, 1
κτερίζω: to pay or honor funeral rites, 1
λείπω: to leave, forsake, abandon, 7
λίσσομαι: to beg, pray, entreat, supplicate, 6
λύω: to loosen, undo, unfasten, untie, 1
μετ-όπισθε : from behind, backwards, back, 4

νήπιος, -η, -ον: young; childish, foolish, 9
νόσφι: aloof, apart, afar, away, 3
οἰωνός, ὁ: bird, 2
ὀλιγο-δρανέω: able to do little, feeble, 1
ὀπίζομαι: to regard with awe and dread, 1
οὐδ-είς, οὐδε-μία, οὐδ-έν: no one, nothing, 3
Πατροκλῆς, ὁ: Patroclus, 3
ποῦ: where?; που: somewhere, I suppose, 3
πρόσ-φημι: to speak to, address, 8
σῶς, σόη, σόον: safe, sound, 1
τοκεύς, ὁ, ἡ: parent, 3
ὑπέρ: above (+ gen.); beyond (+ acc.), 4
χαλκός, ὁ: copper, bronze, 9
χρυσός, ὁ: gold, 4
ψυχή, ἡ: soul, life, breath, spirit, 6

---

331 Ἕκτορ: vocative direct address
   που: *I suppose*
   ἔφης: *you thought that (you)*; impf. φημί
   + ind. discourse, supply an acc. subject
   Πατροκλῆα: acc. obj. of pple
332 σῶς: nominative pred. of ἔσσεσθαι
   ἔσσεσθαι: fut. deponent inf. εἰμί
   οὐδὲν: *not at all*; 'no regard…for…' an
   inner acc.
   ὀπίζε(σ)ο: 2nd sg. impf.
   ἐόντα: pple εἰμί
333 τοῖο: *from him*; τοῦ, gen. with ἄνευθεν
   ἀοσσητήρ: Achilles is referring to how
   he stayed by the ships as Patroclus
   fought and died in battle

μέγα: *far, by far*; 'greatly,' adv. acc. 334
ἔπι: *beside…*; anastrophe
   λελείμμην: plpf. pass. λείπω
335 ὅς: *I who…*; relative, 1st sg. antecedent
   τοι: *your*; σοι, dat. of possession
336 τὸν δὲ: *but this one*; i.e. Patroclus, in
   contrast with σὲ μὲν
   κτεριοῦσιν: fut.
338 λίσσομ': λίσσομαι
   ὑπὲρ: *by (your) life…*; 'soul'
339 μή…ἔα: *don't allow*; ἔαε, neg. command
   sg. imperative ἐάω
   καταδάψαι: aor. inf. κατα-δάπτω
340 δέδεξο: δέδεκσο, pf. mid. imperative
   δέχομαι

δῶρα τά τοι δώσουσι πατὴρ καὶ πότνια μήτηρ,   341
σῶμα δὲ οἴκαδ᾽ ἐμὸν δόμεναι πάλιν, ὄφρα πυρός με   342
Τρῶες καὶ Τρώων ἄλοχοι λελάχωσι θανόντα.᾽   343
τὸν δ᾽ ἄρ᾽ ὑπόδρα ἰδὼν προσέφη πόδας ὠκὺς Ἀχιλλεύς·   344
῾μή με, κύον, γούνων γουνάζεο μὴ δὲ τοκήων·   345
αἲ γάρ πως αὐτόν με μένος καὶ θυμὸς ἀνήῃ   346
ὤμ᾽ ἀποταμνόμενον κρέα ἔδμεναι, οἷα ἔοργας,   347
ὡς οὐκ ἔσθ᾽ ὃς σῆς γε κύνας κεφαλῆς ἀπαλάλκοι,   348
οὐδ᾽ εἴ κεν δεκάκις τε καὶ εἰκοσινήριτ᾽ ἄποινα   349
στήσωσ᾽ ἐνθάδ᾽ ἄγοντες, ὑπόσχωνται δὲ καὶ ἄλλα,   350

ἀν-ίημι: to release, send up, give up, 6
ἀπ-άλαλκε: ward off, keep off, 1
ἄποινα, τὰ: ransom, compensation, 4
ἀπο-τέμνω: to cut off, 1
γουνάζομαι: grab, clasp (in supplication), 1
δεκά-κις: ten-times, 1
δῶρον, τό: gift, present; reward, 2
ἔδω: to eat, 4
εἰκοσινήριτος, -ον: twenty-times, 1
ἐνθάδε: here, hither, there, thither, 3
ἔρδω: to do, perform, 2
κεφαλή, ἡ: the head, 3
κρέας, τό: flesh, meat, piece of meat, 2
λαγχάνω: to obtain by lot (aor. ἔλαχον) 1

οἴκα-δε: to home, homeward, 1
οἷος, -α, -ον: of what sort, such, as, 3
πάλιν: again, once more; back, backwards, 3
πότνια, ἡ: mistress, queen, 8
πρόσ-φημι: to speak to, address, 8
πῦρ, πυρός, τό: fire, 9
πῶς: how?; πως: somehow, in any way, 5
σῶμα, σώματος, τό: body, 1
τοκεύς, ὁ, ἡ: parent, 3
ὑπ-ισχνέομαι: to promise, 5
ὑπόδρα: from under (his brow), 2
ὠκύς, -εῖα, -ύ: quick, swift, fleet, 7
ὠμός, -ή, -ον: raw, uncooked, 1

341 δῶρα: in apposition to χαλκόν, χρυσόν
τά: which...; relative
342 δόμεναι: aor. inf. as imperative δίδωμι
ὄφρα...λελάχωσι: so that...; purpose,
reduplicated aor. subj. λαγχάνω
343 θανόντα: acc. sg. aor. pple θνήσκω
344 ἰδὼν: looking; nom. aor. pple. εἶδον
προσέφη: 3rd sg. impf. πρόσφημι
πόδας: in...; acc. pl. of respect, πούς
345 μή...γουνάζε(σ)ο: neg. mid. imperative
κύον: vocative direct address
γούνων: by the knees; partitive gen.,
often with verbs of grabbing and taking
τοκήων: (on behalf of your) parents; a
response to 338, supply ὑπέρ
346 αἲ γάρ...ἀνήῃ: would that...drove me...;
'if only...,' unattainable wish, 3rd sg
impf. ind. ἀν-ίημι, (elsewhere in Homer:

ἀν-ήει) see p. 25 and also l. 6.345
αὐτὸν: intensive with με, obj. of ἀνήῃ
347 ὤμ᾽: ὤμα, neuter modifies κρέα
οἷα...: such things!; exclamation set off
by commas because it is parenthetical
ἔοργας: 2nd sg. pf. ἔρδω
348 ὡς οὐκ ἔστι ὅς: as there is not (anyone)
who...; οὐκ ἔστιν ὅς used for statements
regarding the fut., often with fut. ind., it
also governs potential opt. without ἄν
σῆς...κεφαλῆς: gen. of separation
ἀπαλάλκοι: could...; potential opt.
without ἄν
349 εἴ κέν...στήσωσι...ὑπόσχωνται: not
even if they weigh...promise; protasis of
future-more-vivid: 3rd pl. aor. subj.
ἵστημι (set on a scale) and ὑπισχνέομαι
350 καὶ ἄλλα: other things also; καί as adv.

οὐδ᾽ εἴ κέν σ᾽ αὐτὸν χρυσῷ ἐρύσασθαι ἀνώγοι   351

Δαρδανίδης Πρίαμος· οὐδ᾽ ὥς σέ γε πότνια μήτηρ   352

ἐνθεμένη λεχέεσσι γοήσεται ὃν τέκεν αὐτή,   353

ἀλλὰ κύνες τε καὶ οἰωνοὶ κατὰ πάντα δάσονται.   354

τὸν δὲ καταθνῄσκων προσέφη κορυθαίολος Ἕκτωρ·   355

'ἦ σ᾽ εὖ γιγνώσκων προτιόσσομαι, οὐδ᾽ ἄρ᾽ ἔμελλον   356

πείσειν· ἦ γὰρ σοί γε σιδήρεος ἐν φρεσὶ θυμός.   357

φράζεο νῦν, μή τοί τι θεῶν μήνιμα γένωμαι   358

ἤματι τῷ ὅτε κέν σε Πάρις καὶ Φοῖβος Ἀπόλλων   359

ἐσθλὸν ἐόντ᾽ ὀλέσωσιν ἐνὶ Σκαιῇσι πύλῃσιν.'   360

ἄνωγα: to command, order, bid, 7
Ἀπόλλων, ὁ: Apollo, 5
γιγνώσκω: to learn, note, realize, know, 6
γοάω: to wail, groan, weep, 5
Δαρδανίδης, ὁ: son of Dardanus, 1
δατέομαι: to divide, distribute, 2
ἐν-τίθημι: to put upon. store up in, 2
ἐρύω: to drag, haul, pull, draw, 7
ἐσθλός, -ή, -όν: good, well-born, noble, 7
εὖ: well, 7
κατα-θνῄσκω: to die, 2
λέχος, τό: bed, couch; burial couch, bier, 2
μέλλω: to be about to, to intend to, 4

μήνιμα, -ατος, τό: cause of wrath (μηνί) 1
οἰωνός, ὁ: bird, 2
ὄλλυμι: to destroy, lose, consume, kill, 7
Πάρις, ὁ: Paris, 4
πότνια, ἡ: mistress, queen, 8
πρόσ-φημι: to speak to, address, 8
προτι-όσσομαι: to gaze at, direct eyes to, 1
σιδήρεος, -η, -ον: made of iron, iron, 1
Σκαιαί, αἱ: Scaean (gates), 5
Φοῖβος, ὁ: Phoebus Apollo, 3
φράζω: to consider, think; show, indicate, 2
χρυσός, ὁ: gold, 4

---

351 εἴ κεν...ἀνώγοι: not even if... should
bid; apodosis now of future-less-vivid
(note more-vivid in l. 349)
χρυσῷ: dat. of means
ἐρύσασθαι: to be weighed out; 'to be
pulled,' see στήσωσι in line 350,
i.e. pay Hector's weight in gold
352 οὐδ᾽ ὥς: not even so
353 ἐνθεμένη: nom. sg. aor. mid. ἐντίθημι
λεχέεσσι: on...; dat. pl. compound verb
ὃν: whom...; relative
τέκεν: aor. τίκτω
αὐτή: she herself; intensive
354 κατὰ...δάσονται: will divide up; tmesis
(σε) πάντα: (you) completely; modifies
a missing acc., translate as an adverb
355 τὸν δὲ: this one; i.e Achilles
356 ἄρα : as it seems, I am not going; ἄρα +

impf. indicates a 'truth just realized':
true in the past and true now: translate
in the present tense, see also 22.301
πείσειν: μέλλω governs a fut. inf. πείθω
σοί γε: your; γε emphasizes the clause
σιδήρεος: (is) of iron; nom. predicate,
supply ἐστί
358 φράζε(σ)ο: pres. mid. imperative
μή...γένωμαι: lest I become...; clause
of fearing, aor. subj. γίγνομαι
τοί: against you; σοί, dat. of interest
θεῶν: for the gods; subjective gen. (gods
grow angry against you)
359 ἤματι τῷ: on that day; dat. time when
ὅτε κέν...ὀλέσωσιν: when...; general
temporal clause; aor. subj. ὄλλυμι
360 ἐόντα: though being...; concessive pple

ὣς ἄρα μιν εἰπόντα τέλος θανάτοιο κάλυψε,   361
ψυχὴ δ' ἐκ ῥεθέων πταμένη Ἄϊδόσδε βεβήκει   362
ὃν πότμον γοόωσα, λιποῦσ' ἀνδροτῆτα καὶ ἥβην.   363
τὸν καὶ τεθνηῶτα προσηύδα δῖος Ἀχιλλεύς·   364
'τέθναθι· κῆρα δ' ἐγὼ τότε δέξομαι, ὁππότε κεν δὴ   365
Ζεὺς ἐθέλῃ τελέσαι ἠδ' ἀθάνατοι θεοὶ ἄλλοι.'   366
ἦ ῥα, καὶ ἐκ νεκροῖο ἐρύσσατο χάλκεον ἔγχος,   367
καὶ τό γ' ἄνευθεν ἔθηχ', ὃ δ' ἀπ' ὤμων τεύχε' ἐσύλα   368
αἱματόεντ'· ἄλλοι δὲ περίδραμον υἷες Ἀχαιῶν,   369
οἳ καὶ θηήσαντο φυὴν καὶ εἶδος ἀγητὸν   370

ἀγητός, -ή, -όν: marvelous, wonderful, 1
ἀ-θάνατος, -ον: undying, immortal, 5
αἱματόεις, -εσσα, -εν: bloody, full of blood 1
ἀνδρότης, ὁ: manhood, manliness, courage 1
ἄνευ-θε: without, free from; far from, 5
γοάω: to wail, groan, weep, 5
δέχομαι: to accept, receive; wait for, expect 5
εἶδος, τό: appearance, form, shape, 2
ἑός, -ή, -όν: his own, her own, its own, 13
ἐρύω: to drag, haul, pull, draw, 7
ἥβη, ἡ: youth, youthful prime, 1
ἠμί: to speak, say, 6
θάνατος, ὁ: death, 8
θηέομαι: to see, watch, look at; consider, 1
καλύπτω: to conceal, cover, 5
κήρ, κηρός, ἡ: doom, death, bane, 3

λείπω: to leave, forsake, abandon, 7
νεκρός, ὁ: corpse, the dead, 3
ὁπότε: when, by what time, 1
περι-τρέχω: to run around, 1
πέτομαι: to fly, flutter, 4
πότμος, ὁ: fate, death, 3
ῥεθος, -εος, τό: limb, 2
συλάω: to strip off, 4
τελέω: to complete, fulfill, accomplish, 1
τέλος, -εος, τό: end, result, 1
τότε: at that time, then, τοτέ, at some time, 8
φυή, ἡ: stature, growth, 1
χάλκεος, -εα, -εον: bronze, brazen, copper, 4
ψυχή, ἡ: soul, life, breath, spirit, 6
ὦμος, ὁ: shoulder, 7

361 ὣς: *thus*
362 πταμένη: nom. sg. aor. mid. πέτομαι
  Ἄϊδόσ-δε: *to Hades' (house)*
  βεβήκει: plpf. βαίνω
363 ὃν: *his own*; ἑόν, possessive adj. ἑός
  γοόωσα, λιποῦσα: pres. and aor. pple
  modifying fem. ψυχή
364 τὸν: *him*; i.e. Hector
  καὶ τεθνηῶτα: *although...*; καὶ begins a
  concessive pple, here pf. θνήσκω
365 τέθναθι: pf. imperative θνήσκω suggests
  a state of completed action: 'be dead'
  ὁππότε κεν δὴ: *whenever at all*; δή

increases the indefiniteness of this
general temporal clause; 3rd sg. pres.
subj. ἐθέλω
366 τελέσαι: aor. inf.
  ἠδ(ἐ): *and*; joining the nominatives
367 ἦ: *he spoke*; 3rd sg. impf. ἠμί
368 τὸ: *and this*; i.e. the neuter sg. ἔγχος
  ἄνευθεν: *aside, far away*; adverbial
  ἔθηχ': ἔθηκε, aor. τίθημι
  ὃ δ': i.e. Achilles
369 περίδραμον: aor. περιτρέχω
370 οἳ: *who*; relative
  καὶ...καὶ: *both...and*

Ἕκτορος· οὐδ᾽ ἄρα οἵ τις ἀνουτητί γε παρέστη.   371

ὧδε δέ τις εἴπεσκεν ἰδὼν ἐς πλησίον ἄλλον·   372

'ὢ πόποι, ἦ μάλα δὴ μαλακώτερος ἀμφαφάασθαι   373

Ἕκτωρ ἢ ὅτε νῆας ἐνέπρησεν πυρὶ κηλέῳ.'   374

ὣς ἄρα τις εἴπεσκε καὶ οὐτήσασκε παραστάς.   375

τὸν δ᾽ ἐπεὶ ἐξενάριξε ποδάρκης δῖος Ἀχιλλεύς,   376

στὰς ἐν Ἀχαιοῖσιν ἔπεα πτερόεντ᾽ ἀγόρευεν·   377

'ὢ φίλοι, Ἀργείων ἡγήτορες ἠδὲ μέδοντες,   378

ἐπεὶ δὴ τόνδ᾽ ἄνδρα θεοὶ δαμάσασθαι ἔδωκαν,   379

ὃς κακὰ πόλλ᾽ ἔρρεξεν, ὅσ᾽ οὐ σύμπαντες οἱ ἄλλοι,   380

ἀγορεύω: to speak in assembly, declare, 2
ἀμφ-αφάω: to handle, put hands around, 1
ἀν-ουτητί: without inflicting a wound, 1
Ἀργεῖος, -η, -ον: Argive, 6
ἐμ-πίμπρημι: to set on fire, kindle, 1
ἐξ-εν-αρίζω: to strip from armor, 6
ἡγήτωρ, -όρος, ὁ: leader, chief, 1
κήλεος, -ον: burning, 2
μαλακός, ή, όν: soft, 3
μέδων, -οντος, ὁ: ruler, lord, commander, 2
ὅσος, -η, -ον: as much as, many as; all who, 6

οὐτάω: to wound, stab, thrust, 2
παρα-ίστημι: to stand beside, 4
πλησίος, -η, -ον: near, close, 3
ποδ-αρκής, -ές: swift-footed, 2
πόποι: alas!, 3
πτερόεις, -εντος: feathered, winged, 4
πῦρ, πυρός, τό: fire, 9
ῥέζω: to do accomplish, make, perform, 3
σύμ-πας, -πασα, -παν: every, all, whole, 1
ὧδε: in this way, so, thus, 5

---

371 οἵ: *beside him*; dat. of compound verb
τις: *many a man*; 'someone'
παρέστη: 3rd sg. aor.
372 τις εἴπεσκεν: *many a man would say*;
σκ- indicates an iterative aor.; with τις
the verb suggests a train of Greeks
speaking one after another
ἰδὼν: nom. sg. aor. pple εἶδον
ἐς: *at*...
373 ἦ μάλα δὴ: *quite truly now*
μαλακώτερος: comparative, predicate
ἀμφαφάασθαι: explanatory/epexegetical
mid. inf. modifying μαλακώτερος;
equivalent to an acc. of respect
374 Ἕκτωρ: supply a linking verb ἐστί
ἦ: *than*...; following μαλακώτερος;
375 ἐνέπρηθεν: impf. ἐμ-πίμπρημι
πυρὶ κηλέῳ: dat. of means
376 τις εἴπεσκε: *one would speak*; 'one was

accustomed to speak' σκ- indicates an
iterative impf.; τις suggests not just one
person but many on different occasions:
'many a man would speak...'
οὐτήσασκε: *(each) would stab*; 'wound,'
σκ- indicates iterative action but here
with the aor.
παραστάς: aor. pple
377 στάς: nom. sg. aor. pple. ἵστημι
ἔπεα: neuter acc. pl. ἔπος
379 ἐπεὶ δὴ: *since in fact*
ἔδωκαν: i.e. allowed; 3rd pl. aor. δίδωμι
380 ὃς: relative
κακὰ πόλλα...ὅσα οὐ: *more evils than*...
'many evils, not as many as (but in fact
more than)...'
ἔ(ρ)ρεξεν: aor. ῥέζω
οἱ ἄλλοι: *others (performed)*; add verb

εἰ δ᾽ ἄγετ᾽ ἀμφὶ πόλιν σὺν τεύχεσι πειρηθῶμεν,   381

ὄφρά κ᾽ ἔτι γνῶμεν Τρώων νόον, ὅν τιν᾽ ἔχουσιν,   382

ἢ καταλείψουσιν πόλιν ἄκρην τοῦδε πεσόντος,   383

ἦε μένειν μεμάασι καὶ Ἕκτορος οὐκέτ᾽ ἐόντος.   384

ἀλλὰ τί ἤ μοι ταῦτα φίλος διελέξατο θυμός;   385

κεῖται πὰρ νήεσσι νέκυς ἄκλαυτος ἄθαπτος   386

Πάτροκλος· τοῦ δ᾽ οὐκ ἐπιλήσομαι, ὄφρ᾽ ἂν ἔγωγε   387

ζωοῖσιν μετέω καί μοι φίλα γούνατ᾽ ὀρώρῃ·   388

εἰ δὲ θανόντων περ καταλήθοντ᾽ εἰν Ἀΐδαο,   389

αὐτὰρ ἐγὼ καὶ κεῖθι φίλου μεμνήσομ᾽ ἑταίρου.   390

ἄ-θαπτος, -ον: unburied, 1
ἄ-κλαυστος, -ον: unlamented, 1
ἄκρος, -α, -ον: topmost, top, excellent, 7
γιγνώσκω: to learn, note, realize, know, 6
δια-λέγω: to converse, debate, talk, 2
ἐγώγε: I, for my part, 4
ἐπι-λανθάνομαι: to forget utterly, 1
ἑταῖρος, ὁ (ἕταρος): comrade, companion, 5
ζωός, ή, όν: alive, living, 5
κατα-λείπω: to abandon, leave behind, 2
κατα-λήθομαι: to forget completely, 1
κεῖ-θι (ἐκεῖ-θι): there, in that place, 1

κεῖμαι: to lie down, be laid, 9
μέμαα: to strive, be eager, press on, yearn, 8
μέτ-ειμι: to be among, have a part in, 2
μιμνήσκω: to remind, recall, recollect (gen) 5
νέκυς, ὁ: corpse; the dead, 1
νοῦς, ὁ: mind, thought, reason, attention, 4
ὄρνυμι: to stir, set in motion, rouse, 4
οὐκ-έτι: no more, no longer, no further, 1
Πατροκλῆς, ὁ: Patroclus, 3
πειράω: to attempt, try, test, 2
πίπτω: to fall, fall down, drop, 5
σύν: along with, with, together (+ gen.), 6

381 εἰ δ᾽ ἄγετε: *now come…*; εἰ is likely an
   interjection and does not introduce a
   condition; see p. 38 and also 6.376
   πειρηθῶμεν: *let us make trial of*;
   'attack,' hortatory subj., aor. pass. with
   mid. sense. πειράω
382 ὄφρα…γνῶμεν: *so that we may…*;
   purpose; aor. subj. γιγνώσκω
   νόον ὅν τιν᾽ἔχουσιν: proleptic use of
   νόον: "the intent of the Trojans
   whatever they have' whereas we
   prefer 'what intent the Trojans have"
383 ἤ…ἦε: *whether….or*; in appositon
   τοῦδε πεσόντος: gen. abs.; τοῦδε refers
   to Hector, aor. pple πίπτω
384 μεμάασι: *they are eager*; 3rd pl. pf.
   καὶ…ἐόντος: *although…*; gen. absolute,
   concessive in force; gen. pple. εἰμί
385 τί ἤ: *why indeed…?*; same line: 22.122
   μοι: *with me*

φίλος: *my own*; 'my dear,' as often, this
   adj. carries the meaning of a possessive
386 πὰρ νήεσσι: *beside the ships*; dat. where
   τοῦ δ᾽: *him*; i.e. Patroclus
387 ἐπιλήσομαι: fut. ἐπιλανθάνομαι (λη-)
   verbs of forgetting often govern a gen.
   ὄφρα: *as long as…*; general temporal
   clause ἄν + subj. (1st sg. pres. subj.
   μέτειμι and 3rd sg. aor. subj. ὄρνυμι)
388 ζωοῖσιν: *among the living*; dat. of
   compound verb
   γούνατα: neuter pl. subj., 3rd sg. verb
389 εἰ…περ…αὐτὰρ: *even if….nevertheless*
   θανόντων: *the dead*; gen. pl. aor. pple
   θνήσκω obj. of verb of forgetting
   καταλήθοντ(αι): *(they) forget*; 3rd pl.
   pres. mid.
   εἰν Ἀΐδαο: *in Hades' (house)*
390 καὶ κεῖθι: *even there*; i.e. when A. is dead
   μεμνήσομαι: *will remember* +gen; fut. pf

νῦν δ᾽ ἄγ᾽ ἀείδοντες παιήονα κοῦροι Ἀχαιῶν　　391
νηυσὶν ἔπι γλαφυρῇσι νεώμεθα, τόνδε δ᾽ ἄγωμεν.　　392
ἠράμεθα μέγα κῦδος· ἐπέφνομεν Ἕκτορα δῖον,　　393
ᾧ Τρῶες κατὰ ἄστυ θεῷ ὣς εὐχετόωντο.᾽　　394
ἦ ῥα, καὶ Ἕκτορα δῖον ἀεικέα μήδετο ἔργα.　　395
ἀμφοτέρων μετόπισθε ποδῶν τέτρηνε τένοντε　　396
ἐς σφυρὸν ἐκ πτέρνης, βοέους δ᾽ ἐξῆπτεν ἱμάντας,　　397
ἐκ δίφροιο δ᾽ ἔδησε, κάρη δ᾽ ἕλκεσθαι ἔασεν·　　398
ἐς δίφρον δ᾽ ἀναβὰς ἀνά τε κλυτὰ τεύχε᾽ ἀείρας　　399
μάστιξέν ῥ᾽ ἐλάαν, τὼ δ᾽ οὐκ ἀέκοντε πετέσθην.　　400

ἀείδω: to sing, 1
ἀ-εικής, -ές: unseemly, shameful, 1
ἀ-έκων, ἀ-έκουσα, ἀ-εκον: unwilling, 1
αἴρω (ἀείρω): to take away, raise, lift up, 6
ἀμφότερος, -η, -ον: each of two, both, 3
ἀνα-βαίνω: to go up, climb, mount, spread, 1
ἀνά: up, upon (+ dat.); up to, on to (+ acc.), 6
βόεις, -α, -ον: of an ox; of bull's hide 1
γλαφυρός, -ή, -όν: hollow, hollowed, 3
δέω: to tie, bind, 1
δίφρος, ὁ: chariot-floor, chariot, 4
ἐάω: to allow, permit, let be, suffer, 4
ἐλαύνω: to drive; drive off; set in motion, 5
ἕλκω: to drag, drag away, 7
ἐξ-άπτω: to fasten from, fasten to, 1
εὐχετάομαι: to pray; boast, brag, 2
ἠμί: to speak, say, 6

θείνω: to slay; strike, wound (aor. ἔπεφνον) 5
ἱμάς, -άντος, ὁ: leather strap, 1
κάρη, -ήτος τό: head, 6
κλυτός -ή -όν: famous, renowned, heard of, 3
κοῦρος, ὁ: boy, young man, son, 2
κῦδος, -εος, ὁ: glory, majesty, 6
μαστίζω: to whip, flog, 1
μετ-όπισθε : from behind, backwards, back, 4
μήδομαι: to devise, plan, contrive, 2
νέομαι: to go or come back, return, 3
παιήων, -ονος, ὁ: paean, song of triumph, 1
πέτομαι: to fly, flutter, 4
πτέρνη, ἡ: heel, 1
σφυρόν, τό: ankle, 2
τένων, -οντος, ὁ: tendon, sinew, 1
τετραίνω: to pierce, perforate, 1

391 ἄγε: come; as often, before an
　　imperative or hortatory subjunctive
392 νεώμεθα: let...; hortatory pres. subj.
　　νέομαι
　　ἄγωμεν: let us bring
393 ἠράμεθα: we have carried off; i.e. 'we
　　have won,' aor. mid. αἴρω
　　ἐπέφνομεν: aor. θείνω
394 ᾧ: to whom
　　κατὰ: throughout, over...; extensive
　　θεῷ ὣς: just as...
395 ἦ: he spoke; 3rd sg. impf. ἠμί
　　μήδετο: devised (acc) for (acc); governs

a double acc.; impf.
396 τέτρηνε: aor. τετραίνω
　　τένοντε: dual acc.
397 ἐξῆπτεν: impf. ἐξ-άπτω
399 ἀναβὰς: nom. sg. aor. pple ἀναβαίνω
　　ἀνά...ἀείρας: tmesis, aor. pple. αἴρω
　　ἀνά often means 'up and off' or 'off'
400 μάστιξέν: supply 'two horses' as object
　　ἐλάαν: pres. inf. ἐλαύνω, here an inf. of
　　purpose
　　τὼ...ἀέκοντε: these two (horses)...;
　　dual nom.
　　πετέσθην: 3rd pers. dual impf.

τοῦ δ' ἦν ἑλκομένοιο κονίσαλος, ἀμφὶ δὲ χαῖται   401
κυάνεαι πίτναντο, κάρη δ' ἄπαν ἐν κονίῃσι   402
κεῖτο πάρος χαρίεν· τότε δὲ Ζεὺς δυσμενέεσσι   403
δῶκεν ἀεικίσσασθαι ἑῇ ἐν πατρίδι γαίῃ.   404
    ὣς τοῦ μὲν κεκόνιτο κάρη ἄπαν· ἣ δέ νυ μήτηρ   405
τίλλε κόμην, ἀπὸ δὲ λιπαρὴν ἔρριψε καλύπτρην   406
τηλόσε, κώκυσεν δὲ μάλα μέγα παῖδ' ἐσιδοῦσα·   407
ᾤμωξεν δ' ἐλεεινὰ πατὴρ φίλος, ἀμφὶ δὲ λαοὶ   408
κωκυτῷ τ' εἴχοντο καὶ οἰμωγῇ κατὰ ἄστυ.   409
τῷ δὲ μάλιστ' ἄρ' ἔην ἐναλίγκιον, ὡς εἰ ἅπασα   410

ἀ-εικίζω: to treat unseemly, dishonor, 2
ἄπας, ἄπασα, ἄπαν: every, quite all, entire 6
γαῖα, ἡ: earth, ground, land, country, 8
δυσ-μενής, -ές: bearing ill-will; *sub.* enemy, 2
εἰσ-εῖδον: to look upon, look to, 1
ἐλεεινός, -η, -ον: pitiable, piteous, 2
ἕλκω: to drag, drag away, 7
ἐν-αλίγκιος, -ον: like, resembling (dat.), 1
ἑός, -ή, -όν: his own, her own, its own, 13
καλύπτρη, ἡ: a woman's veil or covering, 1
κάρη, -ήτος τό: head, 6
κεῖμαι: to lie down, be laid, 9
κόμη, ἡ: hair, hair of the head, 1
κονίη, ἡ: dust, a cloud of dust, 4
κονίσαλος, ὁ: a cloud of dust, 1
κονίω: to make dusty, cover with dust, 1

κυάνεος, -η, -ον: blue, dark-blue, 1
κωκυτός, ὁ: cry of grief or distress, 2
κωκύω: to shriek, cry, wail, 1
λιπαρός, -ή, -όν: shining or sleek with oil, 1
μάλιστα: most of all; certainly, especially, 7
οἰμωγή, ἡ: wailing, lamentation, 2
οἰμώζω: to cry out in grief, 3
πάρος: before, formerly, in former time 6
πατρίς, -ιδος, ἡ: of one's father, country, 1
πίτνημι: to spread out, stretch out, 1
ῥίπτω: to throw, cast, hurl, 1
τηλόσε: to a distance, far away, 1
τίλλω: to pull out, pluck, 2
τότε: at that time, then, τοτέ, at some time, 8
χαίτη, ἡ: hair, 2
χαρίεις, -εσσα, -εν: graceful, lovely, 4

401 τοῦ...ἑλκομένοιο: gen. abs.; the
    demonstrative is Hector
    ἦν: *there was*; impf. εἰμί
402 ἀμφὶ: *and round (about)*; adverbial
    πίτναντο: impf. πίτνημι
    ἄπαν, χαρίεν: modify neuter κάρη
403 κεῖτο: impf. κεῖμαι
    δυσμενέεσσι δῶκεν: *gave (him) to those
    intending ill*; dat. ind. obj., aor. δίδωμι
404 ἀεικίσσασθαι: inf. of purpose· aor. pass.
    ἑῇ: *his*; i.e. Hector's, possessive ἑός,
    though grammatically it should be Zeus'
405 κεκόνιτο: plpf. pass.
    κάρη: nom. sg. aor. pple. ἵστημι
    ἣ δέ...μήτηρ: *but this one, his mother...*
406 ἀπὸ δὲ...ἔρριψε: *from (herself)...; or*

    tmesis, aor. ῥίπτω
407 μάλα μέγα: *very loudly*; adverbial acc.
    παῖδ': παῖδα, acc. sg.
    ἐσιδοῦσα: aor. pple εἰσ-εῖδον
408 ᾤμωξεν: aor.
    ἐλεεινὰ: neuter pl. adverbial acc.
    φίλος: *his*; translate as a possessive
    ἀμφὶ δὲ: *and around them*
409 κωκυτῷ...οἰμωγῇ: *by...*; dat. of means;
    κωκυτός is a form of mourning for
    women; οἰμωγή, for men
    εἴχοντο: *were gripped*; impf. pass.
    κατὰ: *throughout, over*; extensive use
410 τῷ...ἐναλίγκιον...ὡς: *similar to this
    (namely) as if...*
    ἔην: *(the mourning) was...*; impf. εἰμί

Ἴλιος ὀφρυόεσσα πυρὶ σμύχοιτο κατ' ἄκρης.   411

λαοὶ μέν ῥα γέροντα μόγις ἔχον ἀσχαλόωντα,   412

ἐξελθεῖν μεμαῶτα πυλάων Δαρδανιάων.   413

πάντας δ' ἐλλιτάνευε κυλινδόμενος κατὰ κόπρον,   414

ἐξονομακλήδην ὀνομάζων ἄνδρα ἕκαστον·   415

'σχέσθε, φίλοι, καί μ' οἶον ἐάσατε κηδόμενοί περ   416

ἐξελθόντα πόληος ἱκέσθ' ἐπὶ νῆας Ἀχαιῶν.   417

λίσσωμ' ἀνέρα τοῦτον ἀτάσθαλον ὀβριμοεργόν,   418

ἤν πως ἡλικίην αἰδέσσεται ἠδ' ἐλεήσῃ   419

γῆρας· καὶ δέ νυ τῷ γε πατὴρ τοιόσδε τέτυκται   420

αἰδέομαι: be or feel ashamed of; respect, 5
ἄκρη, ἡ: summit, mountain-top, 2
ἀσχαλάω: to be grieved, distressed, 1
ἀτάσθαλος -η -ον: reckless, presumptuous 1
γέρων, -οντος, ὁ: elder, old man, 8
γῆρας, τό: old age, 2
Δαρδάνιος, -η, -ον: Dardanian, Trojan, 2
ἐάω: to allow, permit, let be, suffer, 4
ἕκαστος, -η, -ον: each, every one, 2
ἐλεέω: to pity, have compassion for, 9
ἐξ-έρχομαι: to come or come out, 3
ἐξ-ονομα-κλήδην: (calling out) by name, 1
ἡλικίη, ἡ, ὁ: age, time of life, 1
ἤν: ἐαν (εἰ ἄν) if, 3
ἱκνέομαι: to go, come, approach, arrive, 5
κήδομαι: be troubled; care for (gen) 2

κόπρος, ὁ: dung, manure, 1
κυλίνδω: to roll, roll along, 1
λίσσομαι: to beg, pray, entreat, supplicate, 6
λιτανεύω: to pray, implore, 1
μέμαα: to strive, be eager, press on, yearn, 8
μόγις: with difficulty; hardly, scarcely, 1
ὀβριμοεργός, -ή, -όν: doing mighty deeds, 1
οἶος, -η, -ον: alone, lone, lonely, 6
ὀνομάζω: to name, call by name, 4
ὀφρυόεις, -εσσα, -εν: on the brow (of a hill),
    on the edge of a hill, 1
πῦρ, πυρός, τό: fire, 9
πῶς: how?; πως: somehow, in any way, 5
σμύχω: to smoulder away, burn slowly, 1
τεύχω: to make, build, construct, prepare, 7
τοιόσδε, -άδε, -όνδε: such, this sort, 2

---

411 πυρὶ: dat. of means
    σμύχοιτο: were smoldering; pres. opt.
    replaces an impf. ind.
    κατὰ: down from…; gen. from which
412 ἔχον...ἐξελθεῖν: hold back…from going
    out; impf. ἔχω; verbs of hindering
    govern a simple inf. (aor. ἐξέρχομαι)
413 μεμαῶτα: acc. sg. pf. pple μέμαα
    πυλάων: gen. place from which
414 κατὰ: through, in…; extensive
416 σχέσθε: hold back; aor. mid. imper. ἔχω
    μ(ὲ) οἶον: me alone
    ἐάσατε: aor. pl. imperative ἐάω
    περ: although…; makes pple concessive
417 ἐξελθόντα: acc. aor. pple ἐξέρχομαι
    πόληος: gen. place from which, πόλις

ἱκέσθαι: aor. mid. inf. ἱκνέομαι
418 λίσσωμ(αι): let…; 1st sg hortatory subj.
    ἀνέρα: acc. sg. ἀνήρ; Att. ἄνδρα
419 ἤν...αἰδέσσεται: if perhaps…; ἤν = ἐάν;
    ἐάν + fut. indicative is unusual but not
    uncommon in Homer; ἄν is conditional
    in force and here translated as 'perhaps'
    or 'maybe;' see also 22.49, 22.66
    ἐλεήσῃ: pities; 3rd sg. aor. subj.; Priam
    shifts from ἄν + fut. ind. to (ἄν) + subj.;
    more conditional and less vivid than fut.
420 καί δέ τῷ γε: and in fact even this one's;
    καί is adverbial; γε provides emphasis
    τοιόσδε: this sort (as I); pred. nom
    τέτυκται: has been made; 'has become'
    pf. pass. τεύχω used as a linking verb

Πηλεύς, ὅς μιν ἔτικτε καὶ ἔτρεφε πῆμα γενέσθαι   421
Τρωσί· μάλιστα δ' ἐμοὶ περὶ πάντων ἄλγε' ἔθηκε.   422
τόσσους γάρ μοι παῖδας ἀπέκτανε τηλεθάοντας·   423
τῶν πάντων οὐ τόσσον ὀδύρομαι ἀχνύμενός περ   424
ὡς ἑνός, οὗ μ' ἄχος ὀξὺ κατοίσεται Ἄϊδος εἴσω,   425
Ἕκτορος· ὡς ὄφελεν θανέειν ἐν χερσὶν ἐμῇσι·   426
τώ κε κορεσσάμεθα κλαίοντέ τε μυρομένω τε   427
μήτηρ θ', ἥ μιν ἔτικτε δυσάμμορος, ἠδ' ἐγὼ αὐτός.'   428
  ὣς ἔφατο κλαίων, ἐπὶ δὲ στενάχοντο πολῖται·   429
Τρῳῆσιν δ' Ἑκάβη ἀδινοῦ ἐξῆρχε γόοιο·   430

ἀδινός, -ή, -όν: thick-falling, crowded, loud 1
ἄλγος, τό: pain, distress, grief, 5
ἀπο-κτείνω: to kill, slay, 2
ἀχεύω: to grieve, vex, annoy, 2
ἄχος, -εος, τό: anguish, distress, grief, 4
γόος, ὁ: weeping, wailing, groaning, 2
δύσ-μορος, -ον: ill-fated, unlucky, 2
εἷς, μία, ἕν: one, single, alone, 4
εἴσω: inside, within; into, to within, 4
Ἑκάβη, ἡ: Hecabe, 4
ἐξ-άρχω: to begin, lead out, initiate, (gen) 1
κατα-φέρω: to bring down, carry down, 1
κλαίω: to weep, lament, wail, 6

κορέννυμι: to sate, satisfy; have one's fill of 2
μάλιστα: most of all; certainly, especially, 7
μύρω: to flow, trickle, shed tears, 2
ὀδύρομαι: to lament for, weep for, bewail, 2
ὀξύς, -εῖα, -ύ: sharp, piercing; keen, 7
ὀφείλω: to owe, ought; would that... 4
Πηλεύς, -έος, ὁ: Peleus, 3
πῆμα, -ατος, τό: suffering, misery, woe, 3
πολίτης, ὁ: dweller of a city, citizen, 1
στενάχω: to groan, moan, wail, mourn, 1
τηλεθάω: to flourish, bloom (θάλλω) 2
τόσος, -η, -ον: so much, so many, so great, 5
τρέφω: to raise (a child), rear, 4

421 γενέσθαι: *(so as) to become*; inf. of
    result; πῆμα is an acc. predicate
422 Τρωσί: dat. of interest
    περὶ πάντων: *beyond all others*
    ἔθηκε: aor. τίθημι
423 ἀπέκτανε: aor. ἀποκτείνω
    μοι: *my*; dat. of possession
424 τῶν πάντων: *for all these*; referring to
    τόσσους παῖδας; verb governs a gen.
    τόσσον...ὡς: *so much... as*; adverbial
    acc. (acc. of extent)
    ἀχνύμενος: pres. pass. pple ἀχεύω
    περ: *although...*; pple. is concessive
425 ἑνός: *for (this) one*; gen. sg. εἷς, object
    of ὀδύρομαι missing through ellipsis
    οὗ: *for whom*; relative, objective gen.
    of ἄχος (I grieve for whom)
    κατοίσεται: fut. mid. κατα-φέρω
    Ἄϊδος: *Hades' (house);* supply δόμον

the acc. object of εἴσω
426 Ἕκτορος: in apposition to ἑνός
    ὡς ὄφελεν: *would that he...*; 'how he
    ought to have died...!' unattainable wish,
    aor. ὀφέλλω, ὡς is exclamatory
    θανέειν: aor. inf. θνῄσκω
427 τώ: *therefore*; τῷ, 'by this (cause)'
    κε κορεσσάμεθα: *we two would have had
    our fill* (+ pple); κε/ἄν + aor. ind.
    expresses past unrealized potential
    κλαίοντε, μυρομένω: dual nom. pres.
    complementary pples, modifying the
    missing 1st pers. dual subj.: 'we two'
428 μήτηρ...ἐγώ: subject of κορεσσάμεθα
    ἥ: *who...*; relative
    δυσάμμορος: modifies fem. nom. sg. ἥ
    ὡς ἔφατο: *so...*; impf. φημί
429 ἐπὶ δὲ: *and in addition*; adverbial; l. 515
430 Τρῳῆσιν: *for...;* dat. fem. pl. of interest

'τέκνον, ἐγὼ δειλή· τί νυ βείομαι αἰνὰ παθοῦσα   431

σεῦ ἀποτεθνηῶτος; ὅ μοι νύκτάς τε καὶ ἦμαρ   432

εὐχωλὴ κατὰ ἄστυ πελέσκεο, πᾶσί τ' ὄνειαρ   433

Τρωσί τε καὶ Τρῳῇσι κατὰ πτόλιν, οἵ σε θεὸν ὣς   434

δειδέχατ'· ἦ γὰρ καί σφι μάλα μέγα κῦδος ἔησθα   435

ζωὸς ἐών· νῦν αὖ θάνατος καὶ μοῖρα κιχάνει.'   436

    ὣς ἔφατο κλαίουσ', ἄλοχος δ' οὔ πώ τι πέπυστο   437

Ἕκτορος· οὐ γάρ οἵ τις ἐτήτυμος ἄγγελος ἐλθὼν   438

ἤγγειλ' ὅττί ῥά οἱ πόσις ἔκτοθι μίμνε πυλάων,   439

ἀλλ' ἥ γ' ἱστὸν ὕφαινε μυχῷ δόμου ὑψηλοῖο   440

ἀγγέλλω: to announce, proclaim, report, 1
ἄγγελος, ὁ: a messenger, envoy, 1
αἰνός, -ή, -όν: terrible, dire, dread, grim, 8
ἀπο-θνήσκω: to die, be dying, perish, 1
αὖ: again, in turn; further, moreover, 6
βείομαι: I will live (fut.) 1
δειλός, -ή, -όν: wretched, poor, miserable, 3
δέχομαι: to accept, receive; wait for, expect 5
ἔκτο-θι: outside of; outside, out of (gen), 1
ἐτήτυμος, -ον: true, genuine, real, 1
εὐχωλή, ἡ: boast, prayer, vow, 1
ζωός, ή, όν: alive, living, 5
θάνατος, ὁ: death, 8
ἱστός, ὁ: web (on a loom), loom, 3
κιχάνω: to reach, come upon, find, 6
κλαίω: to weep, lament, wail, 6

κῦδος, -εος, ὁ: glory, majesty, 6
μίμνω: to stay, remain, abide; await, 5
μοῖρα, ἡ: lot, portion, part; fate, destiny, 4
μυχός, ὁ: inmost part or room, recess, 2
νύξ, -κτος, ἡ: night, 5
ὄνειαρ, -ατος, τό: aid, benefit, help, 2
ὅτι (ὅττι): that; because, 6
πάσχω: to suffer, experience, 3
πέλομαι: to be, become, 8
πόσις, -εως, ὁ: husband, 3
πτόλις, -ιος, ἡ: a city, 5
πυνθάνομαι: to learn by hearsay or inquiry, 4
σφεῖς: they, 6
τέκνον, τό: a child, 9
ὑφαίνω: to weave; devise, 3
ὑψ-ηλός, -ή, -όν: high, lofty, tall, 2

---

431 δειλή: predicate, supply linking εἰμί
   τί...βείομαι: what (life) will I live;
   the interrogative is an inner acc.
   αἰνὰ: terrible things; neut. pl. acc. obj.
   παθοῦσα: nom. sg. aor. pple πάσχω
432 σεῦ ἀποτεθνηῶτος: gen. abs., gen. sg
   (σου) and pf. act. pple; pf. suggests a
   state of completed action: 'being dead'
   ὅ: (you) who...; relative, 2nd person
   μοι: for me; dat. of interest
   νύκτάς...ἦμαρ: acc. of duration of time
433 κατὰ ἄστυ: in the city
   πελέσκε(σ)ο: used to be; iterative impf.
   πᾶσι: to everyone; dat. of interest, the
   datives that follow are in apposition
   ὄνειαρ: predicate, supply πελέσκεο

434 Τρωσί, Τρῳῇσι: both male and female
   οἵ: relative
   θεὸν ὣς: just as a god
435 δειδέχατ': pf. (or plpf.) mid. δέχομαι
   καί σφι: to them also; dat. parallel to μοι
   ἔησθα: 2nd sg. impf. εἰμί
436 ἐών: while..; pple circumstantial in force
437 κλαίουσα: nom. fem. pple
   τι: anything; acc. object
   πέπυστο: plpf. mid. πυνθάνομαι
438 Ἕκτορος: (about) Hector; 'of Hector'
   οἵ: to her; ind. object of ἤγγειλε
439 ἤγγειλε: 3rd sg aor. ἀγγέλλω
   ὅττι: that ...; ὅτι, indirect discourse
   οἱ: her; dat. of possession
440 μυχῷ: in an inner room; place where

δίπλακα πορφυρέην, ἐν δὲ θρόνα ποικίλ' ἔπασσε.   441

κέκλετο δ' ἀμφιπόλοισιν ἐϋπλοκάμοις κατὰ δῶμα   442

ἀμφὶ πυρὶ στῆσαι τρίποδα μέγαν, ὄφρα πέλοιτο   443

Ἕκτορι θερμὰ λοετρὰ μάχης ἐκ νοστήσαντι,   444

νηπίη, οὐδ' ἐνόησεν ὅ μιν μάλα τῆλε λοετρῶν   445

χερσὶν Ἀχιλλῆος δάμασε γλαυκῶπις Ἀθήνη.   446

κωκυτοῦ δ' ἤκουσε καὶ οἰμωγῆς ἀπὸ πύργου·   447

τῆς δ' ἐλελίχθη γυῖα, χαμαὶ δέ οἱ ἔκπεσε κερκίς·   448

ἣ δ' αὖτις δμῳῆσιν ἐϋπλοκάμοισι μετηύδα·   449

'δεῦτε, δύω μοι ἕπεσθον, ἴδωμ' ὅτιν' ἔργα τέτυκται.   450

ἀκούω: to hear, listen to, 6
αὖτις: back, back again, backwards, 3
γλαυκ-ῶπις, -ιδος: bright-eyed, grey-eyed, 5
γυῖα, τά: joint, limbs, 2
δεῦτε: hither, here, 1
δίπλαξ, -ακος, ὁ, ἡ: in double folds, 1
δμῳή, ἡ: a female servant, 4
δύο (δύω): two, 4
δῶμα, -ατος, τό: house, 6
ἐκ-πίπτω: to fall, fall out from, 1
ἐλελίζω: cause to turn, whirl, rally, 3
ἕπω: to tend to, busy with; mid. follow, 2
ἔργον, τό: work, labor, deed, act, 8
ἐϋ-πλόκαμος, -ον: with fair locks, 4
θερμός, -ή, -όν: hot, warm, 1
θρόνον, τό: flowers embroidered on cloth, 1
κέλομαι: to command, bid, exhort, 4
κερκίς, ἡ: shuttle (on a loom), 1
κωκυτός, ὁ: cry of grief or distress, 2

λοετρόν, τό: bath, bathing-place, 2
μάχη, ἡ: battle, fight, combat, 6
μετ-αυδάω: to speak among, 1
νήπιος, -η, -ον: young; childish, foolish, 9
νοέω: to notice, perceive; think, suppose, 6
νοστέω: to return, to come back, 1
οἰμωγή, ἡ: wailing, lamentation, 2
ὅστις, ἥτις, ὅ τι: whoever, whichever, 1
πάσσω: to sprinkle; lay upon, 1
πέλομαι: to be, become, 8
ποικίλος, -η, -ον: varied, many-colored, 2
πορφύρεος, -η, -ον: dark red, purple, 1
πῦρ, πυρός, τό: fire, 9
πύργος, ὁ: wall, rampart, tower, 7
τεύχω: to make, build, construct, prepare, 7
τῆλε: at a distance, far off from (gen) 3
τρί-πος, -ποδος, ὁ: tripod, three-footed, 2
χαμαί: on the ground, on the earth, 2

---

441 ἐν δὲ: and thereon

442 κέκλετο: reduplicated aor. κέλομαι

443 ἀμφὶ πυρὶ: about the fire; place where
στῆσαι: aor. inf. ἵστημι (transitive)
ὄφρα...: so that she might...; purpose,
opt. mid. in secondary sequence

444 Ἕκτορι: for Hector; dat. of interest
μάχης ἐκ: ἐκ μάχης

445 ὅ: that...; equiv. to ὅτι, ind. discourse;
λοετρῶν: gen. separation with τῆλε

446 χερσὶν: dat. pl. of means χείρ

447 δ'ἤκουσε: but she began to hear; strong
adversative, perhaps an inceptive aorist

ἀκούω governs a gen.; see also 22.409

448 τῆς δ': and this one's
ἐλέλιχθη: 3rd sg. aor. pass., plural subj.
οἱ: from her; dat. of compound verb
ἔκπεσε: aor. ἐκπίπτω

449 ἣ δ': and this one; Andromache
δμῳῆσιν: among...; dat. ind. obj. or of
compound verb (μετ- = 'among')
μετηύδα: μετηύδαε, impf.

450 ἕπεσθον: you two follow; dual 2nd pl
imperative, δύω is voc. direct address
ἴδωμαι: let...; 1st sg. hortatory subj.
τέτυκται: have been done; pf. pass.

αἰδοίης ἑκυρῆς ὀπὸς ἔκλυον, ἐν δ' ἐμοὶ αὐτῇ   451

στήθεσι πάλλεται ἦτορ ἀνὰ στόμα, νέρθε δὲ γοῦνα   452

πήγνυται· ἐγγὺς δή τι κακὸν Πριάμοιο τέκεσσιν.   453

αἲ γὰρ ἀπ' οὔατος εἴη ἐμεῦ ἔπος· ἀλλὰ μάλ' αἰνῶς   454

δείδω μὴ δή μοι θρασὺν Ἕκτορα δῖος Ἀχιλλεὺς   455

μοῦνον ἀποτμήξας πόλιος πεδίονδε δίηται,   456

καὶ δή μιν καταπαύσῃ ἀγηνορίης ἀλεγεινῆς,   457

ἥ μιν ἔχεσκ', ἐπεὶ οὔ ποτ' ἐνὶ πληθυῖ μένεν ἀνδρῶν,   458

ἀλλὰ πολὺ προθέεσκε, τὸ ὃν μένος οὐδενὶ εἴκων.'   459

ὣς φαμένη μεγάροιο διέσσυτο μαινάδι ἴση,   460

ἀγηνοριά, ἡ: manliness, courage, 1
αἰδοῖος -α -ον: reverent, august, venerable 2
αἰνός, -ή, -όν: terrible, dire, dread, grim, 8
ἀλεγεινός, -ή, -όν: pain-causing, grievous, 1
ἀνά: up, upon (+ dat.); up to, on to (+ acc.), 6
ἀπο-τμήγω: to cut off, cut away, 1
δείδω: fear, dread, shrink from, feel awe, 4
δια-σεύομαι: to dart through, rush across, 1
δι-ίημι: to drive off, 2
ἐγγύς: near (+ gen.); adv. nearby, 2
εἴκω: to yield to, give way, retire, (dat) 2
ἑκυρά, ἡ: mother-in-law, 1
ἑός, -ή, -όν: his own, her own, its own, 13
ἦτορ, τό: heart, soul, mind, spirit, 2
θρασύς, -εῖα, -ύ: bold, daring, confident, 2
ἴσος, -η, -ον: equal to; like (dat) 2

κατα-παύω: to cease, stop, 1
κλύω: to hear, 1
μαινάς, -άδος, ἡ: Maenad, Bacchante, 1
μόνος, -η, -ον: alone (μοῦνος) 1
νέρθε: below, from beneath, lower (ἔνερθε) 1
οὐδ-είς, οὐδε-μία, οὐδ-έν: no one, nothing, 3
οὖς, ὠτος, τό: ear, 1
ὄψ, ὀπός, ἡ: voice, 1
πάλλω: to shake, brandish; quiver, 5
πήγνυμι: to stick, fix, 4
πληθύς, -ύος, ἡ: mass, crowd, throng, 1
προ-θέω: to run ahead, run before, 1
στῆθος, τό: chest, breast, 5
στόμα, -ατος, τό: the mouth, 2
τέκος, -εος, τό: a child, 5

---

451 ὀπὸς: *voice*; gen. obj. of verb
    ἔκλυον: 1ˢᵗ sg. aor., + gen. of source
    ἐμοὶ αὐτῇ: *my own*; dat. of possession
452 πάλλεται ἦτορ: *heart leaps...*
453 πήγνυται: i.e. freezes, are numb, γοῦνα
    is the neuter pl. subject, pres. mid.
    ἐγγὺς...τέκεσσιν: *some evil (is) quite
    near for the children of Priam*; δὴ with
    an adv.; otherwise δὴ can precede an
    indefinite τι that it qualifies and makes it
    more indefinite: 'some evil or other'
454 αἲ γὰρ...εἴη: *would that...be*; opt. of
    wish, typically introduced by εἰ γὰρ
    ἀπ' οὔατος...ἐμεῦ: *from my ear*
    ἔπος: *news*; the latest 'word,' nom. subj.
455 μὴ...δίηται: *lest...drives...off*; clause of

fearing; aor. mid. subj. δι-ίημι
456 ἀποτμήξας: nom. sg. aor. pple
    πόλιος: *from...*; gen. of separation
    δίηται: pres. mid. δι-ίημι
457 καὶ δή: *and indeed (also)*; equivalent to
    καὶ δὴ καί, 'and especially'
    μιν καταπαύσῃ: *made him cease*; + gen.
    of separation; same clause of fearing; 3ʳᵈ
    sg. aor. subj., Achilles is still subject
458 ἥ: *which...*; relative, i.e. ἀγηνορίης
    ἔχεσκε: iterative impf. ἔχω
    ἐπεὶ: *(I say this) since...*
459 πολὺ: *often*; 'much,' adverbial acc.
    τὸ...μένος: *in this might of his*; respect
    εἴκων: nom. sg. pres. pple + dat.
460 μεγάροιο διέσσυτο: *from....*; impf.

παλλομένη κραδίην· ἅμα δ' ἀμφίπολοι κίον αὐτῇ.   461
αὐτὰρ ἐπεὶ πύργόν τε καὶ ἀνδρῶν ἷξεν ὅμιλον,   462
ἔστη παπτήνασ' ἐπὶ τείχεϊ, τὸν δὲ νόησεν   463
ἑλκόμενον πρόσθεν πόλιος· ταχέες δέ μιν ἵπποι   464
ἕλκον ἀκηδέστως κοίλας ἐπὶ νῆας Ἀχαιῶν.   465
τὴν δὲ κατ' ὀφθαλμῶν ἐρεβεννὴ νὺξ ἐκάλυψεν,   466
ἤριπε δ' ἐξοπίσω, ἀπὸ δὲ ψυχὴν ἐκάπυσσε.   467
τῆλε δ' ἀπὸ κρατὸς βάλε δέσματα σιγαλόεντα,   468
ἄμπυκα κεκρύφαλόν τε ἰδὲ πλεκτὴν ἀναδέσμην   469
κρήδεμνόν θ', ὅ ῥά οἱ δῶκε χρυσῆ Ἀφροδίτη   470

ἄ-κήδεστος, -ον: uncared for, unburied, 2
ἅμα: at the same time; along with (+ dat.), 9
ἄμπυξ -υκος ὁ: woman's diadem, headband 1
ἀναδέσμη, ἡ: head-band for women's hair, 1
Ἀφροδίτη, ἡ: Aphrodite, 1
βάλλω: to throw, shoot, hit, strike, 8
δέσμα, -ατος, τό: a bond, fetter, binding, 1
ἕλκω: to drag, drag away, 7
ἐξ-οπίσω: backwards, back again, 1
ἐρεβεννός, -η, -ον: dark, gloomy, 2
ἐρείπω: to throw down, fall down, 2
ἰδέ: and, 3
ἵκω: to come, arrive, reach, 4
ἵππος, ὁ: horse, 8
καλύπτω: to conceal, cover, 5
καπύω: to breathe forth, 1
καρδίη, ἡ: heart (κραδίη) 1
κεκρύφαλος, ὁ: woman's hair-net, head-dress

κίω: to go, 3
κοίλος, -η, -ον: hollow, hollowed, 2
κράς, κρατός, ἡ: the head, 3
κρήδεμνον, τό: head-covering, veil, 1
νοέω: to notice, perceive; think, suppose, 6
νύξ, -κτος, ἡ: night, 5
ὅμιλος, ὁ: crowd, assembled throng, 2
ὀφθαλμός, ὁ: the eye, 4
πάλλω: to shake, brandish; quiver, 5
παπταίνω: to peer around, look about, 1
πλεκτός, -ή, -όν: braided, twisted, 1
πρόσ-θεν: before, in front, 5
πύργος, ὁ: wall, rampart, tower, 7
σιγαλόεις, -εσσα, -εν: shining, glittering, 2
ταχύς, εῖα, ύ: quick, swift, hastily, 6
τῆλε: at a distance, far off, 3
χρυσός, ὁ: gold, 4
ψυχή, ἡ: soul, life, breath, spirit, 6

461 κραδίην: in her heart; acc. of respect
    ἅμα...αὐτῇ: along with (her) herself
462 ἷξεν: aor. ἵκω
463 ἔστη: 3rd sg. aor. ἵστημι
    τὸν δὲ: and... this one; i.e. Hector
464 πόλιος: gen. πόλις obj. of πρόσθεν
466 κατ'ὀφθαλμῶν: down over her eyes
467 ἤριπε: aor. ἐρείπω

ἀπὸ δὲ: and away, and from (her); adv.
    or tmesis
468 βάλε: aor. βάλλω
469 τε ἰδὲ: both...and
470 θ': and; τε
    ὅ: which; neuter acc. sg.
    οἱ: dat. sg. ind. obj.; 3rd pers. pronoun ἑ
    δῶκε: aor. δίδωμι

ἤματι τῷ ὅτε μιν κορυθαίολος ἠγάγεθ᾽ Ἕκτωρ   471

ἐκ δόμου Ἠετίωνος, ἐπεὶ πόρε μυρία ἕδνα.   472

ἀμφὶ δέ μιν γαλόῳ τε καὶ εἰνατέρες ἅλις ἔσταν,   473

αἵ ἑ μετὰ σφίσιν εἶχον ἀτυζομένην ἀπολέσθαι.   474

ἣ δ᾽ ἐπεὶ οὖν ἔμπνυτο καὶ ἐς φρένα θυμὸς ἀγέρθη   475

ἀμβλήδην γοόωσα μετὰ Τρῳῆσιν ἔειπεν·   476

‘ Ἕκτορ, ἐγὼ δύστηνος· ἰῇ ἄρα γεινόμεθ᾽ αἴσῃ   477

ἀμφότεροι, σὺ μὲν ἐν Τροίῃ Πριάμου κατὰ δῶμα,   478

αὐτὰρ ἐγὼ Θήβῃσιν ὑπὸ Πλάκῳ ὑληέσσῃ   479

ἐν δόμῳ Ἠετίωνος, ὅ μ᾽ ἔτρεφε τυτθὸν ἐοῦσαν   480

ἀγείρω: to bring together, gather together, 1
αἶσα, ἡ: lot, portion, share; fate, destiny, 6
ἅλις: enough, in heaps, in abundance, 2
αμβλήδην: with sudden bursts, 1
ἀμφότερος, -η, -ον: each of two, both, 3
ἀπ-όλλυμι: destroy, kill, slay; mid. perish, 4
ἀτύζω: to be dazed, distraught, bewildered, 4
γάλοως, ὁ: husband's sister, sister-in-law, 3
γείνομαι: γίγνομαι, give birth, 3
γοάω: to wail, groan, weep, 5
δύσ-τηνος, -ον: wretched, unhappy, 3
δῶμα, -ατος, τό: house, 6
ἕδνα, τά: bride-price, bride-gift, dowry, 1
εἰνάτερες, αἱ: brother's wives, sisters-in-law 3

εἷς, μία, ἕν: one, single, alone, 4
ἐμ-πνέω: to breathe in, breathe upon, inhale 1
Ἠετίων, -ωνος, ὁ: Eetion, 5
Θήβη, ἡ: Thebe, 2
μυρίος, -η, -ον: countless, endless, infinite, 1
οὖν: and so, then; at all events, 1
Πλάκος, ὁ: Placus, 3
πόρω: to give, furnish, offer, supply, 5
σφεῖς: they, 6
τρέφω: to raise (a child), rear, 4
Τροίη, ἡ: Troy, 5
Τρώιος, -η, -ον: Trojan, 4
τυτθός, -όν: little, small, young, 3
ὑλήεις, -εσσα, -εν: wooded, 3

471 ἤματι τῷ: dat. time when
μιν: i.e. Andromache
ἠγάγεθ᾽: led her (in matrimony); aor.
mid. ἄγω (ἠγάγετο); the verb is often
used to describe when a male marries a
female, cf. Lat. in matrimōnium dūcere
472 πόρε: aor.
473 ἔσταν: aor. ἵστημι
474 αἵ: who...; relative
σφίσιν: dat. pl. 3rd pers. pronoun σφεῖς
εἶχον: were holding
ἀπολέσθαι: (so as) to perish; possibly
an inf. of purpose (in order to...) but
more likely inf. of result: she is so faint
and stunned that she appears as if dead
475 ἔμπνυτο: she began to breath in; 'she
revived,' aor.; fainting is linked with
loss of breath, thus regaining breath is

linked with a revival of consciousness
ἀγέρθη: 3rd sg. aor. pass. ἀγείρω
477 δύστηνος: predicate, supply ἐστί
ἄρα γεινόμεθα: it turns out, we were
born; ἄρα + impf. indicates a 'truth just
realized': true in the past and true now:
often translated in the pres.; cf. 301, 356
ἰῇ....αἴσῃ: for one (and the same) lot;
'for a single fate,' dat. of purpose or dat.
of place where; (μ)ιῇ is fem. dat. sg. of
εἷς, μία, ἕν:
478 σὺ μὲν...αὐτὰρ ἐγώ: you...but I; supply
form of γεινόμεθα
κατά: in...
479 Θήβῃσιν: in Thebe; dat. place where, in
plural or singular
480 ὅ: who...; masc. sg. relative
ἐοῦσαν: pres. pple εἰμί

δύσμορος αἰνόμορον· ὡς μὴ ὤφελλε τεκέσθαι.   481

νῦν δὲ σὺ μὲν Ἀΐδαο δόμους ὑπὸ κεύθεσι γαίης   482

ἔρχεαι, αὐτὰρ ἐμὲ στυγερῷ ἐνὶ πένθεϊ λείπεις   483

χήρην ἐν μεγάροισι· πάϊς δ᾽ ἔτι νήπιος αὔτως,   484

ὃν τέκομεν σύ τ᾽ ἐγώ τε δυσάμμοροι· οὔτε σὺ τούτῳ   485

ἔσσεαι, Ἕκτορ, ὄνειαρ, ἐπεὶ θάνες, οὔτε σοὶ οὗτος.   486

ἤν περ γὰρ πόλεμόν γε φύγῃ πολύδακρυν Ἀχαιῶν,   487

αἰεί τοι τούτῳ γε πόνος καὶ κήδε᾽ ὀπίσσω   488

ἔσσοντ᾽· ἄλλοι γάρ οἱ ἀπουρίσσουσιν ἀρούρας.   489

ἦμαρ δ᾽ ὀρφανικὸν παναφήλικα παῖδα τίθησι·   490

αἰεί, αἰέν: always, forever, in every case, 5
αἰνό-μορος, -ον: dire-fated, doomed, 1
ἀπ-ουρίζω: to mark off (boundaries), 1
ἄρουρα, ἡ: land, arable land, 3
αὔτως: in the same manner, just, as it is, 3
γαῖα, ἡ: earth, ground, land, country, 8
δυσ-άμμορος, -ον: most miserable, 2
δύσ-μορος, -ον: ill-fated, unlucky, 2
ἤν: ἐαν (εἰ ἄν) if, 3
κεῦθος, -εος, τό: the depths, 1
κῆδος, -εος, τό: trouble, care, 3
λείπω: to leave, forsake, abandon, 7
νήπιος, -η, -ον: young; childish, foolish, 9

ὄνειαρ, -ατος, τό: aid, benefit, help, 2
ὀπίσ(σ)ω: backwards; in the future, later, 6
ὀρφανικός, -ή, -όν: orphaned, fatherless, 2
ὀφείλω: to owe, ought; would that... 4
παν-αφ-ῆλιξ, -ικος ὁ, ἡ: completely severed
from peers/friends, 1
πένθος, τό: grief, sadness, sorrow, 2
πολύ-δακρυς, -υ: much-wept, of many tears 1
πόνος, ὁ: work, labor, toil, 5
στυγερός, -ή, -όν: hated, dreaded, loathed, 2
φυγή, ἡ: flight, 1
χήρη, ἡ: widow, 4

481 ὡς ὤφελλεν: *would that he...*; 'how he
    ought not to...' unattainable wish; impf.
    ὀφέλλω and, as often, aor. inf. (τίκτω)
    ὡς is exclamatory
482 νῦν δὲ: *but as it is*
    δόμους: *to...*; place to which
483 ἔρχε(σ)αι: 2nd sg. pres. ἔρχομαι
484 χήρην: *as a widow*; predicative of ἐμέ
    νήπιος αὔτως: *just an infant*; see 6.400
485 ὃν: *whom*
    τέκομεν: aor. τίκτω
    τ᾽...τε: *both...and*
    τούτῳ: dat. of interest; i.e. Astyanax
486 ἔσσε(σ)αι: 2nd sg. fut. mid. εἰμί

ὄνειαρ: neut. sg. nom. predicate
ἐπεὶ: *since*
θάνες: aor. θνήσκω
487 ἤν περ...φύγῃ, ἔσσονται: *even if....(he)
    escapes*; ἤν = ἐάν, future-more-vivid
    condition (εἰ κε/ἄν + subj., fut. ind.);
    aor. subj. φεύγω (Astyanax subj.) and
    fut. mid. εἰμί
488 τοι: *to be sure, you know*; particle
489 ἔσσονται: *(there) will be*
    οἱ: *for him;* dat. of interest
    ἀπουρίσσουσιν: fut.
490 τίθησι: *makes (x) (y)*; double acc.

πάντα δ' ὑπεμνήμυκε, δεδάκρυνται δὲ παρειαί,   491

δευόμενος δέ τ' ἄνεισι πάϊς ἐς πατρὸς ἑταίρους,   492

ἄλλον μὲν χλαίνης ἐρύων, ἄλλον δὲ χιτῶνος·   493

τῶν δ' ἐλεησάντων κοτύλην τις τυτθὸν ἐπέσχε·   494

χείλεα μέν τ' ἐδίην', ὑπερῴην δ' οὐκ ἐδίηνε.   495

τὸν δὲ καὶ ἀμφιθαλὴς ἐκ δαιτύος ἐστυφέλιξε   496

χερσὶν πεπλήγως καὶ ὀνειδείοισιν ἐνίσσων·   497

'ἔρρ' οὕτως· οὐ σός γε πατὴρ μεταδαίνυται ἡμῖν.'   498

δακρυόεις δέ τ' ἄνεισι πάϊς ἐς μητέρα χήρην,   499

Ἀστυάναξ, ὃς πρὶν μὲν ἑοῦ ἐπὶ γούνασι πατρὸς   500

ἀμφιθαλής -ές: blooming from both parents 1
ἀν-έρχομαι: to go up, approach, 5
Ἀστυάναξ, -ακτος, ὁ: Astyanax, 3
δαιτύς, -ύος, ἡ: meal, 1
δακρυόεις, -εσσα, -εν: tearful, 3
δακρύω: to shed tears, weep upon, wet, 1
δεύομαι: to lack, be without, want (+ gen.), 1
διαίνω: to wet, moisten, 2
ἐλεέω: to pity, have compassion for, 9
ἐν-ίσσω (ἐνίπτω): to attack, reproach, 2
ἑός, -ή, -όν: his own, her own, its own, 13
ἐπ-έχω: to extend, present, 2
ἔρρω: to go (away), 1
ἐρύω: to drag, haul, pull, draw, 7
ἑταῖρος, ὁ (ἕταρος): comrade, companion, 5

κοτύλη, ἡ: cup, small vessel, 1
μετ-δαίνυμαι: to share the feast, 1
ὀνείδειος, -ον: reproachful, chiding, 1
οὕτως: in this way, thus, so, 2
παρειά, ἡ: cheek, 1
πλήσσω: to strike, smite, 1
πρίν: until, before, 8
στυφελίζω: to strike hard, thrust away, 1
τυτθός, -όν: little, small, young, 3
ὑπερῴη, ἡ: upper part of the mouth, palate, 1
ὑπ-ημύω: hang one's head down (in pf.), 1
χεῖλος, -εος, τό: lip, 1
χήρη, ἡ: widow, 4
χιτών, -ῶνος, ἡ: tunic, 1
χλαῖνα, ἡ: mantle, cloak, outer garment, 1

---

491 πάντα: *completely*; adverbial acc.
ὑπεμνήμυκε: pf. ὑπ-ημύω indicates the
  state of a completed action, the present
  tense suffices: 'he holds down his head'
δεδάκρυνται: pf. pass.
492 δευόμενος: i.e. being in need, destitute
ἄνεισι: 3rd sg. fut. ἀν-έρχομαι
493 ἄλλον...ἄλλον: one...another
χλαίνης: *by the...*; partitive gen. is
  common with verbs of grabbing
ἐρύων: nom. sg. pres. pple
χιτῶνος: *by the...*; partitive gen.
494 τῶν δ': *these...*; gen. absolute
ἐπέσχε: aor. ἐπέχω

ἐδίηνε: aor. διαίνω
496 τὸν δὲ: *this one*; i.e. Astyanax
καὶ: *even...*; adverb
ἀμφιθαλής: *(someone) with both parents*
497 χερσὶν: dat. pl. of means. χείρ
πεπλήγως: nom. sg. reduplicated aor.
  pple πλήσσω
ὀνειδείοισιν: dat. means; used as a
  substantive: 'reproaches'
498 ἔρρε: pres. imper.; οὕτως 'as (you are)'
σός γε πατὴρ: *your* father; emphatic
ἡμῖν: *among us*; dat. of compound verb
499 ἄνεισι: 3rd sg. fut. ἀν-έρχομαι
500 πρὶν: *previously*; adverbial

Variant of Gnomic Aorist (General Truth): Translate aorists in 494-6 in future tense. An aorist may replace a future so 'vividly represented as having actually occurred' (Smyth 1934)

μυελὸν οἷον ἔδεσκε καὶ οἰῶν πίονα δημόν·   501
αὐτὰρ ὅθ᾽ ὕπνος ἕλοι, παύσαιτό τε νηπιαχεύων,   502
εὕδεσκ᾽ ἐν λέκτροισιν, ἐν ἀγκαλίδεσσι τιθήνης,   503
εὐνῇ ἔνι μαλακῇ, θαλέων ἐμπλησάμενος κῆρ·   504
νῦν δ᾽ ἂν πολλὰ πάθῃσι, φίλου ἀπὸ πατρὸς ἁμαρτών,   505
Ἀστυάναξ, ὃν Τρῶες ἐπίκλησιν καλέουσιν·   506
οἷος γάρ σφιν ἔρυσο πύλας καὶ τείχεα μακρά.   507
νῦν δὲ σὲ μὲν παρὰ νηυσὶ κορωνίσι νόσφι τοκήων   508
αἰόλαι εὐλαὶ ἔδονται, ἐπεί κε κύνες κορέσωνται   509
γυμνόν· ἀτάρ τοι εἵματ᾽ ἐνὶ μεγάροισι κέονται   510

ἀγκάλη, ἡ: bent arm, folded arms (pl.) 1
αἰόλος, -η, -ον: quick-moving, nimble, 1
ἁμαρτάνω: miss, fail, be deprived of (gen) 2
Ἀστυάναξ, -ακτος, ὁ: Astyanax, 3
γυμνός, -ή, -όν: naked, unclad, unarmed, 2
δημός, ὁ: fat, 1
ἔδω: to eat, 4
εἷμα, -ατος, τό: a garment, clothing, 2
ἐμ-πίπλημι: to fill, fill (acc) full of (gen), 2
ἐπί-κλησις, ἡ: surname, name, 2
ἐρύω: to drag, haul, pull, draw, 7
εὕδω: to sleep, lie down to sleep, 1
εὐλή, ἡ: worm, maggot, 1
εὐνή, ἡ: bed, marriage-bed, 3
θάλεα, τά: good cheer, happy thoughts, 1
καλέω: to call, summon, invite, 6
κεῖμαι: to lie down, be laid, 9
κῆρ, τό: heart; soul, mind, 2

κορέννυμι: to sate, satisfy; have one's fill of 2
κορωνίς, -ιδος, ἡ: curved, crooked, (f. adj), 1
λέκτρον, τό: couch, bed, 1
μακρός, ά, όν: long, far, distant, large, 5
μαλακός, ή, όν: soft, 3
μυελός, ὁ: marrow, 1
νηπια-χεύω: to play, be a child, 1
νόσφι: aloof, apart, afar, away, 3
οἷος, -η, -ον: alone, lone, only, 6
ὄις, ὄιος, ὁ, ἡ: sheep, ram, 3
πάσχω: to suffer, experience, 3
παύω: to stop, make cease, 1
πίων, -ον: rich, fertile, plentiful, 3
σφεῖς: they, 6
τιθήνη, ἡ: nurse, 4
τοκεύς, ὁ, ἡ: parent, 3
ὕπνος, ὁ: sleep, slumber, 1

---

501 οἷον: *only*; modifies μυελὸν
    ἔδεσκε: *would/used to…*; σκ- indicates
    an iterative impf., customary action
    οἰῶν: *of sheep*; accent may be on penult
    or ultima; gen. pl. either οἴων or οἰῶν
    δημόν: *fat*; δῆμον is 'district,' 'people'
502 ὅθ᾽: *whenever*; ὅτε + opt. in a general
    temporal clause in secondary sequence
    ἕλοι: aor. opt. αἱρέω (stem ἑλ); supply
    Astyanax as missing direct object
    παύσαιτο: aor. opt. in same temporal
    clause; governs a complementary pple.
503 εὕδεσκε: *would/used to*; iterative impf.
504 ἔνι: ἐν, anastrophe

ἐμπλησάμενος: aor. mid. governs a
    partitive gen., in English vernacular we
    say 'filling (acc) with (gen)'
    κῆρ: *in his…*; acc. of respect; do not
    confuse κῆρ with the word κήρ 'death'
505 ἂν…πάθῃσι: *he will suffer*; anticipatory
    subj. (a fut. with anxious anticipation);
    aor. πάσχω, see p.72, ll. 130, 244, 246
    ἁμαρτών: nom. sg. aor. pple
507 οἷος γάρ ἔρυσο: *for you alone drew
    their gates (from danger)*; aor. mid.
509 κε κορέσωνται: anticipatory, see l. 504
510 τοι: σοι, dat. of possession or interest
    κέονται: pres. 3ʳᵈ pl.

λεπτά τε καὶ χαρίεντα, τετυγμένα χερσὶ γυναικῶν.   511
ἀλλ᾽ ἤτοι τάδε πάντα καταφλέξω πυρὶ κηλέῳ,   512
οὐδὲν σοί γ᾽ ὄφελος, ἐπεὶ οὐκ ἐγκείσεαι αὐτοῖς,   513
ἀλλὰ πρὸς Τρώων καὶ Τρωϊάδων κλέος εἶναι.᾽   514
ὣς ἔφατο κλαίουσ᾽, ἐπὶ δὲ στενάχοντο γυναῖκες.   515

ἔγ-κειμαι: to lie on, lie in, be wrapped in, 1
ἤτοι: now surely, truly, 4
κατα-φλέγω: to burn up, consume, 1
κήλεος, -ον: burning, 2
κλαίω: to weep, lament, wail, 6
κλέος, τό: glory, fame, rumor, report, 2
λεπτός, -ή, -όν: fine, thin; narrow, 1

οὐδ-είς, οὐδε-μία, οὐδ-έν: no one, nothing, 3
ὄφελος, ὁ: benefit, profit, advantage, help, 1
πῦρ, πυρός, τό: fire, 9
στενάχω: to groan, moan, wail, mourn, 1
τεύχω: to make, build, construct, prepare, 7
Τρωϊάς, -άδος, ἡ: Trojan (fem. adj.), 1
χαρίεις, -εσσα, -εν: graceful, lovely, 4

511 τετυγμένα: pf. pass. pple τεύχω
χερσὶ: dat. pl. of means χείρ
512 πυρὶ: dat. of means or place where
513 οὐδὲν...ὄφελος: neut. sg. acc. in
apposition to all of l. 512; i.e. the ritual
burning will serve no benefit to Hector,
who will remain without a funeral pyre
ἐπεὶ: since
ἐγκείσε(σ)αι: 2nd sg. fut. ἔγ-κειμαι
αὐτοῖς: in...; i.e. the clothing; dat. of
compound verb, 3rd pers. pronoun

514 κλέος εἶναι: to be glory; i.e. 'that there
be glory (for you),' inf. of purpose, in
contrast to οὐδὲν...ὄφελος, these words
describe the intent behind the burning of
the clothing
πρὸς: in the eyes of/before...; + gen.
expresses the point of view of a person
515 ἔφατο: impf. mid. φημί
κλαίουσ': κλαίουσα, pres. pple
ἐπὶ δὲ: and in addition; adverbial, l. 429

Homer's *Iliad*
Books 6 and 22

Greek-only pages
for classroom review

Τρώων δ᾽ οἰώθη καὶ Ἀχαιῶν φύλοπις αἰνή· 1
πολλὰ δ᾽ ἄρ᾽ ἔνθα καὶ ἔνθ᾽ ἴθυσε μάχη πεδίοιο 2
ἀλλήλων ἰθυνομένων χαλκήρεα δοῦρα, 3
μεσσηγὺς Σιμόεντος ἰδὲ Ξάνθοιο ῥοάων. 4
Αἴας δὲ πρῶτος Τελαμώνιος, ἕρκος Ἀχαιῶν, 5
Τρώων ῥῆξε φάλαγγα, φόως δ᾽ ἑτάροισιν ἔθηκεν, 6
ἄνδρα βαλὼν ὃς ἄριστος ἐνὶ Θρήκεσσι τέτυκτο, 7
υἱὸν Ἐϋσσώρου, Ἀκάμαντ᾽ ἠΰν τε μέγαν τε. 8
τόν ῥ᾽ ἔβαλε πρῶτος κόρυθος φάλον ἱπποδασείης, 9
ἐν δὲ μετώπῳ πῆξε, πέρησε δ᾽ ἄρ᾽ ὀστέον εἴσω 10
αἰχμὴ χαλκείη· τὸν δὲ σκότος ὄσσε κάλυψεν. 11
Ἄξυλον δ᾽ ἄρ᾽ ἔπεφνε βοὴν ἀγαθὸς Διομήδης 12
Τευθρανίδην, ὃς ἔναιεν ἐϋκτιμένῃ ἐν Ἀρίσβῃ 13
ἀφνειὸς βιότοιο, φίλος δ᾽ ἦν ἀνθρώποισι· 14
πάντας γὰρ φιλέεσκεν ὁδῷ ἔπι οἰκία ναίων. 15
ἀλλά οἱ οὔ τις τῶν γε τότ᾽ ἤρκεσε λυγρὸν ὄλεθρον 16
πρόσθεν ὑπαντιάσας, ἀλλ᾽ ἄμφω θυμὸν ἀπηύρα, 17
αὐτὸν καὶ θεράποντα Καλήσιον, ὅς ῥα τόθ᾽ ἵππων 18
ἔσκεν ὑφηνίοχος· τὼ δ᾽ ἄμφω γαῖαν ἐδύτην. 19
Δρῆσον δ᾽ Εὐρύαλος καὶ Ὀφέλτιον ἐξενάριξε· 20
βῆ δὲ μετ᾽ Αἴσηπον καὶ Πήδασον, οὕς ποτε νύμφη 21
νηῒς Ἀβαρβαρέη τέκ᾽ ἀμύμονι Βουκολίωνι. 22
Βουκολίων δ᾽ ἦν υἱὸς ἀγαυοῦ Λαομέδοντος 23
πρεσβύτατος γενεῇ, σκότιον δέ ἑ γείνατο μήτηρ· 24
ποιμαίνων δ᾽ ἐπ᾽ ὄεσσι μίγη φιλότητι καὶ εὐνῇ, 25
ἡ δ᾽ ὑποκυσαμένη διδυμάονε γείνατο παῖδε. 26
καὶ μὲν τῶν ὑπέλυσε μένος καὶ φαίδιμα γυῖα 27
Μηκιστηϊάδης καὶ ἀπ᾽ ὤμων τεύχε᾽ ἐσύλα. 28
Ἀστύαλον δ᾽ ἄρ᾽ ἔπεφνε μενεπτόλεμος Πολυποίτης· 29
Πιδύτην δ᾽ Ὀδυσεὺς Περκώσιον ἐξενάριξεν 30

ἔγχεϊ χαλκείῳ, Τεῦκρος δ᾽ Ἀρετάονα δῖον.   31

Ἀντίλοχος δ᾽ Ἄβληρον ἐνήρατο δουρὶ φαεινῷ   32

Νεστορίδης, Ἔλατον δὲ ἄναξ ἀνδρῶν Ἀγαμέμνων·   33

ναῖε δὲ Σατνιόεντος ἐϋρρείταο παρ᾽ ὄχθας   34

Πήδασον αἰπεινήν. Φύλακον δ᾽ ἕλε Λήϊτος ἥρως   35

φεύγοντ᾽· Εὐρύπυλος δὲ Μελάνθιον ἐξενάριξεν.   36

Ἄδρηστον δ᾽ ἄρ᾽ ἔπειτα βοὴν ἀγαθὸς Μενέλαος   37

ζωὸν ἕλ᾽· ἵππω γάρ οἱ ἀτυζομένω πεδίοιο   38

ὄζῳ ἔνι βλαφθέντε μυρικίνῳ ἀγκύλον ἅρμα   39

ἄξαντ᾽ ἐν πρώτῳ ῥυμῷ αὐτὼ μὲν ἐβήτην   40

πρὸς πόλιν, ᾗ περ οἱ ἄλλοι ἀτυζόμενοι φοβέοντο,   41

αὐτὸς δ᾽ ἐκ δίφροιο παρὰ τροχὸν ἐξεκυλίσθη   42

πρηνὴς ἐν κονίῃσιν ἐπὶ στόμα· πὰρ δέ οἱ ἔστη   43

Ἀτρεΐδης Μενέλαος, ἔχων δολιχόσκιον ἔγχος.   44

Ἄδρηστος δ᾽ ἄρ᾽ ἔπειτα λαβὼν ἐλίσσετο γούνων·   45

'ζώγρει, Ἀτρέος υἱέ, σὺ δ᾽ ἄξια δέξαι ἄποινα·   46

πολλὰ δ᾽ ἐν ἀφνειοῦ πατρὸς κειμήλια κεῖται,   47

χαλκός τε χρυσός τε πολύκμητός τε σίδηρος,   48

τῶν κέν τοι χαρίσαιτο πατὴρ ἀπερείσι᾽ ἄποινα   49

εἴ κεν ἐμὲ ζωὸν πεπύθοιτ᾽ ἐπὶ νηυσὶν Ἀχαιῶν.'   50

ὣς φάτο, τῷ δ᾽ ἄρα θυμὸν ἐνὶ στήθεσσιν ἔπειθε·   51

καὶ δή μιν τάχ᾽ ἔμελλε θοὰς ἐπὶ νῆας Ἀχαιῶν   52

δώσειν ᾧ θεράποντι καταξέμεν· ἀλλ᾽ Ἀγαμέμνων   53

ἀντίος ἦλθε θέων, καὶ ὁμοκλήσας ἔπος ηὔδα·   54

'ὦ πέπον, ὦ Μενέλαε, τί ἢ δὲ σὺ κήδεαι οὕτως   55

ἀνδρῶν; ἦ σοὶ ἄριστα πεποίηται κατὰ οἶκον   56

πρὸς Τρώων; τῶν μή τις ὑπεκφύγοι αἰπὺν ὄλεθρον   57

χεῖράς θ᾽ ἡμετέρας, μηδ᾽ ὅν τινα γαστέρι μήτηρ   58

κοῦρον ἐόντα φέροι, μηδ᾽ ὃς φύγοι, ἀλλ᾽ ἅμα πάντες   59

Ἰλίου ἐξαπολοίατ᾽ ἀκήδεστοι καὶ ἄφαντοι.'   60

ὣς εἰπὼν ἔτρεψεν ἀδελφειοῦ φρένας ἥρως   61
αἴσιμα παρειπών· ὃ δ' ἀπὸ ἕθεν ὤσατο χειρὶ   62
ἥρω' Ἄδρηστον· τὸν δὲ κρείων Ἀγαμέμνων   63
οὖτα κατὰ λαπάρην· ὃ δ' ἀνετράπετ', Ἀτρεΐδης δὲ   64
λὰξ ἐν στήθεσι βὰς ἐξέσπασε μείλινον ἔγχος.   65
Νέστωρ δ' Ἀργείοισιν ἐκέκλετο μακρὸν ἀΰσας·   66
'ὦ φίλοι ἥρωες Δαναοί, θεράποντες Ἄρηος,   67
μή τις νῦν ἐνάρων ἐπιβαλλόμενος μετόπισθε   68
μιμνέτω, ὥς κε πλεῖστα φέρων ἐπὶ νῆας ἵκηται,   69
ἀλλ' ἄνδρας κτείνωμεν· ἔπειτα δὲ καὶ τὰ ἕκηλοι   70
νεκροὺς ἂμ πεδίον συλήσετε τεθνηῶτας.'   71
ὣς εἰπὼν ὄτρυνε μένος καὶ θυμὸν ἑκάστου.   72
ἔνθά κεν αὖτε Τρῶες ἀρηϊφίλων ὑπ' Ἀχαιῶν   73
Ἴλιον εἰσανέβησαν ἀναλκείῃσι δαμέντες,   74
εἰ μὴ ἄρ' Αἰνείᾳ τε καὶ Ἕκτορι εἶπε παραστὰς   75
Πριαμίδης Ἕλενος, οἰωνοπόλων ὄχ' ἄριστος·   76
'Αἰνεία τε καὶ Ἕκτορ, ἐπεὶ πόνος ὔμμι μάλιστα   77
Τρώων καὶ Λυκίων ἐγκέκλιται, οὔνεκ' ἄριστοι   78
πᾶσαν ἐπ' ἰθύν ἐστε μάχεσθαί τε φρονέειν τε,   79
στῆτ' αὐτοῦ, καὶ λαὸν ἐρυκάκετε πρὸ πυλάων   80
πάντῃ ἐποιχόμενοι, πρὶν αὖτ' ἐν χερσὶ γυναικῶν   81
φεύγοντας πεσέειν, δηΐοισι δὲ χάρμα γενέσθαι.   82
αὐτὰρ ἐπεί κε φάλαγγας ἐποτρύνητον ἁπάσας,   83
ἡμεῖς μὲν Δαναοῖσι μαχησόμεθ' αὖθι μένοντες,   84
καὶ μάλα τειρόμενοί περ· ἀναγκαίη γὰρ ἐπείγει·   85
Ἕκτορ, ἀτὰρ σὺ πόλινδε μετέρχεο, εἰπὲ δ' ἔπειτα   86
μητέρι σῇ καὶ ἐμῇ· ἣ δὲ ξυνάγουσα γεραιὰς   87
νηὸν Ἀθηναίης γλαυκώπιδος ἐν πόλει ἄκρῃ,   88
οἴξασα κληΐδι θύρας ἱεροῖο δόμοιο,   89
πέπλον, ὅς οἱ δοκέει χαριέστατος ἠδὲ μέγιστος   90

εἶναι ἐνὶ μεγάρῳ καί οἱ πολὺ φίλτατος αὐτῇ,   91

θεῖναι Ἀθηναίης ἐπὶ γούνασιν ἠϋκόμοιο,   92

καί οἱ ὑποσχέσθαι δυοκαίδεκα βοῦς ἐνὶ νηῷ   93

ἤνις ἠκέστας ἱερευσέμεν, αἴ κ' ἐλεήσῃ   94

ἄστύ τε καὶ Τρώων ἀλόχους καὶ νήπια τέκνα,   95

ὥς κεν Τυδέος υἱὸν ἀπόσχῃ Ἰλίου ἱρῆς,   96

ἄγριον αἰχμητὴν, κρατερὸν μήστωρα φόβοιο,   97

ὃν δὴ ἐγὼ κάρτιστον Ἀχαιῶν φημι γενέσθαι.   98

οὐδ' Ἀχιλῆά ποθ' ὧδέ γ' ἐδείδιμεν, ὄρχαμον ἀνδρῶν,   99

ὅν πέρ φασι θεᾶς ἐξέμμεναι· ἀλλ' ὅδε λίην   100

μαίνεται, οὐδέ τίς οἱ δύναται μένος ἰσοφαρίζειν.'   101

    ὣς ἔφαθ', Ἕκτωρ δ' οὔ τι κασιγνήτῳ ἀπίθησεν.   102

αὐτίκα δ' ἐξ ὀχέων σὺν τεύχεσιν ἆλτο χαμᾶζε,   103

πάλλων δ' ὀξέα δοῦρα κατὰ στρατὸν ᾤχετο πάντῃ,   104

ὀτρύνων μαχέσασθαι, ἔγειρε δὲ φύλοπιν αἰνήν.   105

οἳ δ' ἐλελίχθησαν καὶ ἐναντίοι ἔσταν Ἀχαιῶν·   106

Ἀργεῖοι δ' ὑπεχώρησαν, λῆξαν δὲ φόνοιο,   107

φὰν δέ τιν' ἀθανάτων ἐξ οὐρανοῦ ἀστερόεντος   108

Τρωσὶν ἀλεξήσοντα κατελθέμεν, ὡς ἐλέλιχθεν.   109

Ἕκτωρ δὲ Τρώεσσιν ἐκέκλετο μακρὸν ἀΰσας·   110

'Τρῶες ὑπέρθυμοι τηλεκλειτοί τ' ἐπίκουροι,   111

ἀνέρες ἔστε, φίλοι, μνήσασθε δὲ θούριδος ἀλκῆς,   112

ὄφρ' ἂν ἐγὼ βείω προτὶ Ἴλιον, ἠδὲ γέρουσιν   113

εἴπω βουλευτῇσι καὶ ἡμετέρης ἀλόχοισι   114

δαίμοσιν ἀρήσασθαι, ὑποσχέσθαι δ' ἑκατόμβας.'   115

    ὣς ἄρα φωνήσας ἀπέβη κορυθαίολος Ἕκτωρ·   116

ἀμφὶ δέ μιν σφυρὰ τύπτε καὶ αὐχένα δέρμα κελαινὸν,   117

ἄντυξ ἣ πυμάτη θέεν ἀσπίδος ὀμφαλοέσσης.   118

    Γλαῦκος δ' Ἱππολόχοιο πάϊς καὶ Τυδέος υἱὸς   119

ἐς μέσον ἀμφοτέρων συνίτην μεμαῶτε μάχεσθαι.   120

οἳ δ᾽ ὅτε δὴ σχεδὸν ἦσαν ἐπ᾽ ἀλλήλοισιν ἰόντε, 121
τὸν πρότερος προσέειπε βοὴν ἀγαθὸς Διομήδης· 122
'τίς δὲ σύ ἐσσι, φέριστε, καταθνητῶν ἀνθρώπων; 123
οὐ μὲν γάρ ποτ᾽ ὄπωπα μάχῃ ἔνι κυδιανείρῃ 124
τὸ πρίν· ἀτὰρ μὲν νῦν γε πολὺ προβέβηκας ἁπάντων 125
σῷ θάρσει, ὅ τ᾽ ἐμὸν δολιχόσκιον ἔγχος ἔμεινας· 126
δυστήνων δέ τε παῖδες ἐμῷ μένει ἀντιόωσιν. 127
εἰ δέ τις ἀθανάτων γε κατ᾽ οὐρανοῦ εἰλήλουθας, 128
οὐκ ἂν ἔγωγε θεοῖσιν ἐπουρανίοισι μαχοίμην. 129
οὐδὲ γὰρ οὐδὲ Δρύαντος υἱός, κρατερὸς Λυκόοργος, 130
δὴν ἦν, ὅς ῥα θεοῖσιν ἐπουρανίοισιν ἔριζεν· 131
ὅς ποτε μαινομένοιο Διωνύσοιο τιθήνας 132
σεῦε κατ᾽ ἠγάθεον Νυσήϊον· αἳ δ᾽ ἅμα πᾶσαι 133
θύσθλα χαμαὶ κατέχευαν, ὑπ᾽ ἀνδροφόνοιο Λυκούργου 134
θεινόμεναι βουπλῆγι· Διώνυσος δὲ φοβηθεὶς 135
δύσεθ᾽ ἁλὸς κατὰ κῦμα, Θέτις δ᾽ ὑπεδέξατο κόλπῳ 136
δειδιότα· κρατερὸς γὰρ ἔχε τρόμος ἀνδρὸς ὁμοκλῇ. 137
τῷ μὲν ἔπειτ᾽ ὀδύσαντο θεοὶ ῥεῖα ζώοντες, 138
καί μιν τυφλὸν ἔθηκε Κρόνου πάϊς· οὐδ᾽ ἄρ᾽ ἔτι δὴν 139
ἦν, ἐπεὶ ἀθανάτοισιν ἀπήχθετο πᾶσι θεοῖσιν· 140
οὐδ᾽ ἂν ἐγὼ μακάρεσσι θεοῖς ἐθέλοιμι μάχεσθαι. 141
εἰ δέ τίς ἐσσι βροτῶν οἳ ἀρούρης καρπὸν ἔδουσιν, 142
ἆσσον ἴθ᾽ ὥς κεν θᾶσσον ὀλέθρου πείραθ᾽ ἵκηαι.' 143
    τὸν δ᾽ αὖθ᾽ Ἱππολόχοιο προσηύδα φαίδιμος υἱός· 144
'Τυδεΐδη μεγάθυμε, τίη γενεὴν ἐρεείνεις; 145
οἵη περ φύλλων γενεή, τοίη δὲ καὶ ἀνδρῶν. 146
φύλλα τὰ μέν τ᾽ ἄνεμος χαμάδις χέει, ἄλλα δέ θ᾽ ὕλη 147
τηλεθόωσα φύει, ἔαρος δ᾽ ἐπιγίγνεται ὥρη· 148
ὣς ἀνδρῶν γενεὴ ἣ μὲν φύει ἣ δ᾽ ἀπολήγει. 149
εἰ δ᾽ ἐθέλεις καὶ ταῦτα δαήμεναι, ὄφρ᾽ ἐῢ εἰδῇς 150

ἡμετέρην γενεήν, πολλοὶ δέ μιν ἄνδρες ἴσασιν· 151
ἔστι πόλις Ἐφύρη μυχῷ Ἄργεος ἱπποβότοιο, 152
ἔνθα δὲ Σίσυφος ἔσκεν, ὃ κέρδιστος γένετ᾽ ἀνδρῶν, 153
Σίσυφος Αἰολίδης· ὃ δ᾽ ἄρα Γλαῦκον τέκεθ᾽ υἱόν, 154
αὐτὰρ Γλαῦκος τίκτεν ἀμύμονα Βελλεροφόντην· 155
τῷ δὲ θεοὶ κάλλός τε καὶ ἠνορέην ἐρατεινὴν 156
ὤπασαν· αὐτάρ οἱ Προῖτος κακὰ μήσατο θυμῷ, 157
ὅς ῥ᾽ ἐκ δήμου ἔλασσεν, ἐπεὶ πολὺ φέρτερος ἦεν, 158
Ἀργείων· Ζεὺς γάρ οἱ ὑπὸ σκήπτρῳ ἐδάμασσε. 159
τῷ δὲ γυνὴ Προίτου ἐπεμήνατο, δῖ᾽ Ἄντεια, 160
κρυπταδίῃ φιλότητι μιγήμεναι· ἀλλὰ τὸν οὔ τι 161
πεῖθ᾽ ἀγαθὰ φρονέοντα, δαΐφρονα Βελλεροφόντην. 162
ἣ δὲ ψευσαμένη Προῖτον βασιλῆα προσηύδα· 163
'τεθναίης, ὦ Προῖτ᾽, ἢ κάκτανε Βελλεροφόντην, 164
ὅς μ᾽ ἔθελεν φιλότητι μιγήμεναι οὐκ ἐθελούσῃ. 165
ὣς φάτο, τὸν δὲ ἄνακτα χόλος λάβεν οἷον ἄκουσε· 166
κτεῖναι μέν ῥ᾽ ἀλέεινε, σεβάσσατο γὰρ τό γε θυμῷ, 167
πέμπε δέ μιν Λυκίηνδε, πόρεν δ᾽ ὅ γε σήματα λυγρὰ 168
γράψας ἐν πίνακι πτυκτῷ θυμοφθόρα πολλά, 169
δεῖξαι δ᾽ ἠνώγειν ᾧ πενθερῷ, ὄφρ᾽ ἀπόλοιτο. 170
αὐτὰρ ὁ βῆ Λυκίηνδε θεῶν ὑπ᾽ ἀμύμονι πομπῇ. 171
ἀλλ᾽ ὅτε δὴ Λυκίην ἷξε Ξάνθόν τε ῥέοντα, 172
προφρονέως μιν τῖεν ἄναξ Λυκίης εὐρείης· 173
ἐννῆμαρ ξείνισσε καὶ ἐννέα βοῦς ἱέρευσεν. 174
ἀλλ᾽ ὅτε δὴ δεκάτη ἐφάνη ῥοδοδάκτυλος Ἠὼς 175
καὶ τότε μιν ἐρέεινε καὶ ᾔτεε σῆμα ἰδέσθαι, 176
ὅττί ῥά οἱ γαμβροῖο πάρα Προίτοιο φέροιτο. 177
αὐτὰρ ἐπεὶ δὴ σῆμα κακὸν παρεδέξατο γαμβροῦ, 178
πρῶτον μέν ῥα Χίμαιραν ἀμαιμακέτην ἐκέλευσε 179
πεφνέμεν· ἣ δ᾽ ἄρ᾽ ἔην θεῖον γένος, οὐδ᾽ ἀνθρώπων, 180

πρόσθε λέων, ὄπιθεν δὲ δράκων, μέσση δὲ χίμαιρα, 181
δεινὸν ἀποπνείουσα πυρὸς μένος αἰθομένοιο. 182
καὶ τὴν μὲν κατέπεφνε θεῶν τεράεσσι πιθήσας· 183
δεύτερον αὖ Σολύμοισι μαχέσσατο κυδαλίμοισι· 184
καρτίστην δὴ τήν γε μάχην φάτο δύμεναι ἀνδρῶν. 185
τὸ τρίτον αὖ κατέπεφνεν Ἀμαζόνας ἀντιανείρας. 186
τῷ δ᾽ ἄρ᾽ ἀνερχομένῳ πυκινὸν δόλον ἄλλον ὕφαινε· 187
κρίνας ἐκ Λυκίης εὐρείης φῶτας ἀρίστους 188
εἷσε λόχον· τοὶ δ᾽ οὔ τι πάλιν οἶκονδὲ νέοντο· 189
πάντας γὰρ κατέπεφνεν ἀμύμων Βελλεροφόντης. 190
ἀλλ᾽ ὅτε δὴ γίγνωσκε θεοῦ γόνον ἠΰν ἐόντα, 191
αὐτοῦ μιν κατέρυκε, δίδου δ᾽ ὅ γε θυγατέρα ἥν, 192
δῶκε δέ οἱ τιμῆς βασιληΐδος ἥμισυ πάσης· 193
καὶ μέν οἱ Λύκιοι τέμενος τάμον ἔξοχον ἄλλων, 194
καλὸν φυταλιῆς καὶ ἀρούρης, ὄφρα νέμοιτο. 195
ἣ δ᾽ ἔτεκε τρία τέκνα δαΐφρονι Βελλεροφόντῃ, 196
Ἴσανδρόν τε καὶ Ἱππόλοχον καὶ Λαοδάμειαν. 197
Λαοδαμείη μὲν παρελέξατο μητίετα Ζεύς, 198
ἣ δ᾽ ἔτεκ᾽ ἀντίθεον Σαρπηδόνα χαλκοκορυστήν. 199
ἀλλ᾽ ὅτε δὴ καὶ κεῖνος ἀπήχθετο πᾶσι θεοῖσιν, 200
ἤτοι ὃ κὰπ πεδίον τὸ Ἀλήϊον οἶος ἀλᾶτο, 201
ὃν θυμὸν κατέδων, πάτον ἀνθρώπων ἀλεείνων· 202
Ἴσανδρον δέ οἱ υἱὸν Ἄρης ἆτος πολέμοιο 203
μαρνάμενον Σολύμοισι κατέκτανε κυδαλίμοισι· 204
τὴν δὲ χολωσαμένη χρυσήνιος Ἄρτεμις ἔκτα. 205
Ἱππόλοχος δέ μ᾽ ἔτικτε, καὶ ἐκ τοῦ φημι γενέσθαι· 206
πέμπε δέ μ᾽ ἐς Τροίην, καί μοι μάλα πόλλ᾽ ἐπέτελλεν, 207
αἰὲν ἀριστεύειν καὶ ὑπείροχον ἔμμεναι ἄλλων, 208
μηδὲ γένος πατέρων αἰσχυνέμεν, οἳ μέγ᾽ ἄριστοι 209
ἔν τ᾽ Ἐφύρῃ ἐγένοντο καὶ ἐν Λυκίῃ εὐρείῃ. 210

ταύτης τοι γενεῆς τε καὶ αἵματος εὔχομαι εἶναι.' 211
ὣς φάτο, γήθησεν δὲ βοὴν ἀγαθὸς Διομήδης· 212
ἔγχος μὲν κατέπηξεν ἐπὶ χθονὶ πουλυβοτείρῃ, 213
αὐτὰρ ὃ μειλιχίοισι προσηύδα ποιμένα λαῶν· 214
'ἦ ῥά νύ μοι ξεῖνος πατρώϊός ἐσσι παλαιός· 215
Οἰνεὺς γάρ ποτε δῖος ἀμύμονα Βελλεροφόντην 216
ξείνισ᾽ ἐνὶ μεγάροισιν ἐείκοσιν ἤματ᾽ ἐρύξας· 217
οἳ δὲ καὶ ἀλλήλοισι πόρον ξεινήϊα καλά· 218
Οἰνεὺς μὲν ζωστῆρα δίδου φοίνικι φαεινόν, 219
Βελλεροφόντης δὲ χρύσεον δέπας ἀμφικύπελλον 220
καί μιν ἐγὼ κατέλειπον ἰὼν ἐν δώμασ᾽ ἐμοῖσι. 221
Τυδέα δ᾽ οὐ μέμνημαι, ἐπεί μ᾽ ἔτι τυτθὸν ἐόντα 222
κάλλιφ᾽, ὅτ᾽ ἐν Θήβῃσιν ἀπώλετο λαὸς Ἀχαιῶν. 223
τὼ νῦν σοὶ μὲν ἐγὼ ξεῖνος φίλος Ἄργεϊ μέσσῳ 224
εἰμί, σὺ δ᾽ ἐν Λυκίῃ, ὅτε κεν τῶν δῆμον ἵκωμαι. 225
ἔγχεα δ᾽ ἀλλήλων ἀλεώμεθα καὶ δι᾽ ὁμίλου· 226
πολλοὶ μὲν γὰρ ἐμοὶ Τρῶες κλειτοί τ᾽ ἐπίκουροι 227
κτείνειν ὅν κε θεός γε πόρῃ καὶ ποσσὶ κιχείω, 228
πολλοὶ δ᾽ αὖ σοὶ Ἀχαιοὶ ἐναιρέμεν ὅν κε δύνηαι. 229
τεύχεα δ᾽ ἀλλήλοις ἐπαμείψομεν, ὄφρα καὶ οἵδε 230
γνῶσιν ὅτι ξεῖνοι πατρώϊοι εὐχόμεθ᾽ εἶναι.' 231
ὣς ἄρα φωνήσαντε, καθ᾽ ἵππων ἀΐξαντε, 232
χεῖράς τ᾽ ἀλλήλων λαβέτην καὶ πιστώσαντο· 233
ἔνθ᾽ αὖτε Γλαύκῳ Κρονίδης φρένας ἐξέλετο Ζεύς, 234
ὃς πρὸς Τυδεΐδην Διομήδεα τεύχε᾽ ἄμειβε 235
χρύσεα χαλκείων, ἑκατόμβοι᾽ ἐννεαβοίων. 236
Ἕκτωρ δ᾽ ὡς Σκαιάς τε πύλας καὶ φηγὸν ἵκανεν, 237
ἀμφ᾽ ἄρα μιν Τρώων ἄλοχοι θέον ἠδὲ θύγατρες 238
εἰρόμεναι παῖδάς τε κασιγνήτους τε ἔτας τε 239
καὶ πόσιας· ὃ δ᾽ ἔπειτα θεοῖς εὔχεσθαι ἀνώγει 240

πάσας ἐξείης· πολλῇσι δὲ κήδε᾽ ἐφῆπτο.   241

  ἀλλ᾽ ὅτε δὴ Πριάμοιο δόμον περικαλλέ᾽ ἵκανε,   242

ξεστῆς αἰθούσῃσι τετυγμένον—αὐτὰρ ἐν αὐτῷ   243

πεντήκοντ᾽ ἔνεσαν θάλαμοι ξεστοῖο λίθοιο,   244

πλησίον ἀλλήλων δεδμημένοι· ἔνθα δὲ παῖδες   245

κοιμῶντο Πριάμοιο παρὰ μνηστῇς ἀλόχοισι·   246

κουράων δ᾽ ἑτέρωθεν ἐναντίοι ἔνδοθεν αὐλῆς   247

δώδεκ᾽ ἔσαν τέγεοι θάλαμοι ξεστοῖο λίθοιο,   248

πλησίον ἀλλήλων δεδμημένοι· ἔνθα δὲ γαμβροὶ   249

κοιμῶντο Πριάμοιο παρ᾽ αἰδοίῃς ἀλόχοισιν·   250

ἔνθά οἱ ἠπιόδωρος ἐναντίη ἤλυθε μήτηρ   251

Λαοδίκην ἐσάγουσα, θυγατρῶν εἶδος ἀρίστην·   252

ἔν τ᾽ ἄρα οἱ φῦ χειρὶ ἔπος τ᾽ ἔφατ᾽ ἔκ τ᾽ ὀνόμαζε·   253

'τέκνον, τίπτε λιπὼν πόλεμον θρασὺν εἰλήλουθας;   254

ἦ μάλα δὴ τείρουσι δυσώνυμοι υἷες Ἀχαιῶν   255

μαρνάμενοι περὶ ἄστυ· σὲ δ᾽ ἐνθάδε θυμὸς ἀνῆκεν   256

ἐλθόντ᾽ ἐξ ἄκρης πόλιος Διὶ χεῖρας ἀνασχεῖν.   257

ἀλλὰ μέν᾽, ὄφρά κέ τοι μελιηδέα οἶνον ἐνείκω,   258

ὡς σπείσῃς Διὶ πατρὶ καὶ ἄλλοις ἀθανάτοισι   259

πρῶτον, ἔπειτα δὲ καὐτὸς ὀνήσεαι, αἴ κε πίῃσθα.   260

ἀνδρὶ δὲ κεκμηῶτι μένος μέγα οἶνος ἀέξει,   261

ὡς τύνη κέκμηκας ἀμύνων σοῖσιν ἔτῃσι.'   262

  τὴν δ᾽ ἠμείβετ᾽ ἔπειτα μέγας κορυθαίολος Ἕκτωρ·   263

'μή μοι οἶνον ἄειρε μελίφρονα, πότνια μῆτερ,   264

μή μ᾽ ἀπογυιώσῃς μένεος, ἀλκῆς τε λάθωμαι·   265

χερσὶ δ᾽ ἀνίπτοισιν Διὶ λείβειν αἴθοπα οἶνον   266

ἅζομαι· οὐδέ πῃ ἔστι κελαινεφέϊ Κρονίωνι   267

αἵματι καὶ λύθρῳ πεπαλαγμένον εὐχετάασθαι.   268

ἀλλὰ σὺ μὲν πρὸς νηὸν Ἀθηναίης ἀγελείης   269

ἔρχεο σὺν θυέεσσιν ἀολλίσσασα γεραιάς·   270

πέπλον δ', ὅς τίς τοι χαριέστατος ἠδὲ μέγιστος   271

ἔστιν ἐνὶ μεγάρῳ καί τοι πολὺ φίλτατος αὐτῇ,   272

τὸν θὲς Ἀθηναίης ἐπὶ γούνασιν ἠϋκόμοιο,   273

καί οἱ ὑποσχέσθαι δυοκαίδεκα βοῦς ἐνὶ νηῷ   274

ἤνις ἠκέστας ἱερευσέμεν, αἴ κ' ἐλεήσῃ   275

ἄστύ τε καὶ Τρώων ἀλόχους καὶ νήπια τέκνα,   276

αἴ κεν Τυδέος υἱὸν ἀπόσχῃ Ἰλίου ἱρῆς,   277

ἄγριον αἰχμητὴν, κρατερὸν μήστωρα φόβοιο.   278

ἀλλὰ σὺ μὲν πρὸς νηὸν Ἀθηναίης ἀγελείης   279

ἔρχευ, ἐγὼ δὲ Πάριν μετελεύσομαι, ὄφρα καλέσσω,   280

αἴ κ' ἐθέλῃσ' εἰπόντος ἀκουέμεν· ὡς κέ οἱ αὖθι   281

γαῖα χάνοι· μέγα γάρ μιν Ὀλύμπιος ἔτρεφε πῆμα   282

Τρωσί τε καὶ Πριάμῳ μεγαλήτορι τοῖό τε παισίν.   283

εἰ κεῖνόν γε ἴδοιμι κατελθόντ' Ἄιδος εἴσω   284

φαίην κε φρέν' ἀτέρπου ὀϊζύος ἐκλελαθέσθαι.'   285

ὣς ἔφαθ', ἡ δὲ μολοῦσα ποτὶ μέγαρ' ἀμφιπόλοισι   286

κέκλετο· ταὶ δ' ἄρ' ἀόλλισσαν κατὰ ἄστυ γεραιάς.   287

αὐτὴ δ' ἐς θάλαμον κατεβήσετο κηώεντα,   288

ἔνθ' ἔσάν οἱ πέπλοι παμποίκιλα ἔργα γυναικῶν   289

Σιδονίων, τὰς αὐτὸς Ἀλέξανδρος θεοειδὴς   290

ἤγαγε Σιδονίηθεν, ἐπιπλὼς εὐρέα πόντον,   291

τὴν ὁδὸν ἣν Ἑλένην περ ἀνήγαγεν εὐπατέρειαν·   292

τῶν ἕν' ἀειραμένη Ἑκάβη φέρε δῶρον Ἀθήνῃ,   293

ὃς κάλλιστος ἔην ποικίλμασιν ἠδὲ μέγιστος,   294

ἀστὴρ δ' ὣς ἀπέλαμπεν· ἔκειτο δὲ νείατος ἄλλων.   295

βῆ δ' ἰέναι, πολλαὶ δὲ μετεσσεύοντο γεραιαί.   296

αἱ δ' ὅτε νηὸν ἵκανον Ἀθήνης ἐν πόλει ἄκρῃ,   297

τῇσι θύρας ὤιξε Θεανὼ καλλιπάρῃος,   298

Κισσηῒς, ἄλοχος Ἀντήνορος ἱπποδάμοιο·   299

τὴν γὰρ Τρῶες ἔθηκαν Ἀθηναίης ἱέρειαν.   300

αἳ δ᾽ ὀλολυγῇ πᾶσαι Ἀθήνῃ χεῖρας ἀνέσχον· 301
ἣ δ᾽ ἄρα πέπλον ἑλοῦσα Θεανὼ καλλιπάρῃος 302
θῆκεν Ἀθηναίης ἐπὶ γούνασιν ἠϋκόμοιο, 303
εὐχομένη δ᾽ ἠρᾶτο Διὸς κούρῃ μεγάλοιο· 304
'πότνι᾽ Ἀθηναίη, ρυσίπτολι δῖα θεάων 305
ἆξον δὴ ἔγχος Διομήδεος, ἠδὲ καὶ αὐτὸν 306
πρηνέα δὸς πεσέειν Σκαιῶν προπάροιθε πυλάων, 307
ὄφρά τοι αὐτίκα νῦν δυοκαίδεκα βοῦς ἐνὶ νηῷ 308
ἤνις ἠκέστας ἱερεύσομεν, αἴ κ᾽ ἐλεήσῃς 309
ἄστύ τε καὶ Τρώων ἀλόχους καὶ νήπια τέκνα.' 310
ὣς ἔφατ᾽ εὐχομένη, ἀνένευε δὲ Παλλὰς Ἀθήνη. 311
ὣς αἳ μέν ῥ᾽ εὔχοντο Διὸς κούρῃ μεγάλοιο, 312
Ἕκτωρ δὲ πρὸς δώματ᾽ Ἀλεξάνδροιο βεβήκει 313
καλά, τά ῥ᾽ αὐτὸς ἔτευξε σὺν ἀνδράσιν οἳ τότ᾽ ἄριστοι 314
ἦσαν ἐνὶ Τροίῃ ἐριβώλακι τέκτονες ἄνδρες, 315
οἵ οἱ ἐποίησαν θάλαμον καὶ δῶμα καὶ αὐλὴν 316
ἐγγύθι τε Πριάμοιο καὶ Ἕκτορος, ἐν πόλει ἄκρῃ. 317
ἔνθ᾽ Ἕκτωρ εἰσῆλθε Διῒ φίλος, ἐν δ᾽ ἄρα χειρὶ 318
ἔγχος ἔχ᾽ ἑνδεκάπηχυ· πάροιθε δὲ λάμπετο δουρὸς 319
αἰχμὴ χαλκείη, περὶ δὲ χρύσεος θέε πόρκης. 320
τὸν δ᾽ εὗρ᾽ ἐν θαλάμῳ περικαλλέα τεύχε᾽ ἕποντα, 321
ἀσπίδα καὶ θώρηκα, καὶ ἀγκύλα τόξ᾽ ἀφόωντα· 322
Ἀργείη δ᾽ Ἑλένη μετ᾽ ἄρα δμῳῇσι γυναιξὶν 323
ἧστο, καὶ ἀμφιπόλοισι περικλυτὰ ἔργα κέλευε. 324
τὸν δ᾽ Ἕκτωρ νείκεσσεν ἰδὼν αἰσχροῖς ἐπέεσσι· 325
'δαιμόνι᾽, οὐ μὲν καλὰ χόλον τόνδ᾽ ἔνθεο θυμῷ. 326
λαοὶ μὲν φθινύθουσι περὶ πτόλιν αἰπύ τε τεῖχος 327
μαρνάμενοι· σέο δ᾽ εἵνεκ᾽ ἀϋτή τε πτόλεμός τε 328
ἄστυ τόδ᾽ ἀμφιδέδηε· σὺ δ᾽ ἂν μαχέσαιο καὶ ἄλλῳ, 329
ὅν τινά που μεθιέντα ἴδοις στυγεροῦ πολέμοιο. 330

ἀλλ' ἄνα, μὴ τάχα ἄστυ πυρὸς δηΐοιο θέρηται.'   331

   τὸν δ' αὖτε προσέειπεν Ἀλέξανδρος θεοειδής·   332

Ἕκτορ, ἐπεί με κατ' αἶσαν ἐνείκεσας οὐδ' ὑπὲρ αἶσαν,   333

τοὔνεκά τοι ἐρέω· σὺ δὲ σύνθεο καί μευ ἄκουσον·   334

οὔ τοι ἐγὼ Τρώων τόσσον χόλῳ οὐδὲ νεμέσσι   335

ἥμην ἐν θαλάμῳ, ἔθελον δ' ἄχεϊ προτραπέσθαι.   336

νῦν δέ με παρειποῦσ' ἄλοχος μαλακοῖς ἐπέεσσιν   337

ὅρμησ' ἐς πόλεμον· δοκέει δέ μοι ὧδε καὶ αὐτῷ   338

λώϊον ἔσσεσθαι· νίκη δ' ἐπαμείβεται ἄνδρας.   339

ἀλλ' ἄγε νῦν ἐπίμεινον, Ἀρήϊα τεύχεα δύω·   340

ἢ ἴθ', ἐγὼ δὲ μέτειμι· κιχήσεσθαι δέ σ' ὀΐω.'   341

   ὣς φάτο, τὸν δ' οὔ τι προσέφη κορυθαίολος Ἕκτωρ·   342

τὸν δ' Ἑλένη μύθοισι προσηύδα μειλιχίοισι·   343

'δᾶερ ἐμεῖο κυνὸς κακομηχάνου ὀκρυοέσσης,   344

ὥς μ' ὄφελ' ἤματι τῷ ὅτε με πρῶτον τέκε μήτηρ   345

οἴχεσθαι προφέρουσα κακὴ ἀνέμοιο θύελλα   346

εἰς ὄρος ἢ εἰς κῦμα πολυφλοίσβοιο θαλάσσης,   347

ἔνθά με κῦμ' ἀπόερσε πάρος τάδε ἔργα γενέσθαι.   348

αὐτὰρ ἐπεὶ τάδε γ' ὧδε θεοὶ κακὰ τεκμήραντο,   349

ἀνδρὸς ἔπειτ' ὤφελλον ἀμείνονος εἶναι ἄκοιτις,   350

ὃς ᾔδη νέμεσίν τε καὶ αἴσχεα πόλλ' ἀνθρώπων.   351

τούτῳ δ' οὔτ' ἂρ νῦν φρένες ἔμπεδοι οὔτ' ἄρ' ὀπίσσω   352

ἔσσονται· τὼ καί μιν ἐπαυρήσεσθαι ὀΐω.   353

ἀλλ' ἄγε νῦν εἴσελθε καὶ ἔζεο τῷδ' ἐπὶ δίφρῳ   354

δᾶερ, ἐπεί σε μάλιστα πόνος φρένας ἀμφιβέβηκεν   355

εἵνεκ' ἐμεῖο κυνὸς καὶ Ἀλεξάνδρου ἕνεκ' ἄτης,   356

οἷσιν ἐπὶ Ζεὺς θῆκε κακὸν μόρον, ὡς καὶ ὀπίσσω   357

ἀνθρώποισι πελώμεθ' ἀοίδιμοι ἐσσομένοισι.'   358

   τὴν δ' ἠμείβετ' ἔπειτα μέγας κορυθαίολος Ἕκτωρ   359

'μή με κάθιζ', Ἑλένη, φιλέουσά περ· οὐδέ με πείσεις·   360

ἤδη γάρ μοι θυμὸς ἐπέσσυται ὄφρ᾽ ἐπαμύνω 361
Τρώεσσ᾽, οἳ μέγ᾽ ἐμεῖο ποθὴν ἀπεόντος ἔχουσιν. 362
ἀλλὰ σύ γ᾽ ὄρνυθι τοῦτον, ἐπειγέσθω δὲ καὶ αὐτός, 363
ὥς κεν ἔμ᾽ ἔντοσθεν πόλιος καταμάρψῃ ἐόντα. 364
καὶ γὰρ ἐγὼν οἶκον δὲ ἐλεύσομαι, ὄφρα ἴδωμαι 365
οἰκῆας ἄλοχόν τε φίλην καὶ νήπιον υἱόν. 366
οὐ γὰρ οἶδ᾽ εἰ ἔτι σφιν ὑπότροπος ἵξομαι αὖτις, 367
ἦ ἤδη μ᾽ ὑπὸ χερσὶ θεοὶ δαμόωσιν Ἀχαιῶν.᾽ 368
   ὣς ἄρα φωνήσας ἀπέβη κορυθαίολος Ἕκτωρ· 369
αἶψα δ᾽ ἔπειθ᾽ ἵκανε δόμους εὖ ναιετάοντας, 370
οὐδ᾽ εὖρ᾽ Ἀνδρομάχην λευκώλενον ἐν μεγάροισιν, 371
ἀλλ᾽ ἥ γε ξὺν παιδὶ καὶ ἀμφιπόλῳ ἐϋπέπλῳ 372
πύργῳ ἐφεστήκει γοόωσά τε μυρομένη τε. 373
Ἕκτωρ δ᾽ ὡς οὐκ ἔνδον ἀμύμονα τέτμεν ἄκοιτιν, 374
ἔστη ἐπ᾽ οὐδὸν ἰών, μετὰ δὲ δμῳῆσιν ἔειπεν· 375
‘εἰ δ᾽ ἄγε μοι, δμῳαί, νημερτέα μυθήσασθε· 376
πῇ ἔβη Ἀνδρομάχη λευκώλενος ἐκ μεγάροιο; 377
ἠέ πῃ ἐς γαλόων ἦ εἰνατέρων ἐϋπέπλων, 378
ἦ ἐς Ἀθηναίης ἐξοίχεται, ἔνθά περ ἄλλαι 379
Τρῳαὶ ἐϋπλόκαμοι δεινὴν θεὸν ἱλάσκονται;᾽ 380
   τὸν δ᾽ αὖτ᾽ ὀτρηρὴ ταμίη πρὸς μῦθον ἔειπεν· 381
“Ἕκτορ, ἐπεὶ μάλ᾽ ἄνωγας ἀληθέα μυθήσασθαι, 382
οὔτέ πῃ ἐς γαλόων οὔτ᾽ εἰνατέρων ἐϋπέπλων 383
οὔτ᾽ ἐς Ἀθηναίης ἐξοίχεται, ἔνθά περ ἄλλαι 384
Τρῳαὶ ἐϋπλόκαμοι δεινὴν θεὸν ἱλάσκονται, 385
ἀλλ᾽ ἐπὶ πύργον ἔβη μέγαν Ἰλίου, οὕνεκ᾽ ἄκουσε 386
τείρεσθαι Τρῶας, μέγα δὲ κράτος εἶναι Ἀχαιῶν. 387
ἣ μὲν δὴ πρὸς τεῖχος ἐπειγομένη ἀφικάνει, 388
μαινομένῃ ἐϊκυῖα· φέρει δ᾽ ἅμα παῖδα τιθήνη.᾽ 389
   ἦ ῥα γυνὴ ταμίη, ὃ δ᾽ ἀπέσσυτο δώματος Ἕκτωρ 390

τὴν αὐτὴν ὁδὸν αὖτις ἐϋκτιμένας κατ᾽ ἀγυιάς. 391

εὖτε πύλας ἵκανε διερχόμενος μέγα ἄστυ 392

Σκαιάς, τῇ ἄρ᾽ ἔμελλε διεξίμεναι πεδίονδε, 393

ἔνθ᾽ ἄλοχος πολύδωρος ἐναντίη ἦλθε θέουσα 394

Ἀνδρομάχη, θυγάτηρ μεγαλήτορος Ἠετίωνος, 395

Ἠετίων, ὃς ἔναιεν ὑπὸ Πλάκῳ ὑληέσσῃ, 396

Θήβῃ Ὑποπλακίῃ, Κιλίκεσσ᾽ ἄνδρεσσιν ἀνάσσων· 397

τοῦ περ δὴ θυγάτηρ ἔχεθ᾽ Ἕκτορι χαλκοκορυστῇ. 398

ἥ οἱ ἔπειτ᾽ ἤντησ᾽, ἅμα δ᾽ ἀμφίπολος κίεν αὐτῇ 399

παῖδ᾽ ἐπὶ κόλπῳ ἔχουσ᾽ ἀταλάφρονα, νήπιον αὔτως, 400

Ἑκτορίδην ἀγαπητόν, ἀλίγκιον ἀστέρι καλῷ, 401

τόν ῥ᾽ Ἕκτωρ καλέεσκε Σκαμάνδριον, αὐτὰρ οἱ ἄλλοι 402

Ἀστυάνακτ᾽· οἶος γὰρ ἐρύετο Ἴλιον Ἕκτωρ. 403

ἤτοι ὁ μὲν μείδησεν ἰδὼν ἐς παῖδα σιωπῇ· 404

Ἀνδρομάχη δέ οἱ ἄγχι παρίστατο δάκρυ χέουσα, 405

ἔν τ᾽ ἄρα οἱ φῦ χειρὶ ἔπος τ᾽ ἔφατ᾽ ἔκ τ᾽ ὀνόμαζε· 406

'δαιμόνιε, φθίσει σε τὸ σὸν μένος, οὐδ᾽ ἐλεαίρεις 407

παῖδά τε νηπίαχον καὶ ἔμ᾽ ἄμμορον, ἣ τάχα χήρη 408

σεῦ ἔσομαι· τάχα γάρ σε κατακτανέουσιν Ἀχαιοὶ 409

πάντες ἐφορμηθέντες· ἐμοὶ δέ κε κέρδιον εἴη 410

σεῦ ἀφαμαρτούσῃ χθόνα δύμεναι· οὐ γὰρ ἔτ᾽ ἄλλη 411

ἔσται θαλπωρὴ, ἐπεὶ ἂν σύ γε πότμον ἐπίσπῃς, 412

ἀλλ᾽ ἄχε᾽· οὐδέ μοι ἔστι πατὴρ καὶ πότνια μήτηρ. 413

ἤτοι γὰρ πατέρ᾽ ἀμὸν ἀπέκτανε δῖος Ἀχιλλεύς, 414

ἐκ δὲ πόλιν πέρσεν Κιλίκων εὖ ναιετάουσαν, 415

Θήβην ὑψίπυλον· κατὰ δ᾽ ἔκτανεν Ἠετίωνα, 416

οὐδέ μιν ἐξενάριξε, σεβάσσατο γὰρ τό γε θυμῷ, 417

ἀλλ᾽ ἄρα μιν κατέκηε σὺν ἔντεσι δαιδαλέοισιν 418

ἠδ᾽ ἐπὶ σῆμ᾽ ἔχεεν· περὶ δὲ πτελέας ἐφύτευσαν 419

νύμφαι ὀρεστιάδες, κοῦραι Διὸς αἰγιόχοιο. 420

οἳ δέ μοι ἑπτὰ κασίγνητοι ἔσαν ἐν μεγάροισιν,   421
οἳ μὲν πάντες ἰῷ κίον ἤματι Ἄιδος εἴσω·   422
πάντας γὰρ κατέπεφνε ποδάρκης δῖος Ἀχιλλεὺς   423
βουσὶν ἐπ᾽ εἰλιπόδεσσι καὶ ἀργεννῇς ὀίεσσι.   424
μητέρα δ᾽, ἣ βασίλευεν ὑπὸ Πλάκῳ ὑληέσσῃ,   425
τὴν ἐπεὶ ἂρ δεῦρ᾽ ἤγαγ᾽ ἅμ᾽ ἄλλοισι κτεάτεσσιν,   426
ἂψ ὅ γε τὴν ἀπέλυσε λαβὼν ἀπερείσι᾽ ἄποινα,   427
πατρὸς δ᾽ ἐν μεγάροισι βάλ᾽ Ἄρτεμις ἰοχέαιρα.   428
Ἕκτορ, ἀτὰρ σύ μοί ἐσσι πατὴρ καὶ πότνια μήτηρ   429
ἠδὲ κασίγνητος, σὺ δέ μοι θαλερὸς παρακοίτης·   430
ἀλλ᾽ ἄγε νῦν ἐλέαιρε καὶ αὐτοῦ μίμν᾽ ἐπὶ πύργῳ,   431
μὴ παῖδ᾽ ὀρφανικὸν θήῃς χήρην τε γυναῖκα·   432
λαὸν δὲ στῆσον παρ᾽ ἐρινεόν, ἔνθα μάλιστα   433
ἀμβατός ἐστι πόλις καὶ ἐπίδρομον ἔπλετο τεῖχος.   434
τρὶς γὰρ τῇ γ᾽ ἐλθόντες ἐπειρήσανθ᾽ οἱ ἄριστοι   435
ἀμφ᾽ Αἴαντε δύω καὶ ἀγακλυτὸν Ἰδομενῆα   436
ἠδ᾽ ἀμφ᾽ Ἀτρεΐδας καὶ Τυδέος ἄλκιμον υἱόν·   437
ἤ πού τίς σφιν ἔνισπε θεοπροπίων ἐῢ εἰδώς,   438
ἤ νυ καὶ αὐτῶν θυμὸς ἐποτρύνει καὶ ἀνώγει.᾽   439
τὴν δ᾽ αὖτε προσέειπε μέγας κορυθαίολος Ἕκτωρ·   440
‘ἦ καὶ ἐμοὶ τάδε πάντα μέλει, γύναι· ἀλλὰ μάλ᾽ αἰνῶς   441
αἰδέομαι Τρῶας καὶ Τρῳάδας ἑλκεσιπέπλους,   442
αἴ κε κακὸς ὣς νόσφιν ἀλυσκάζω πολέμοιο·   443
οὐδέ με θυμὸς ἄνωγεν, ἐπεὶ μάθον ἔμμεναι ἐσθλὸς   444
αἰεὶ καὶ πρώτοισι μετὰ Τρώεσσι μάχεσθαι   445
ἀρνύμενος πατρός τε μέγα κλέος ἠδ᾽ ἐμὸν αὐτοῦ.   446
εὖ γὰρ ἐγὼ τόδε οἶδα κατὰ φρένα καὶ κατὰ θυμόν·   447
ἔσσεται ἦμαρ ὅτ᾽ ἄν ποτ᾽ ὀλώλῃ Ἴλιος ἱρὴ   448
καὶ Πρίαμος καὶ λαὸς ἐϋμμελίω Πριάμοιο.   449
ἀλλ᾽ οὔ μοι Τρώων τόσσον μέλει ἄλγος ὀπίσσω,   450

οὔτ᾽ αὐτῆς Ἑκάβης οὔτε Πριάμοιο ἄνακτος 451
οὔτε κασιγνήτων, οἵ κεν πολέες τε καὶ ἐσθλοὶ 452
ἐν κονίῃσι πέσοιεν ὑπ᾽ ἀνδράσι δυσμενέεσσιν, 453
ὅσσον σεῦ, ὅτε κέν τις Ἀχαιῶν χαλκοχιτώνων 454
δακρυόεσσαν ἄγηται, ἐλεύθερον ἦμαρ ἀπούρας· 455
καί κεν ἐν Ἄργει ἐοῦσα πρὸς ἄλλης ἱστὸν ὑφαίνοις, 456
καί κεν ὕδωρ φορέοις Μεσσηΐδος ἢ Ὑπερείης 457
πόλλ᾽ ἀεκαζομένη, κρατερὴ δ᾽ ἐπικείσετ᾽ ἀνάγκη· 458
καί ποτέ τις εἴπῃσιν ἰδὼν κατὰ δάκρυ χέουσαν· 459
‘ Ἕκτορος ἥδε γυνή, ὃς ἀριστεύεσκε μάχεσθαι 460
Τρώων ἱπποδάμων, ὅτε Ἴλιον ἀμφεμάχοντο. 461
ὣς ποτέ τις ἐρέει· σοὶ δ᾽ αὖ νέον ἔσσεται ἄλγος 462
χήτεϊ τοιοῦδ᾽ ἀνδρὸς ἀμύνειν δούλιον ἦμαρ. 463
ἀλλά με τεθνηῶτα χυτὴ κατὰ γαῖα καλύπτοι, 464
πρίν γέ τι σῆς τε βοῆς σοῦ θ᾽ ἑλκηθμοῖο πυθέσθαι.’ 465
    ὣς εἰπὼν οὗ παιδὸς ὀρέξατο φαίδιμος Ἕκτωρ· 466
ἂψ δ᾽ ὁ πάϊς πρὸς κόλπον ἐϋζώνοιο τιθήνης 467
ἐκλίνθη ἰάχων, πατρὸς φίλου ὄψιν ἀτυχθείς, 468
ταρβήσας χαλκόν τε ἰδὲ λόφον ἱππιοχαίτην, 469
δεινὸν ἀπ᾽ ἀκροτάτης κόρυθος νεύοντα νοήσας. 470
ἐκ δ᾽ ἐγέλασσε πατήρ τε φίλος καὶ πότνια μήτηρ· 471
αὐτίκ᾽ ἀπὸ κρατὸς κόρυθ᾽ εἵλετο φαίδιμος Ἕκτωρ, 472
καὶ τὴν μὲν κατέθηκεν ἐπὶ χθονὶ παμφανόωσαν· 473
αὐτὰρ ὅ γ᾽ ὃν φίλον υἱὸν ἐπεὶ κύσε πῆλέ τε χερσὶν 474
εἶπε δ᾽ ἐπευξάμενος Διί τ᾽ ἄλλοισίν τε θεοῖσι· 475
‘Ζεῦ ἄλλοι τε θεοί, δότε δὴ καὶ τόνδε γενέσθαι 476
παῖδ᾽ ἐμόν, ὡς καὶ ἐγώ περ, ἀριπρεπέα Τρώεσσιν, 477
ὧδε βίην τ᾽ ἀγαθόν, καὶ Ἰλίου ἶφι ἀνάσσειν· 478
καί ποτέ τις εἴποι ‘πατρός γ᾽ ὅδε πολλὸν ἀμείνων 479
ἐκ πολέμου ἀνιόντα· φέροι δ᾽ ἔναρα βροτόεντα 480

κτείνας δήϊον ἄνδρα, χαρείη δὲ φρένα μήτηρ.' 481

ὣς εἰπὼν ἀλόχοιο φίλης ἐν χερσὶν ἔθηκε 482

παῖδ' ἑόν· ἣ δ' ἄρα μιν κηώδεϊ δέξατο κόλπῳ 483

δακρυόεν γελάσασα· πόσις δ' ἐλέησε νοήσας, 484

χειρί τέ μιν κατέρεξεν ἔπος τ' ἔφατ' ἔκ τ' ὀνόμαζε· 485

'δαιμονίη, μή μοί τι λίην ἀκαχίζεο θυμῷ· 486

οὐ γάρ τίς μ' ὑπὲρ αἶσαν ἀνὴρ Ἄϊδι προϊάψει· 487

μοῖραν δ' οὔ τινά φημι πεφυγμένον ἔμμεναι ἀνδρῶν, 488

οὐ κακὸν, οὐδὲ μὲν ἐσθλόν, ἐπὴν τὰ πρῶτα γένηται. 489

ἀλλ' εἰς οἶκον ἰοῦσα τὰ σ' αὐτῆς ἔργα κόμιζε, 490

ἱστόν τ' ἠλακάτην τε, καὶ ἀμφιπόλοισι κέλευε 491

ἔργον ἐποίχεσθαι· πόλεμος δ' ἄνδρεσσι μελήσει 492

πᾶσι, μάλιστα δ' ἐμοί, τοὶ Ἰλίῳ ἐγγεγάασιν.' 493

ὣς ἄρα φωνήσας κόρυθ' εἵλετο φαίδιμος Ἕκτωρ 494

ἵππουριν· ἄλοχος δὲ φίλη οἰκόνδε βεβήκει 495

ἐντροπαλιζομένη, θαλερὸν κατὰ δάκρυ χέουσα. 496

αἶψα δ' ἔπειθ' ἵκανε δόμους εὖ ναιετάοντας 497

Ἕκτορος ἀνδροφόνοιο, κιχήσατο δ' ἔνδοθι πολλὰς 498

ἀμφιπόλους, τῇσιν δὲ γόον πάσῃσιν ἐνῶρσεν. 499

αἱ μὲν ἔτι ζωὸν γόον Ἕκτορα ᾧ ἐνὶ οἴκῳ· 500

οὐ γάρ μιν ἔτ' ἔφαντο ὑπότροπον ἐκ πολέμοιο 501

ἵξεσθαι, προφυγόντα μένος καὶ χεῖρας Ἀχαιῶν. 502

οὐδὲ Πάρις δήθυνεν ἐν ὑψηλοῖσι δόμοισιν, 503

ἀλλ' ὅ γ', ἐπεὶ κατέδυ κλυτὰ τεύχεα, ποικίλα χαλκῷ, 504

σεύατ' ἔπειτ' ἀνὰ ἄστυ, ποσὶ κραιπνοῖσι πεποιθώς. 505

ὡς δ' ὅτε τις στατὸς ἵππος, ἀκοστήσας ἐπὶ φάτνῃ, 506

δεσμὸν ἀπορρήξας θείῃ πεδίοιο κροαίνων, 507

εἰωθὼς λούεσθαι ἐϋρρεῖος ποταμοῖο, 508

κυδιόων· ὑψοῦ δὲ κάρη ἔχει, ἀμφὶ δὲ χαῖται 509

ὤμοις ἀΐσσονται· ὃ δ' ἀγλαΐηφι πεποιθώς, 510

ῥίμφά ἑ γοῦνα φέρει μετά τ' ἤθεα καὶ νομὸν ἵππων· 511
ὣς υἱὸς Πριάμοιο Πάρις κατὰ Περγάμου ἄκρης 512
τεύχεσι παμφαίνων ὥς τ' ἠλέκτωρ ἐβεβήκει 513
καγχαλόων, ταχέες δὲ πόδες φέρον· αἶψα δ' ἔπειτα 514
Ἕκτορα δῖον ἔτετμεν ἀδελφεὸν, εὖτ' ἄρ' ἔμελλε 515
στρέψεσθ' ἐκ χώρης ὅθι ᾗ ὀάριζε γυναικί. 516
τὸν πρότερος προσέειπεν Ἀλέξανδρος θεοειδής· 517
'ἠθεῖ', ᾗ μάλα δή σε καὶ ἐσσύμενον κατερύκω 518
δηθύνων, οὐδ' ἦλθον ἐναίσιμον ὡς ἐκέλευες;' 519
  τὸν δ' ἀπαμειβόμενος προσέφη κορυθαίολος Ἕκτωρ· 520
'δαιμόνι', οὐκ ἄν τίς τοι ἀνήρ, ὃς ἐναίσιμος εἴη, 521
ἔργον ἀτιμήσειε μάχης, ἐπεὶ ἄλκιμός ἐσσι· 522
ἀλλὰ ἑκὼν μεθιεῖς τε καὶ οὐκ ἐθέλεις· τὸ δ' ἐμὸν κῆρ 523
ἄχνυται ἐν θυμῷ, ὅθ' ὑπὲρ σέθεν αἴσχε' ἀκούω 524
πρὸς Τρώων, οἳ ἔχουσι πολὺν πόνον εἵνεκα σεῖο. 525
ἀλλ' ἴομεν· τὰ δ' ὄπισθεν ἀρεσσόμεθ', αἴ κέ ποθι Ζεὺς 526
δώῃ ἐπουρανίοισι θεοῖς αἰειγενέτῃσι 527
κρητῆρα στήσασθαι ἐλεύθερον ἐν μεγάροισιν, 528
ἐκ Τροίης ἐλάσαντας ἐϋκνήμιδας Ἀχαιούς.' 529

ὣς οἳ μὲν κατὰ ἄστυ πεφυζότες ἠΰτε νεβροὶ			1
ἱδρῶ ἀπεψύχοντο πίον τ᾽ ἀκέοντό τε δίψαν,			2
κεκλιμένοι καλῇσιν ἐπάλξεσιν· αὐτὰρ Ἀχαιοὶ			3
τείχεος ἆσσον ἴσαν, σάκε᾽ ὤμοισι κλίναντες.			4
Ἕκτορα δ᾽ αὐτοῦ μεῖναι ὀλοιὴ μοῖρα πέδησεν			5
Ἰλίου προπάροιθε πυλάων τε Σκαιάων.			6
αὐτὰρ Πηλείωνα προσηύδα Φοῖβος Ἀπόλλων·			7
‘τίπτέ με, Πηλέος υἱὲ, ποσὶν ταχέεσσι διώκεις,			8
αὐτὸς θνητὸς ἐὼν θεὸν ἄμβροτον; οὐδέ νύ πώ με			9
ἔγνως ὡς θεός εἰμι, σὺ δ᾽ ἀσπερχὲς μενεαίνεις.			10
ἦ νύ τοι οὔ τι μέλει Τρώων πόνος, οὓς ἐφόβησας,			11
οἳ δή τοι εἰς ἄστυ ἄλεν, σὺ δὲ δεῦρο λιάσθης.			12
οὐ μέν με κτενέεις, ἐπεὶ οὔ τοι μόρσιμός εἰμι.’			13
    τὸν δὲ μέγ᾽ ὀχθήσας προσέφη πόδας ὠκὺς Ἀχιλλεύς·			14
‘ἔβλαψάς μ᾽, ἑκάεργε, θεῶν ὀλοώτατε πάντων,			15
ἐνθάδε νῦν τρέψας ἀπὸ τείχεος· ἦ κ᾽ ἔτι πολλοὶ			16
γαῖαν ὀδὰξ εἷλον πρὶν Ἴλιον εἰσαφικέσθαι.			17
νῦν δ᾽ ἐμὲ μὲν μέγα κῦδος ἀφείλεο, τοὺς δὲ σάωσας			18
ῥηϊδίως, ἐπεὶ οὔ τι τίσιν γ᾽ ἔδεισας ὀπίσσω.			19
ἦ σ᾽ ἂν τισαίμην, εἴ μοι δύναμίς γε παρείη.’			20
    ὣς εἰπὼν προτὶ ἄστυ μέγα φρονέων ἐβεβήκει,			21
σευάμενος ὥς θ᾽ ἵππος ἀεθλοφόρος σὺν ὄχεσφιν,			22
ὅς ῥά τε ῥεῖα θέῃσι τιταινόμενος πεδίοιο·			23
ὣς Ἀχιλεὺς λαιψηρὰ πόδας καὶ γούνατ᾽ ἐνώμα.			24
    τὸν δ᾽ ὁ γέρων Πρίαμος πρῶτος ἴδεν ὀφθαλμοῖσι,			25
παμφαίνονθ᾽ ὥς τ᾽ ἀστέρ᾽ ἐπεσσύμενον πεδίοιο,			26
ὅς ῥά τ᾽ ὀπώρης εἶσιν, ἀρίζηλοι δέ οἱ αὐγαὶ			27
φαίνονται πολλοῖσι μετ᾽ ἀστράσι νυκτὸς ἀμολγῷ·			28
ὅν τε κύν᾽ Ὠρίωνος ἐπίκλησιν καλέουσι.			29
λαμπρότατος μὲν ὅ γ᾽ ἐστί, κακὸν δέ τε σῆμα τέτυκται,			30

καί τε φέρει πολλὸν πυρετὸν δειλοῖσι βροτοῖσιν·	31

ὣς τοῦ χαλκὸς ἔλαμπε περὶ στήθεσσι θέοντος.	32

ᾤμωξεν δ᾽ ὃ γέρων, κεφαλὴν δ᾽ ὅ γε κόψατο χερσὶν	33

ὑψόσ᾽ ἀνασχόμενος, μέγα δ᾽ οἰμώξας ἐγεγώνει	34

λισσόμενος φίλον υἱόν· ὃ δὲ προπάροιθε πυλάων	35

ἑστήκει, ἄμοτον μεμαὼς Ἀχιλῆϊ μάχεσθαι·	36

τὸν δ᾽ ὃ γέρων ἐλεεινὰ προσηύδα χεῖρας ὀρεγνύς·	37

‘ Ἕκτορ μή μοι μίμνε, φίλον τέκος, ἀνέρα τοῦτον	38

οἶος ἄνευθ᾽ ἄλλων, ἵνα μὴ τάχα πότμον ἐπίσπῃς	39

Πηλεΐωνι δαμείς, ἐπεὶ ἦ πολὺ φέρτερός ἐστι,	40

σχέτλιος· αἴθε θεοῖσι φίλος τοσσόνδε γένοιτο	41

ὅσσον ἐμοί· τάχα κέν ἑ κύνες καὶ γῦπες ἔδοιεν	42

κείμενον· ἦ κέ μοι αἰνὸν ἀπὸ πραπίδων ἄχος ἔλθοι·	43

ὅς μ᾽ υἱῶν πολλῶν τε καὶ ἐσθλῶν εὖνιν ἔθηκε,	44

κτείνων καὶ περνὰς νήσων ἔπι τηλεδαπάων.	45

καὶ γὰρ νῦν δύο παῖδε, Λυκάονα καὶ Πολύδωρον,	46

οὐ δύναμαι ἰδέειν Τρώων εἰς ἄστυ ἀλέντων,	47

τούς μοι Λαοθόη τέκετο, κρείουσα γυναικῶν.	48

ἀλλ᾽ εἰ μὲν ζώουσι μετὰ στρατῷ, ἦ τ᾽ ἂν ἔπειτα	49

χαλκοῦ τε χρυσοῦ τ᾽ ἀπολυσόμεθ᾽, ἔστι γὰρ ἔνδον·	50

πολλὰ γὰρ ὤπασε παιδὶ γέρων ὀνομάκλυτος Ἄλτης.	51

εἰ δ᾽ ἤδη τεθνᾶσι καὶ εἰν Ἀΐδαο δόμοισιν,	52

ἄλγος ἐμῷ θυμῷ καὶ μητέρι, τοὶ τεκόμεσθα·	53

λαοῖσιν δ᾽ ἄλλοισι μινυνθαδιώτερον ἄλγος	54

ἔσσεται, ἢν μὴ καὶ σὺ θάνῃς Ἀχιλῆϊ δαμασθείς.	55

ἀλλ᾽ εἰσέρχεο τεῖχος, ἐμὸν τέκος, ὄφρα σαώσῃς	56

Τρῶας καὶ Τρῳάς, μὴ δὲ μέγα κῦδος ὀρέξῃς	57

Πηλεΐδῃ, αὐτὸς δὲ φίλης αἰῶνος ἀμερθῇς.	58

πρὸς δ᾽ ἐμὲ τὸν δύστηνον ἔτι φρονέοντ᾽ ἐλέησον	59

δύσμορον, ὅν ῥα πατὴρ Κρονίδης ἐπὶ γήραος οὐδῷ	60

αἴσῃ ἐν ἀργαλέῃ φθίσει, κακὰ πόλλ᾽ ἐπιδόντα, 61

υἷάς τ᾽ ὀλλυμένους ἑλκηθείσας τε θύγατρας, 62

καὶ θαλάμους κεραϊζομένους, καὶ νήπια τέκνα 63

βαλλόμενα προτὶ γαίῃ ἐν αἰνῇ δηϊοτῆτι, 64

ἑλκομένας τε νυοὺς ὀλοῆς ὑπὸ χερσὶν Ἀχαιῶν. 65

αὐτὸν δ᾽ ἂν πύματόν με κύνες πρώτῃσι θύρῃσιν 66

ὠμησταὶ ἐρύουσιν, ἐπεί κέ τις ὀξέϊ χαλκῷ 67

τύψας ἠὲ βαλὼν ῥεθέων ἐκ θυμὸν ἕληται, 68

οὓς τρέφον ἐν μεγάροισι τραπεζῆας θυραωρούς, 69

οἵ κ᾽ ἐμὸν αἷμα πιόντες ἀλύσσοντες περὶ θυμῷ 70

κείσοντ᾽ ἐν προθύροισι. νέῳ δέ τε πάντ᾽ ἐπέοικεν 71

ἀρηϊκταμένῳ, δεδαϊγμένῳ ὀξέϊ χαλκῷ, 72

κεῖσθαι· πάντα δὲ καλὰ θανόντι περ ὅττι φανήῃ· 73

ἀλλ᾽ ὅτε δὴ πολιόν τε κάρη πολιόν τε γένειον 74

αἰδῶ τ᾽ αἰσχύνωσι κύνες κταμένοιο γέροντος, 75

τοῦτο δὴ οἴκτιστον πέλεται δειλοῖσι βροτοῖσιν. 76

ἦ ῥ᾽ ὃ γέρων, πολιὰς δ᾽ ἄρ᾽ ἀνὰ τρίχας ἕλκετο χερσὶ 77

τίλλων ἐκ κεφαλῆς· οὐδ᾽ Ἕκτορι θυμὸν ἔπειθε. 78

μήτηρ δ᾽ αὖθ᾽ ἑτέρωθεν ὀδύρετο δάκρυ χέουσα 79

κόλπον ἀνιεμένη, ἑτέρῃφι δὲ μαζὸν ἀνέσχε· 80

καί μιν δάκρυ χέουσ᾽ ἔπεα πτερόεντα προσηύδα· 81

‘ Ἕκτορ, τέκνον ἐμόν, τάδε τ᾽ αἴδεο καί μ᾽ ἐλέησον 82

αὐτήν, εἴ ποτέ τοι λαθικηδέα μαζὸν ἐπέσχον· 83

τῶν μνῆσαι, φίλε τέκνον, ἄμυνε δὲ δήϊον ἄνδρα 84

τείχεος ἐντὸς ἐών, μὴ δὲ πρόμος ἵστασο τούτῳ, 85

σχέτλιος· εἴ περ γάρ σε κατακτάνῃ, οὔ σ᾽ ἔτ᾽ ἔγωγε 86

κλαύσομαι ἐν λεχέεσσι, φίλον θάλος, ὃν τέκον αὐτή, 87

οὐδ᾽ ἄλοχος πολύδωρος· ἄνευθε δέ σε μέγα νῶϊν 88

Ἀργείων παρὰ νηυσὶ κύνες ταχέες κατέδονται.’ 89

ὣς τώ γε κλαίοντε προσαυδήτην φίλον υἱόν, 90

πολλὰ λισσομένω· οὐδ᾽ Ἕκτορι θυμὸν ἔπειθον,   91
ἀλλ᾽ ὅ γε μίμν᾽ Ἀχιλῆα πελώριον ἆσσον ἰόντα.   92
ὡς δὲ δράκων ἐπὶ χειῇ ὀρέστερος ἄνδρα μένῃσι,   93
βεβρωκὼς κακὰ φάρμακ᾽, ἔδυ δέ τέ μιν χόλος αἰνός,   94
σμερδαλέον δὲ δέδορκεν ἑλισσόμενος περὶ χειῇ·   95
ὣς Ἕκτωρ ἄσβεστον ἔχων μένος οὐχ ὑπεχώρει   96
πύργῳ ἔπι προὔχοντι φαεινὴν ἀσπίδ᾽ ἐρείσας·   97
ὀχθήσας δ᾽ ἄρα εἶπε πρὸς ὃν μεγαλήτορα θυμόν·   98
'ὤ μοι ἐγών, εἰ μέν κε πύλας καὶ τείχεα δύω,   99
Πουλυδάμας μοι πρῶτος ἐλεγχείην ἀναθήσει,   100
ὅς μ᾽ ἐκέλευε Τρωσὶ ποτὶ πτόλιν ἡγήσασθαι   101
νύχθ᾽ ὕπο τήνδ᾽ ὀλοήν, ὅτε τ᾽ ὤρετο δῖος Ἀχιλλεύς.   102
ἀλλ᾽ ἐγὼ οὐ πιθόμην· ἦ τ᾽ ἂν πολὺ κέρδιον ἦεν.   103
νῦν δ᾽ ἐπεὶ ὤλεσα λαὸν ἀτασθαλίῃσιν ἐμῇσιν,   104
αἰδέομαι Τρῶας καὶ Τρῳάδας ἑλκεσιπέπλους,   105
μή ποτέ τις εἴπῃσι κακώτερος ἄλλος ἐμεῖο·   106
' Ἕκτωρ ἧφι βίηφι πιθήσας ὤλεσε λαόν.'   107
ὣς ἐρέουσιν· ἐμοὶ δὲ τότ᾽ ἂν πολὺ κέρδιον εἴη   108
ἄντην ἢ Ἀχιλῆα κατακτείναντα νέεσθαι,   109
ἠέ κεν αὐτῷ ὀλέσθαι ἐϋκλειῶς πρὸ πόληος.   110
εἰ δέ κεν ἀσπίδα μὲν καταθείομαι ὀμφαλόεσσαν   111
καὶ κόρυθα βριαρήν, δόρυ δὲ πρὸς τεῖχος ἐρείσας   112
αὐτὸς ἰὼν Ἀχιλῆος ἀμύμονος ἀντίος ἔλθω   113
καί οἱ ὑπόσχωμαι Ἑλένην καὶ κτήμαθ᾽ ἅμ᾽ αὐτῇ,   114
πάντα μάλ᾽ ὅσσά τ᾽ Ἀλέξανδρος κοίλῃς ἐνὶ νηυσὶν   115
ἠγάγετο Τροίηνδ᾽, ἥ τ᾽ ἔπλετο νείκεος ἀρχή,   116
δωσέμεν Ἀτρεΐδῃσιν ἄγειν, ἅμα δ᾽ ἀμφὶς Ἀχαιοῖς   117
ἀλλ᾽ ἀποδάσσεσθαι, ὅσα τε πτόλις ἥδε κέκευθε·   118
Τρωσὶν δ᾽ αὖ μετόπισθε γερούσιον ὅρκον ἕλωμαι   119
μή τι κατακρύψειν, ἀλλ᾽ ἄνδιχα πάντα δάσασθαι   120

κτῆσιν ὅσην πτολίεθρον ἐπήρατον ἐντὸς ἐέργει· 121

ἀλλὰ τί ἤ μοι ταῦτα φίλος διελέξατο θυμός; 122

μή μιν ἐγὼ μὲν ἵκωμαι ἰών, ὁ δέ μ᾽ οὐκ ἐλεήσει 123

οὐδέ τί μ᾽ αἰδέσεται, κτενέει δέ με γυμνὸν ἐόντα 124

αὔτως ὥς τε γυναῖκα, ἐπεί κ᾽ ἀπὸ τεύχεα δύω. 125

οὐ μέν πως νῦν ἔστιν ἀπὸ δρυὸς οὐδ᾽ ἀπὸ πέτρης 126

τῷ ὀαριζέμεναι, ἅ τε παρθένος ἠΐθεός τε 127

παρθένος ἠΐθεός τ᾽ ὀαρίζετον ἀλλήλοιιν. 128

βέλτερον αὖτ᾽ ἔριδι ξυνελαυνέμεν ὅττι τάχιστα· 129

εἴδομεν ὁπποτέρῳ κεν Ὀλύμπιος εὖχος ὀρέξῃ.᾽ 130

   ὣς ὅρμαινε μένων, ὁ δέ οἱ σχεδὸν ἦλθεν Ἀχιλλεὺς 131

ἶσος Ἐνυαλίῳ, κορυθάϊκι πτολεμιστῇ, 132

σείων Πηλιάδα μελίην κατὰ δεξιὸν ὦμον 133

δεινήν· ἀμφὶ δὲ χαλκὸς ἐλάμπετο εἴκελος αὐγῇ 134

ἢ πυρὸς αἰθομένου ἢ ἠελίου ἀνιόντος. 135

Ἕκτορα δ᾽, ὡς ἐνόησεν, ἕλε τρόμος· οὐδ᾽ ἄρ᾽ ἔτ᾽ ἔτλη 136

αὖθι μένειν, ὀπίσω δὲ πύλας λίπε, βῆ δὲ φοβηθείς· 137

Πηλεΐδης δ᾽ ἐπόρουσε ποσὶ κραιπνοῖσι πεποιθώς. 138

ἠΰτε κίρκος ὄρεσφιν, ἐλαφρότατος πετεηνῶν, 139

ῥηϊδίως οἴμησε μετὰ τρήρωνα πέλειαν, 140

ἣ δέ θ᾽ ὕπαιθα φοβεῖται, ὁ δ᾽ ἐγγύθεν ὀξὺ λεληκὼς 141

ταρφέ᾽ ἐπαΐσσει, ἑλέειν τέ ἑ θυμὸς ἀνώγει· 142

ὣς ἄρ᾽ ὅ γ᾽ ἐμμεμαὼς ἰθὺς πέτετο, τρέσε δ᾽ Ἕκτωρ 143

τεῖχος ὕπο Τρώων, λαιψηρὰ δὲ γούνατ᾽ ἐνώμα. 144

οἳ δὲ παρὰ σκοπιὴν καὶ ἐρινεὸν ἠνεμόεντα 145

τείχεος αἰὲν ὑπ᾽ ἐκ κατ᾽ ἀμαξιτὸν ἐσσεύοντο, 146

κρουνὼ δ᾽ ἵκανον καλλιρρόω· ἔνθα δὲ πηγαὶ 147

δοιαὶ ἀναΐσσουσι Σκαμάνδρου δινήεντος. 148

ἣ μὲν γάρ θ᾽ ὕδατι λιαρῷ ῥέει, ἀμφὶ δὲ καπνὸς 149

γίγνεται ἐξ αὐτῆς ὡς εἰ πυρὸς αἰθομένοιο· 150

ἣ δ' ἑτέρη θέρεϊ προρέει ἐϊκυῖα χαλάζῃ,   151

ἢ χιόνι ψυχρῇ, ἢ ἐξ ὕδατος κρυστάλλῳ.   152

ἔνθα δ' ἐπ' αὐτάων πλυνοὶ εὐρέες ἐγγὺς ἔασι   153

καλοὶ λαΐνεοι, ὅθι εἵματα σιγαλόεντα   154

πλύνεσκον Τρώων ἄλοχοι καλαί τε θύγατρες   155

τὸ πρὶν ἐπ' εἰρήνης, πρὶν ἐλθεῖν υἷας Ἀχαιῶν.   156

τῇ ῥα παραδραμέτην, φεύγων, ὃ δ' ὄπισθε διώκων·   157

πρόσθε μὲν ἐσθλὸς ἔφευγε, δίωκε δέ μιν μέγ' ἀμείνων   158

καρπαλίμως, ἐπεὶ οὐχ ἱερήϊον οὐδὲ βοείην   159

ἀρνύσθην, ἅ τε ποσσὶν ἀέθλια γίγνεται ἀνδρῶν,   160

ἀλλὰ περὶ ψυχῆς θέον Ἕκτορος ἱπποδάμοιο.   161

ὡς δ' ὅτ' ἀεθλοφόροι περὶ τέρματα μώνυχες ἵπποι   162

ῥίμφα μάλα τρωχῶσι· τὸ δὲ μέγα κεῖται ἄεθλον,   163

ἢ τρίπος ἠὲ γυνή, ἀνδρὸς κατατεθνηῶτος·   164

ὣς τὼ τρὶς Πριάμοιο πόλιν πέρι δινηθήτην   165

καρπαλίμοισι πόδεσσι· θεοὶ δ' ἐς πάντες ὁρῶντο·   166

τοῖσι δὲ μύθων ἦρχε πατὴρ ἀνδρῶν τε θεῶν τε·   167

'ὢ πόποι, ἦ φίλον ἄνδρα διωκόμενον περὶ τεῖχος   168

ὀφθαλμοῖσιν ὁρῶμαι· ἐμὸν δ' ὀλοφύρεται ἦτορ   169

Ἕκτορος, ὅς μοι πολλὰ βοῶν ἐπὶ μηρί' ἔκηεν   170

Ἴδης ἐν κορυφῇσι πολυπτύχου, ἄλλοτε δ' αὖτε   171

ἐν πόλει ἀκροτάτῃ· νῦν αὖτέ ἑ δῖος Ἀχιλλεὺς   172

ἄστυ πέρι Πριάμοιο ποσὶν ταχέεσσι διώκει.   173

ἀλλ' ἄγετε φράζεσθε, θεοί, καὶ μητιάασθε   174

ἠέ μιν ἐκ θανάτοιο σαώσομεν, ἦέ μιν ἤδη   175

Πηλεΐδῃ Ἀχιλῆϊ δαμάσσομεν ἐσθλὸν ἐόντα.'   176

   τὸν δ' αὖτε προσέειπε θεὰ γλαυκῶπις Ἀθήνη·   177

'ὢ πάτερ ἀργικέραυνε, κελαινεφές, οἷον ἔειπες·   178

ἄνδρα θνητὸν ἐόντα, πάλαι πεπρωμένον αἴσῃ,   179

ἂψ ἐθέλεις θανάτοιο δυσηχέος ἐξαναλῦσαι;   180 ἔρδ'· ἀτὰρ οὔ τοι πάντες ἐπαινέομεν θεοὶ ἄλλοι.' 181

τὴν δ' ἀπαμειβόμενος προσέφη νεφεληγερέτα Ζεύς· 182

'θάρσει, Τριτογένεια, φίλον τέκος· οὔ νύ τι θυμῷ 183

πρόφρονι μυθέομαι, ἐθέλω δέ τοι ἤπιος εἶναι· 184

ἔρξον ὅπῃ δή τοι νόος ἔπλετο, μὴ δ' ἔτ' ἐρώει.' 185

ὣς εἰπὼν ὄτρυνε πάρος μεμαυῖαν Ἀθήνην· 186

βῆ δὲ κατ' Οὐλύμποιο καρήνων ἀΐξασα. 187

Ἕκτορα δ' ἀσπερχὲς κλονέων ἔφεπ' ὠκὺς Ἀχιλλεύς. 188

ὡς δ' ὅτε νεβρὸν ὄρεσφι κύων ἐλάφοιο δίηται, 189

ὄρσας ἐξ εὐνῆς, διά τ' ἄγκεα καὶ διὰ βήσσας· 190

τὸν δ' εἴ πέρ τε λάθῃσι καταπτήξας ὑπὸ θάμνῳ, 191

ἀλλά τ' ἀνιχνεύων θέει ἔμπεδον, ὄφρά κεν εὕρῃ· 192

ὣς Ἕκτωρ οὐ λῆθε ποδώκεα Πηλεΐωνα. 193

ὁσσάκι δ' ὁρμήσειε πυλάων Δαρδανιάων 194

ἀντίον ἀΐξασθαι ἐϋδμήτους ὑπὸ πύργους, 195

εἴ πως οἱ καθύπερθεν ἀλάλκοιεν βελέεσσι, 196

τοσσάκι μιν προπάροιθεν ἀποστρέψασκε παραφθὰς 197

πρὸς πεδίον· αὐτὸς δὲ ποτὶ πτόλιος πέτετ' αἰεί. 198

ὡς δ' ἐν ὀνείρῳ οὐ δύναται φεύγοντα διώκειν· 199

οὔτ' ἄρ' ὁ τὸν δύναται ὑποφεύγειν οὔθ' ὁ διώκειν· 200

ὣς ὁ τὸν οὐ δύνατο μάρψαι ποσίν, οὐδ' ὃς ἀλύξαι. 201

πῶς δέ κεν Ἕκτωρ κῆρας ὑπεξέφυγεν θανάτοιο, 202

εἰ μή οἱ πύματόν τε καὶ ὕστατον ἤντετ' Ἀπόλλων 203

ἐγγύθεν, ὅς οἱ ἐπῶρσε μένος λαιψηρά τε γοῦνα; 204

λαοῖσιν δ' ἀνένευε καρήατι δῖος Ἀχιλλεύς, 205

οὐδ' ἔα ἱέμεναι ἐπὶ Ἕκτορι πικρὰ βέλεμνα, 206

μή τις κῦδος ἄροιτο βαλών, ὁ δὲ δεύτερος ἔλθοι. 207

ἀλλ' ὅτε δὴ τὸ τέταρτον ἐπὶ κρουνοὺς ἀφίκοντο, 208

καὶ τότε δὴ χρύσεια πατὴρ ἐτίταινε τάλαντα, 209

ἐν δ' ἐτίθει δύο κῆρε τανηλεγέος θανάτοιο, 210

τὴν μὲν Ἀχιλλῆος, τὴν δ᾽ Ἕκτορος ἱπποδάμοιο,   211
ἕλκε δὲ μέσσα λαβών· ῥέπε δ᾽ Ἕκτορος αἴσιμον ἦμαρ,   212
ᾤχετο δ᾽ εἰς Ἀΐδαο, λίπεν δέ ἑ Φοῖβος Ἀπόλλων.   213
Πηλεΐωνα δ᾽ ἵκανε θεὰ γλαυκῶπις Ἀθήνη,   214
ἀγχοῦ δ᾽ ἱσταμένη ἔπεα πτερόεντα προσηύδα·   215
'νῦν δὴ νῶι ἔολπα, Διὶ φίλε φαίδιμ᾽ Ἀχιλλεῦ,   216
οἴσεσθαι μέγα κῦδος Ἀχαιοῖσι προτὶ νῆας   217
Ἕκτορα δῃώσαντε μάχης ἄατόν περ ἐόντα.   218
οὔ οἱ νῦν ἔτι γ᾽ ἔστι πεφυγμένον ἄμμε γενέσθαι,   219
οὐδ᾽ εἴ κεν μάλα πολλὰ πάθοι ἑκάεργος Ἀπόλλων   220
προπροκυλινδόμενος πατρὸς Διὸς αἰγιόχοιο.   221
ἀλλὰ σὺ μὲν νῦν στῆθι καὶ ἄμπνυε, τόνδε δ᾽ ἐγώ τοι   222
οἰχομένη πεπιθήσω ἐναντίβιον μαχέσασθαι.᾽   223
    ὣς φάτ᾽ Ἀθηναίη, ὁ δ᾽ ἐπείθετο, χαῖρε δὲ θυμῷ,   224
στῆ δ᾽ ἄρ᾽ ἐπὶ μελίης χαλκογλώχινος ἐρεισθείς.   225
ἣ δ᾽ ἄρα τὸν μὲν ἔλειπε, κιχήσατο δ᾽ Ἕκτορα δῖον   226
Δηϊφόβῳ ἐϊκυῖα δέμας καὶ ἀτειρέα φωνήν·   227
ἀγχοῦ δ᾽ ἱσταμένη ἔπεα πτερόεντα προσηύδα·   228
'ἠθεῖ᾽, ἦ μάλα δή σε βιάζεται ὠκὺς Ἀχιλλεύς,   229
ἄστυ πέρι Πριάμοιο ποσὶν ταχέεσσι διώκων·   230
ἀλλ᾽ ἄγε δὴ στέωμεν καὶ ἀλεξώμεσθα μένοντες.᾽   231
    τὴν δ᾽ αὖτε προσέειπε μέγας κορυθαίολος Ἕκτωρ·   232
'Δηΐφοβ᾽ ἦ μέν μοι τὸ πάρος πολὺ φίλτατος ἦσθα   233
γνωτῶν, οὓς Ἑκάβη ἠδὲ Πρίαμος τέκε παῖδας·   234
νῦν δ᾽ ἔτι καὶ μᾶλλον νοέω φρεσὶ τιμήσασθαι,   235
ὃς ἔτλης ἐμεῦ εἵνεκ᾽, ἐπεὶ ἴδες ὀφθαλμοῖσι,   236
τείχεος ἐξελθεῖν, ἄλλοι δ᾽ ἔντοσθε μένουσι.᾽   237
    τὸν δ᾽ αὖτε προσέειπε θεὰ γλαυκῶπις Ἀθήνη·   238
'ἠθεῖ᾽, ἦ μὲν πολλὰ πατὴρ καὶ πότνια μήτηρ   239
λίσσονθ᾽ ἑξείης γουνούμενοι, ἀμφὶ δ᾽ ἑταῖροι,   240

αὖθι μένειν· τοῖον γὰρ ὑποτρομέουσιν ἅπαντες· 241
ἀλλ' ἐμὸς ἔνδοθι θυμὸς ἐτείρετο πένθεϊ λυγρῷ. 242
νῦν δ' ἰθὺς μεμαῶτε μαχώμεθα, μὴ δέ τι δούρων 243
ἔστω φειδωλή, ἵνα εἴδομεν εἴ κεν Ἀχιλλεὺς 244
νῶϊ κατακτείνας ἔναρα βροτόεντα φέρηται 245
νῆας ἔπι γλαφυράς, ἦ κεν σῷ δουρὶ δαμήῃ.' 246
ὣς φαμένη καὶ κερδοσύνῃ ἡγήσατ' Ἀθήνη· 247
οἳ δ' ὅτε δὴ σχεδὸν ἦσαν ἐπ' ἀλλήλοισιν ἰόντες, 248
τὸν πρότερος προσέειπε μέγας κορυθαίολος Ἕκτωρ· 249
'οὔ σ' ἔτι, Πηλέος υἱὲ, φοβήσομαι, ὡς τὸ πάρος περ 250
τρὶς περὶ ἄστυ μέγα Πριάμου δίον, οὐδέ ποτ' ἔτλην 251
μεῖναι ἐπερχόμενον· νῦν αὖτέ με θυμὸς ἀνῆκε 252
στήμεναι ἀντία σεῖο· ἕλοιμί κεν, ἤ κεν ἀλοίην. 253
ἀλλ' ἄγε δεῦρο θεοὺς ἐπιδώμεθα· τοὶ γὰρ ἄριστοι 254
μάρτυροι ἔσσονται καὶ ἐπίσκοποι ἁρμονιάων· 255
οὐ γὰρ ἐγώ σ' ἔκπαγλον ἀεικιῶ, αἴ κεν ἐμοὶ Ζεὺς 256
δώῃ καμμονίην, σὴν δὲ ψυχὴν ἀφέλωμαι· 257
ἀλλ' ἐπεὶ ἄρ κέ σε συλήσω κλυτὰ τεύχε', Ἀχιλλεῦ, 258
νεκρὸν Ἀχαιοῖσιν δώσω πάλιν· ὣς δὲ σὺ ῥέζειν.' 259
τὸν δ' ἄρ' ὑπόδρα ἰδὼν προσέφη πόδας ὠκὺς Ἀχιλλεύς· 260
'Ἕκτορ, μή μοι, ἄλαστε, συνημοσύνας ἀγόρευε· 261
ὡς οὐκ ἔστι λέουσι καὶ ἀνδράσιν ὅρκια πιστά, 262
οὐδὲ λύκοι τε καὶ ἄρνες ὁμόφρονα θυμὸν ἔχουσιν, 263
ἀλλὰ κακὰ φρονέουσι διαμπερὲς ἀλλήλοισιν, 264
ὣς οὐκ ἔστ' ἐμὲ καὶ σὲ φιλήμεναι, οὐδέ τι νῶϊν 265
ὅρκια ἔσσονται, πρίν γ' ἢ ἕτερόν γε πεσόντα 266
αἵματος ἆσαι Ἄρηα, ταλαύρινον πολεμιστήν. 267
παντοίης ἀρετῆς μιμνήσκεο· νῦν σε μάλα χρὴ 268
αἰχμητήν τ' ἔμεναι καὶ θαρσαλέον πολεμιστήν. 269
οὔ τοι ἔτ' ἔσθ' ὑπάλυξις, ἄφαρ δέ σε Παλλὰς Ἀθήνη 270

ἔγχει ἐμῷ δαμάᾳ· νῦν δ' ἀθρόα πάντ' ἀποτίσεις   271
κήδε' ἐμῶν ἑτάρων, οὓς ἔκτανες ἔγχεϊ θύων.'   272
   ἦ ῥα, καὶ ἀμπεπαλὼν προΐει δολιχόσκιον ἔγχος·   273
καὶ τὸ μὲν ἄντα ἰδὼν ἠλεύατο φαίδιμος Ἕκτωρ·   274
ἕζετο γὰρ προϊδών, τὸ δ' ὑπέρπτατο χάλκεον ἔγχος,   275
ἐν γαίῃ δ' ἐπάγη· ἀνὰ δ' ἥρπασε Παλλὰς Ἀθήνη,   276
ἂψ δ' Ἀχιλῆϊ δίδου, λάθε δ' Ἕκτορα, ποιμένα λαῶν.   277
Ἕκτωρ δὲ προσέειπεν ἀμύμονα Πηλεΐωνα·   278
'ἤμβροτες, οὐδ' ἄρα πώ τι, θεοῖς ἐπιείκελ' Ἀχιλλεῦ,   279
ἐκ Διὸς ἠείδης τὸν ἐμὸν μόρον, ἦ τοι ἔφης γε·   280
ἀλλά τις ἀρτιεπὴς καὶ ἐπίκλοπος ἔπλεο μύθων,   281
ὄφρά σ' ὑποδείσας μένεος ἀλκῆς τε λάθωμαι.   282
οὐ μέν μοι φεύγοντι μεταφρένῳ ἐν δόρυ πήξεις,   283
ἀλλ' ἰθὺς μεμαῶτι διὰ στήθεσφιν ἔλασσον,   284
εἴ τοι ἔδωκε θεός· νῦν αὖτ' ἐμὸν ἔγχος ἄλευαι   285
χάλκεον· ὡς δή μιν σῷ ἐν χροῒ πᾶν κομίσαιο.   286
καί κεν ἐλαφρότερος πόλεμος Τρώεσσι γένοιτο   287
σεῖο καταφθιμένοιο· σὺ γάρ σφισι πῆμα μέγιστον.'   288
   ἦ ῥα, καὶ ἀμπεπαλὼν προΐει δολιχόσκιον ἔγχος,   289
καὶ βάλε Πηλεΐδαο μέσον σάκος οὐδ' ἀφάμαρτε·   290
τῆλε δ' ἀπεπλάγχθη σάκεος δόρυ· χώσατο δ' Ἕκτωρ   291
ὅττί ῥά οἱ βέλος ὠκὺ ἐτώσιον ἔκφυγε χειρός,   292
στῆ δὲ κατηφήσας, οὐδ' ἄλλ' ἔχε μείλινον ἔγχος.   293
Δηΐφοβον δ' ἐκάλει λευκάσπιδα μακρὸν ἀΰσας·   294
ᾔτεέ μιν δόρυ μακρόν· ὃ δ' οὔ τί οἱ ἐγγύθεν ἦεν.   295
Ἕκτωρ δ' ἔγνω ᾗσιν ἐνὶ φρεσὶ φώνησέν τε·   296
'ὢ πόποι ἦ μάλα δή με θεοὶ θάνατόνδε κάλεσσαν·   297
Δηΐφοβον γὰρ ἔγωγ' ἐφάμην ἥρωα παρεῖναι·   298
ἀλλ' ὃ μὲν ἐν τείχει, ἐμὲ δ' ἐξαπάτησεν Ἀθήνη.   299
νῦν δὲ δὴ ἐγγύθι μοι θάνατος κακός, οὐδ' ἔτ' ἄνευθεν,   300

οὐδ' ἀλέη· ἦ γάρ ῥα πάλαι τό γε φίλτερον ἦεν   301
Ζηνί τε καὶ Διὸς υἷι ἐκηβόλῳ, οἵ με πάρος γε   302
πρόφρονες εἰρύατο· νῦν αὖτέ με μοῖρα κιχάνει.   303
μὴ μὰν ἀσπουδί γε καὶ ἀκλειῶς ἀπολοίμην,   304
ἀλλὰ μέγα ῥέξας τι καὶ ἐσσομένοισι πυθέσθαι.'   305
   ὣς ἄρα φωνήσας εἰρύσσατο φάσγανον ὀξύ,   306
τό οἱ ὑπὸ λαπάρην τέτατο μέγα τε στιβαρόν τε,   307
οἴμησεν δὲ ἀλεὶς) ὥς τ' αἰετὸς ὑψιπετήεις,   308
ὅς τ' εἶσιν πεδίονδε διὰ νεφέων ἐρεβεννῶν   309
ἁρπάξων ἢ ἄρν' ἀμαλὴν ἤ πτῶκα λαγωόν·   310
ὣς Ἕκτωρ οἴμησε τινάσσων φάσγανον ὀξύ.   311
ὁρμήθη δ' Ἀχιλεύς, μένεος δ' ἐμπλήσατο θυμὸν   312
ἀγρίου, πρόσθεν δὲ σάκος στέρνοιο κάλυψε   313
καλὸν δαιδάλεον, κόρυθι δ' ἐπένευε φαεινῇ   314
τετραφάλῳ· καλαὶ δὲ περισσείοντο ἔθειραι   315
χρύσεαι, ἃς Ἥφαιστος ἵει λόφον ἀμφὶ θαμειάς.   316
οἷος δ' ἀστὴρ εἶσι μετ' ἀστράσι νυκτὸς ἀμολγῷ   317
ἕσπερος, ὃς κάλλιστος ἐν οὐρανῷ ἵσταται ἀστήρ,   318
ὣς αἰχμῆς ἀπέλαμπ' εὐήκεος, ἣν ἄρ' Ἀχιλλεὺς   319
πάλλεν δεξιτερῇ φρονέων κακὸν Ἕκτορι δίῳ   320
εἰσορόων χρόα καλόν, ὅπῃ εἴξειε μάλιστα.   321
τοῦ δὲ καὶ ἄλλο τόσον μὲν ἔχε χρόα χάλκεα τεύχεα   322
καλά, τὰ Πατρόκλοιο βίην ἐνάριξε κατακτάς·   323
φαίνετο δ' ᾗ κληῖδες ἀπ' ὤμων αὐχέν' ἔχουσι,   324
λαυκανίην, ἵνα τε ψυχῆς ὤκιστος ὄλεθρος·   325
τῇ ῥ' ἐπὶ οἷ μεμαῶτ' ἔλασ' ἔγχεϊ δῖος Ἀχιλλεύς,   326
ἀντικρὺ δ' ἁπαλοῖο δι' αὐχένος ἤλυθ' ἀκωκή·   327
οὐδ' ἄρ' ἀπ' ἀσφάραγον μελίη τάμε χαλκοβάρεια,   328
ὄφρά τί μιν προτιείποι ἀμειβόμενος ἐπέεσσιν.   329
ἤριπε δ' ἐν κονίῃς· ὃ δ' ἐπεύξατο δῖος Ἀχιλλεύς·   330

' Ἕκτορ, ἀτάρ που ἔφης Πατροκλῆ' ἐξεναρίζων   331

σῶς ἔσσεσθ', ἐμὲ δ' οὐδὲν ὀπίζεο νόσφιν ἐόντα,   332

νήπιε· τοῖο δ' ἄνευθεν ἀοσσητὴρ μέγ' ἀμείνων   333

νηυσὶν ἔπι γλαφυρῇσιν ἐγὼ μετόπισθε λελείμμην,   334

ὅς τοι γούνατ' ἔλυσα· σὲ μὲν κύνες ἠδ' οἰωνοὶ   335

ἑλκήσουσ' ἀϊκῶς, τὸν δὲ κτεριοῦσιν Ἀχαιοί.'   336

    τὸν δ' ὀλιγοδρανέων προσέφη κορυθαίολος Ἕκτωρ·   337

'λίσσομ' ὑπὲρ ψυχῆς καὶ γούνων σῶν τε τοκήων,   338

μή με ἔα παρὰ νηυσὶ κύνας καταδάψαι Ἀχαιῶν,   339

ἀλλὰ σὺ μὲν χαλκόν τε ἅλις χρυσόν τε δέδεξο,   340

δῶρα τά τοι δώσουσι πατὴρ καὶ πότνια μήτηρ,   341

σῶμα δὲ οἴκαδ' ἐμὸν δόμεναι πάλιν, ὄφρα πυρός με   342

Τρῶες καὶ Τρώων ἄλοχοι λελάχωσι θανόντα.'   343

    τὸν δ' ἄρ' ὑπόδρα ἰδὼν προσέφη πόδας ὠκὺς Ἀχιλλεύς·   344

'μή με, κύον, γούνων γουνάζεο μὴ δὲ τοκήων·   345

αἲ γάρ πως αὐτόν με μένος καὶ θυμὸς ἀνήη   346

ὤμ' ἀποταμνόμενον κρέα ἔδμεναι, οἷα ἔοργας,   347

ὡς οὐκ ἔσθ' ὃς σῆς γε κύνας κεφαλῆς ἀπαλάλκοι,   348

οὐδ' εἴ κεν δεκάκις τε καὶ εἰκοσινήριτ' ἄποινα   349

στήσωσ' ἐνθάδ' ἄγοντες, ὑπόσχωνται δὲ καὶ ἄλλα,   350

οὐδ' εἴ κέν σ' αὐτὸν χρυσῷ ἐρύσασθαι ἀνώγοι   351

Δαρδανίδης Πρίαμος· οὐδ' ὣς σέ γε πότνια μήτηρ   352

ἐνθεμένη λεχέεσσι γοήσεται ὃν τέκεν αὐτή,   353

ἀλλὰ κύνες τε καὶ οἰωνοὶ κατὰ πάντα δάσονται.'   354

    τὸν δὲ καταθνήσκων προσέφη κορυθαίολος Ἕκτωρ·   355

'ἦ σ' εὖ γιγνώσκων προτιόσσομαι, οὐδ' ἄρ' ἔμελλον   356

πείσειν· ἦ γὰρ σοί γε σιδήρεος ἐν φρεσὶ θυμός.   357

φράζεο νῦν, μή τοί τι θεῶν μήνιμα γένωμαι   358

ἤματι τῷ ὅτε κέν σε Πάρις καὶ Φοῖβος Ἀπόλλων   359

ἐσθλὸν ἐόντ' ὀλέσωσιν ἐνὶ Σκαιῇσι πύλῃσιν.'   360

ὣς ἄρα μιν εἰπόντα τέλος θανάτοιο κάλυψε, 361

ψυχὴ δ' ἐκ ῥεθέων πταμένη Ἀϊδόσδε βεβήκει 362

ὃν πότμον γοόωσα, λιποῦσ' ἀνδροτῆτα καὶ ἥβην. 363

τὸν καὶ τεθνηῶτα προσηύδα δῖος Ἀχιλλεύς· 364

'τέθναθι· κῆρα δ' ἐγὼ τότε δέξομαι, ὁππότε κεν δὴ 365

Ζεὺς ἐθέλῃ τελέσαι ἠδ' ἀθάνατοι θεοὶ ἄλλοι.' 366

ἦ ῥα, καὶ ἐκ νεκροῖο ἐρύσσατο χάλκεον ἔγχος, 367

καὶ τό γ' ἄνευθεν ἔθηχ', ὃ δ' ἀπ' ὤμων τεύχε' ἐσύλα 368

αἱματόεντ'· ἄλλοι δὲ περίδραμον υἷες Ἀχαιῶν, 369

οἳ καὶ θηήσαντο φυὴν καὶ εἶδος ἀγητὸν 370

Ἕκτορος· οὐδ' ἄρα οἵ τις ἀνουτητί γε παρέστη. 371

ὧδε δέ τις εἴπεσκεν ἰδὼν ἐς πλησίον ἄλλον· 372

'ὢ πόποι, ἦ μάλα δὴ μαλακώτερος ἀμφαφάασθαι 373

Ἕκτωρ ἢ ὅτε νῆας ἐνέπρησεν πυρὶ κηλέῳ.' 374

ὣς ἄρα τις εἴπεσκε καὶ οὐτήσασκε παραστάς. 375

τὸν δ' ἐπεὶ ἐξενάριξε ποδάρκης δῖος Ἀχιλλεύς, 376

στὰς ἐν Ἀχαιοῖσιν ἔπεα πτερόεντ' ἀγόρευεν· 377

'ὢ φίλοι, Ἀργείων ἡγήτορες ἠδὲ μέδοντες, 378

ἐπεὶ δὴ τόνδ' ἄνδρα θεοὶ δαμάσασθαι ἔδωκαν, 379

ὃς κακὰ πόλλ' ἔρρεξεν, ὅσ' οὐ σύμπαντες οἱ ἄλλοι, 380

εἰ δ' ἄγετ' ἀμφὶ πόλιν σὺν τεύχεσι πειρηθῶμεν, 381

ὄφρά κ' ἔτι γνῶμεν Τρώων νόον, ὅν τιν' ἔχουσιν, 382

ἢ καταλείψουσιν πόλιν ἄκρην τοῦδε πεσόντος, 383

ἦε μένειν μεμάασι καὶ Ἕκτορος οὐκέτ' ἐόντος. 384

ἀλλὰ τί ἦ μοι ταῦτα φίλος διελέξατο θυμός; 385

κεῖται πὰρ νήεσσι νέκυς ἄκλαυτος ἄθαπτος 386

Πάτροκλος· τοῦ δ' οὐκ ἐπιλήσομαι, ὄφρ' ἂν ἔγωγε 387

ζωοῖσιν μετέω καί μοι φίλα γούνατ' ὀρώρῃ· 388

εἰ δὲ θανόντων περ καταλήθοντ' εἰν Ἀΐδαο, 389

αὐτὰρ ἐγὼ καὶ κεῖθι φίλου μεμνήσομ' ἑταίρου. 390

νῦν δ' ἄγ' ἀείδοντες παιήονα κοῦροι Ἀχαιῶν 391
νηυσὶν ἔπι γλαφυρῇσι νεώμεθα, τόνδε δ' ἄγωμεν. 392
ἠράμεθα μέγα κῦδος· ἐπέφνομεν Ἕκτορα δῖον, 393
ᾧ Τρῶες κατὰ ἄστυ θεῷ ὣς εὐχετόωντο.' 394 ⸰

ἦ ῥα, καὶ Ἕκτορα δῖον ἀεικέα μήδετο ἔργα. 395
ἀμφοτέρων μετόπισθε ποδῶν τέτρηνε τένοντε 396 ⸰
ἐς σφυρὸν ἐκ πτέρνης, βοέους δ' ἐξῆπτεν ἱμάντας, 397
ἐκ δίφροιο δ' ἔδησε, κάρη δ' ἕλκεσθαι ἔασεν· 398
ἐς δίφρον δ' ἀναβὰς ἀνά τε κλυτὰ τεύχε' ἀείρας 399
μάστιξέν ῥ' ἐλάαν, τὼ δ' οὐκ ἀέκοντε πετέσθην. 400
τοῦ δ' ἦν ἑλκομένοιο κονίσαλος, ἀμφὶ δὲ χαῖται 401
κυάνεαι πίτναντο, κάρη δ' ἅπαν ἐν κονίῃσι 402
κεῖτο πάρος χαρίεν· τότε δὲ Ζεὺς δυσμενέεσσι 403
δῶκεν ἀεικίσσασθαι ἑῇ ἐν πατρίδι γαίῃ. 404 ⸱

ὣς τοῦ μὲν κεκόνιτο κάρη ἅπαν· ἡ δέ νυ μήτηρ 405 ⸱
τίλλε κόμην, ἀπὸ δὲ λιπαρὴν ἔρριψε καλύπτρην 406
τηλόσε, κώκυσεν δὲ μάλα μέγα παῖδ' ἐσιδοῦσα· 407
ᾤμωξεν δ' ἐλεεινὰ πατὴρ φίλος, ἀμφὶ δὲ λαοὶ 408
κωκυτῷ τ' εἴχοντο καὶ οἰμωγῇ κατὰ ἄστυ. 409
τῷ δὲ μάλιστ' ἄρ' ἔην ἐναλίγκιον, ὡς εἰ ἅπασα 410
Ἴλιος ὀφρυόεσσα πυρὶ σμύχοιτο κατ' ἄκρης. 411 ⸱
λαοὶ μέν ῥα γέροντα μόγις ἔχον ἀσχαλόωντα, 412 ⸺
ἐξελθεῖν μεμαῶτα πυλάων Δαρδανιάων. 413
πάντας δ' ἐλλιτάνευε κυλινδόμενος κατὰ κόπρον, 414
ἐξονομακλήδην ὀνομάζων ἄνδρα ἕκαστον· 415 ⸝
'σχέσθε, φίλοι, καί μ' οἶον ἐάσατε κηδόμενοί περ 416
ἐξελθόντα πόληος ἱκέσθ' ἐπὶ νῆας Ἀχαιῶν. 417
λίσσωμ' ἀνέρα τοῦτον ἀτάσθαλον ὀβριμοεργόν, 418
ἤν πως ἡλικίην αἰδέσσεται ἠδ' ἐλεήσῃ 419
γῆρας· καὶ δέ νυ τῷ γε πατὴρ τοιόσδε τέτυκται 420

Πηλεύς, ὅς μιν ἔτικτε καὶ ἔτρεφε πῆμα γενέσθαι   421
Τρωσί· μάλιστα δ' ἐμοὶ περὶ πάντων ἄλγε' ἔθηκε.   422
τόσσους γάρ μοι παῖδας ἀπέκτανε τηλεθάοντας·   423
τῶν πάντων οὐ τόσσον ὀδύρομαι ἀχνύμενός περ   424
ὡς ἑνός, οὗ μ' ἄχος ὀξὺ κατοίσεται Ἄϊδος εἴσω,   425
Ἕκτορος· ὡς ὄφελεν θανέειν ἐν χερσὶν ἐμῇσι·   426
τώ κε κορεσσάμεθα κλαίοντέ τε μυρομένω τε   427
μήτηρ θ', ἥ μιν ἔτικτε δυσάμμορος, ἠδ' ἐγὼ αὐτός.'   428

    ὣς ἔφατο κλαίων, ἐπὶ δὲ στενάχοντο πολῖται·   429 ꓹ
Τρῳῇσιν δ' Ἑκάβη ἁδινοῦ ἐξῆρχε γόοιο·   430
'τέκνον, ἐγὼ δειλή· τί νυ βείομαι αἰνὰ παθοῦσα   431 ꓹ
σεῦ ἀποτεθνηῶτος; ὅ μοι νύκτάς τε καὶ ἦμαρ   432
εὐχωλὴ κατὰ ἄστυ πελέσκεο, πᾶσί τ' ὄνειαρ   433
Τρωσί τε καὶ Τρῳῇσι κατὰ πτόλιν, οἵ σε θεὸν ὣς   434
δειδέχατ'· ἦ γὰρ καί σφι μάλα μέγα κῦδος ἔησθα   435
ζωὸς ἐών· νῦν αὖ θάνατος καὶ μοῖρα κιχάνει.'   436 ꓹ

    ὣς ἔφατο κλαίουσ', ἄλοχος δ' οὔ πώ τι πέπυστο   437 ꓸ
Ἕκτορος· οὐ γάρ οἵ τις ἐτήτυμος ἄγγελος ἐλθὼν   438
ἤγγειλ' ὅττί ῥά οἱ πόσις ἔκτοθι μίμνε πυλάων,   439
ἀλλ' ἥ γ' ἱστὸν ὕφαινε μυχῷ δόμου ὑψηλοῖο   440
δίπλακα πορφυρέην, ἐν δὲ θρόνα ποικίλ' ἔπασσε.   441
κέκλετο δ' ἀμφιπόλοισιν ἐϋπλοκάμοις κατὰ δῶμα   442
ἀμφὶ πυρὶ στῆσαι τρίποδα μέγαν, ὄφρα πέλοιτο   443
Ἕκτορι θερμὰ λοετρὰ μάχης ἐκ νοστήσαντι,   444
νηπίη, οὐδ' ἐνόησεν ὅ μιν μάλα τῆλε λοετρῶν   445
χερσὶν Ἀχιλλῆος δάμασε γλαυκῶπις Ἀθήνη.   446 ꓹ
κωκυτοῦ δ' ἤκουσε καὶ οἰμωγῆς ἀπὸ πύργου·   447 ꓹ
τῆς δ' ἐλελίχθη γυῖα, χαμαὶ δέ οἱ ἔκπεσε κερκίς·   448
ἣ δ' αὖτις δμῳῇσιν ἐϋπλοκάμοισι μετηύδα·   449
'δεῦτε, δύω μοι ἕπεσθον, ἴδωμ' ὅτιν' ἔργα τέτυκται.   450

αἰδοίης ἑκυρῆς ὀπὸς ἔκλυον, ἐν δ' ἐμοὶ αὐτῇ   451

στήθεσι πάλλεται ἦτορ ἀνὰ στόμα, νέρθε δὲ γοῦνα   452

πήγνυται· ἐγγὺς δή τι κακὸν Πριάμοιο τέκεσσιν.   453

αἲ γὰρ ἀπ' οὔατος εἴη ἐμεῦ ἔπος· ἀλλὰ μάλ' αἰνῶς   454 ▸

δείδω μὴ δή μοι θρασὺν Ἕκτορα δῖος Ἀχιλλεὺς   455

μοῦνον ἀποτμήξας πόλιος πεδίονδε δίηται,   456

καὶ δή μιν καταπαύσῃ ἀγηνορίης ἀλεγεινῆς,   457

ἥ μιν ἔχεσκ', ἐπεὶ οὔ ποτ' ἐνὶ πληθυῖ μένεν ἀνδρῶν,   458

ἀλλὰ πολὺ προθέεσκε, τὸ ὃν μένος οὐδενὶ εἴκων.'   459 ▴

    ὣς φαμένη μεγάροιο διέσσυτο μαινάδι ἴση,   460

παλλομένη κραδίην· ἅμα δ' ἀμφίπολοι κίον αὐτῇ.   461

αὐτὰρ ἐπεὶ πύργόν τε καὶ ἀνδρῶν ἷξεν ὅμιλον,   462

ἔστη παπτήνασ' ἐπὶ τείχεϊ, τὸν δὲ νόησεν   463

ἑλκόμενον πρόσθεν πόλιος· ταχέες δέ μιν ἵπποι   464

ἕλκον ἀκηδέστως κοίλας ἐπὶ νῆας Ἀχαιῶν.   465

τὴν δὲ κατ' ὀφθαλμῶν ἐρεβεννὴ νὺξ ἐκάλυψεν,   466

ἤριπε δ' ἐξοπίσω, ἀπὸ δὲ ψυχὴν ἐκάπυσσε.   467

τῆλε δ' ἀπὸ κρατὸς βάλε δέσματα σιγαλόεντα,   468

ἄμπυκα κεκρύφαλόν τε ἰδὲ πλεκτὴν ἀναδέσμην   469

κρήδεμνόν θ', ὅ ῥά οἱ δῶκε χρυσῆ Ἀφροδίτη   470

ἤματι τῷ ὅτε μιν κορυθαίολος ἠγάγεθ' Ἕκτωρ   471

ἐκ δόμου Ἠετίωνος, ἐπεὶ πόρε μυρία ἕδνα.   472

ἀμφὶ δέ μιν γαλόῳ τε καὶ εἰνατέρες ἅλις ἔσταν,   473

αἵ ἑ μετὰ σφίσιν εἶχον ἀτυζομένην ἀπολέσθαι.   474 ▸

ἡ δ' ἐπεὶ οὖν ἔμπνυτο καὶ ἐς φρένα θυμὸς ἀγέρθη   475

ἀμβλήδην γοόωσα μετὰ Τρῳῆσιν ἔειπεν·   476

' Ἕκτορ, ἐγὼ δύστηνος· ἰῇ ἄρα γεινόμεθ' αἴσῃ   477

ἀμφότεροι, σὺ μὲν ἐν Τροίῃ Πριάμου κατὰ δῶμα,   478

αὐτὰρ ἐγὼ Θήβῃσιν ὑπὸ Πλάκῳ ὑληέσσῃ   479

ἐν δόμῳ Ἠετίωνος, ὅ μ' ἔτρεφε τυτθὸν ἐοῦσαν   480

δύσμορος αἰνόμορον· ὡς μὴ ὤφελλε τεκέσθαι. 481

νῦν δὲ σὺ μὲν Ἀίδαο δόμους ὑπὸ κεύθεσι γαίης 482

ἔρχεαι, αὐτὰρ ἐμὲ στυγερῷ ἐνὶ πένθεϊ λείπεις 483

χήρην ἐν μεγάροισι· πάϊς δ᾽ ἔτι νήπιος αὔτως, 484

ὃν τέκομεν σύ τ᾽ ἐγώ τε δυσάμμοροι· οὔτε σὺ τούτῳ 485

ἔσσεαι, Ἕκτορ, ὄνειαρ, ἐπεὶ θάνες, οὔτε σοὶ οὗτος. 486

ἤν περ γὰρ πόλεμόν γε φύγῃ πολύδακρυν Ἀχαιῶν, 487

αἰεί τοι τούτῳ γε πόνος καὶ κήδε᾽ ὀπίσσω 488

ἔσσοντ᾽· ἄλλοι γάρ οἱ ἀπουρίσσουσιν ἀρούρας. 489

ἦμαρ δ᾽ ὀρφανικὸν παναφήλικα παῖδα τίθησι· 490

πάντα δ᾽ ὑπεμνήμυκε, δεδάκρυνται δὲ παρειαί, 491

δευόμενος δέ τ᾽ ἄνεισι πάϊς ἐς πατρὸς ἑταίρους, 492

ἄλλον μὲν χλαίνης ἐρύων, ἄλλον δὲ χιτῶνος· 493

τῶν δ᾽ ἐλεησάντων κοτύλην τις τυτθὸν ἐπέσχε· 494

χείλεα μέν τ᾽ ἐδίην᾽, ὑπερῴην δ᾽ οὐκ ἐδίηνε. 495

τὸν δὲ καὶ ἀμφιθαλὴς ἐκ δαιτύος ἐστυφέλιξε 496

χερσὶν πεπλήγως καὶ ὀνειδείοισιν ἐνίσσων· 497

'ἔρρ᾽ οὕτως· οὐ σός γε πατὴρ μεταδαίνυται ἡμῖν.' 498

δακρυόεις δέ τ᾽ ἄνεισι πάϊς ἐς μητέρα χήρην, 499

Ἀστυάναξ, ὃς πρὶν μὲν ἑοῦ ἐπὶ γούνασι πατρὸς 500

μυελὸν οἶον ἔδεσκε καὶ οἰῶν πίονα δημόν· 501

αὐτὰρ ὅθ᾽ ὕπνος ἕλοι, παύσαιτό τε νηπιαχεύων, 502

εὕδεσκ᾽ ἐν λέκτροισιν, ἐν ἀγκαλίδεσσι τιθήνης, 503

εὐνῇ ἔνι μαλακῇ, θαλέων ἐμπλησάμενος κῆρ· 504

νῦν δ᾽ ἂν πολλὰ πάθῃσι, φίλου ἀπὸ πατρὸς ἁμαρτών, 505

Ἀστυάναξ, ὃν Τρῶες ἐπίκλησιν καλέουσιν· 506

οἶος γάρ σφιν ἔρυσο πύλας καὶ τείχεα μακρά. 507

νῦν δὲ σὲ μὲν παρὰ νηυσὶ κορωνίσι νόσφι τοκήων 508

αἰόλαι εὐλαὶ ἔδονται, ἐπεί κε κύνες κορέσωνται 509

γυμνόν· ἀτάρ τοι εἵματ᾽ ἐνὶ μεγάροισι κέονται 510

λεπτά τε καὶ χαρίεντα, τετυγμένα χερσὶ γυναικῶν.   511

ἀλλ᾽ ἤτοι τάδε πάντα καταφλέξω πυρὶ κηλέῳ,   512

οὐδὲν σοί γ᾽ ὄφελος, ἐπεὶ οὐκ ἐγκείσεαι αὐτοῖς,   513

ἀλλὰ πρὸς Τρώων καὶ Τρωϊάδων κλέος εἶναι.᾽   514

   ὣς ἔφατο κλαίουσ᾽, ἐπὶ δὲ στενάχοντο γυναῖκες.   515

Glossary

λύω, λύσω, ἔλυσα, λέλυκα, λέλυμαι, ἐλύθην: loosen, ransom

	PRESENT		FUTURE		
	Active	Middle/Pass.	Active	Middle	Passive
Primary Indiative	λύω λύεις λύει λύομεν λύετε λύουσι(ν)	λύομαι λύε(σ)αι λύεται λυόμεθα λύεσθε λύονται	λύσω λύσεις λύσει λύσομεν λύσετε λύσουσι(ν)	λύσομαι λύσε(σ)αι λύσεται λυσόμεθα λύσεσθε λύσονται	λυθήσομαι λυθήσε(σ)αι λυθήσεται λυθησόμεθα λυθήσεσθε λυθήσονται
Secondary Indicative	ἔλυον ἔλυες ἔλυε(ν) ἐλύομεν ἐλύετε ἔλυον	ἐλυόμην ἐλύε(σ)ο ἐλύετο ἐλυόμεθα ἐλύεσθε ἐλύοντο			
Subjunctive	λύω λύῃς λύῃ λύωμεν λύητε λύωσι(ν)	λύωμαι λύῃ λύηται λυώμεθα λύησθε λύωνται			
Optative	λύοιμι λύοις λύοι λύοιμεν λύοιτε λύοιεν	λυοίμην λύοιο λύοιτο λυοίμεθα λύοισθε λύοιντο	λύσοιμι λύσοις λύσοι λύσοιμεν λύσοιτε λύσοιεν	λυσοίμην λύσοιο λύσοιτο λυσοίμεθα λύσοισθε λύσοιντο	λυθησοίμην λυθήσοιο λυθήσοιτο λυθησοίμεθα λυθήσοισθε λυθήσοιντο
Imp	λῦε λύετε	λύε(σ)ο λύεσθε			
Pple	λύων, λύουσα, λύον	λυόμενος, λυομένη, λυόμενον	λύσων, λύσουσα, λύσον	λυσόμενος, λυσομένη, λυσόμενον	λυθησόμενος, λυθησομένη, λυθησόμενον
Inf.	λύειν	λύεσθαι	λύσειν	λύσεσθαι	λυθήσεσθαι

2nd sg. mid/pass -σ is often dropped except in pf. and plpf. tenses: ε(σ)αι → ῃ,ει   ε(σ)ο → ου

AORIST			PERFECT		
Active	Middle	Passive	Middle	Passive	
			λέλυκα λέλυκας λέλυκε λελύκαμεν λελύκατε λελύκασι(ν)	λέλυμαι λέλυσαι λέλυται λελύμεθα λέλυσθε λελύνται	**Primary Indiative**
ἔλυσα ἔλυσας ἔλυε(ν) ἐλύσαμεν ἐλύσατε ἔλυσαν	ἐλυσάμην ἐλύσα(σ)ο ἐλύσατο ἐλυσάμεθα ἐλύσασθε ἐλύσαντο	ἐλύθην ἐλύθης ἐλύθη ἐλύθημεν ἐλύθητε ἐλύθησαν	ἐλελύκη ἐλελύκης ἐλελύκει ἐλελύκεμεν ἐλελύκετε ἐλελύκεσαν	ἐλελύμην ἐλέλυσο ἐλέλυτο ἐλελύμεθα ἐλέλυσθε ἐλέλυντο	**Secondary Indiative**
λύσω λύσῃς λύσῃ λύσωμεν λύσητε λύσωσι(ν)	λυσώμαι λύσῃ λύσηται λυσώμεθα λύσησθε λύσωνται	λυθῶ λυθῇς λυθῇ λυθῶμεν λυθῆτε λυθῶσι(ν)	λελύκω λελύκῃς λελύκῃ λελύκωμεν λελύκητε λελύκωσι(ν)	λελυμένος ὦ ——— ᾖς ——— ᾖ ——— ὦμεν ——— ἦτε ——— ὦσιν	**Subjunctive**
λύσαιμι λύσαις λύσαι λύσαιμεν λύσαιτε λύσαιεν	λυσαίμην λύσαιο λύσαιτο λυσαίμεθα λύσαισθε λύσαιντο	λυθείην λυθείης λυθείη λυθεῖμεν λυθεῖτε λυθεῖεν	λελύκοιμι λελύκοις λελύκοι λελύκοιμεν λελύκοιτε λελύκοιεν	λελυμένος εἴην ——— εἴης ——— εἴη ——— εἴημεν ——— εἴητε ——— εἴησαν	**Optative**
λῦσον λύσατε	λῦσαι λύσασθε	λύθητι λύθητε		λέλυσο λέλυσθε	**Imp**
λῦσᾶς, λύσᾶσα, λῦσαν	λυσάμενος, λυσαμένη, λυσάμενον	λύθείς, λυθεῖσα, λυθέν	λελυκώς, λελυκυῖα λελυκός	λελυμένος, λελυμένη λελυμένον	**Pple**
λῦσαι	λύσασθαι	λυθῆναι	λελυκέναι	λελύσθαι	**Inf.**

Adapted from a handout by Dr. Helma Dik (http://classics.uchicago.edu/faculty/dik/niftygreek)

ἵημι, ἥσω, ἧκα, εἷκα, εἷμαι, εἵθην: send, release, let go[8 times]

	Present		Imperfect		Aorist	
Active	ἵημι	ἵεμεν	ἵην	ἵεμεν	ἧκα	εἷμεν
	ἵης	ἵετε	ἵεις	ἵετε	ἧκας	εἷτε
	ἵησιν	ἱᾶσι	ἵει[86, 89]	ἵεσαν	ἧκεν[26,80]	εἷσαν
Imp	ἵει	ἵετε			ἕς	ἕτε
Pple	ἱείς, ἱεῖσα, ἱέν				εἵς, εἷσα, ἕν[33, 53]	
	ἱέντος, ἱείσης, ἱέντος				ἕντος, εἵσης, ἕντος	
Inf.	ἱέναι, epic ἱέμεναι[75]				εἷναι	
Middle	ἵεμαι	ἱέμεθα	ἱέμην	ἱέμεθα	εἵμην	εἵμεθα
	ἵεσαι	ἵεσθε	ἵεσο	ἵεσθε	εἷσο	εἷσθε
	ἵεται	ἵενται	ἵετο	ἵεντο	εἷτο	εἷντο
Imp	ἵεσο	ἵεσθε			οὗ	ἕσθε
Pple	ἱέμενος, η, ον[62]				ἕμενος, η, ον	
Inf.	ἵεσθαι				ἕσθαι	

ἵστημι, στήσω[89], ἔστην, ἔστηκα, ἔσταμαι, ἐστάθην: stand (still), stop[25 times]

	Present		1st Aorist (transitive)		Aorist (intransitive)	
Active	ἵστημι	ἵσταμεν	ἔστησα	ἐστήσαμεν	ἔστην	ἔστημεν
	ἵστης	ἵστατε	ἔστησας	ἐστήσατε	ἔστης	ἔστητε
	ἵστησιν	ἱστᾶσιν	ἔστησε	ἔστησαν	ἔστη[7 times]	ἔστ(ησα)αν[11 102]
Imp	ἵστη	ἵστατε	στῆσον[44]	στήσατε	στῆθι[77]	στῆτε[8]
Pple	ἱστάς, ἱστᾶσα, ἱστάν		στήσας, ᾶσα, άν		στάς, στᾶσα, στάν[75 92]	
	ἱστάντος, ἱστᾶσα, ἱστάντος				στάντος στάσης στάντος	
Inf.	ἱστάναι		στῆσαι[99]		στῆναι, στήμεναι[80]	
Middle	ἵσταμαι ἱστάμεθα				ἐστησάμην ἐστησάμεθα	
	ἵστασαι ἵστασθε				ἐστήσω ἐστήσασθε	
	ἵσταται[86] ἵστανται				ἐστήσατο ἐστήσαντο	
Imp	ἵστασο[63] ἵστασθε				στῆσαι	στήσασθε
Pple	ἱστάμενος, η, ον[76 77]				στησάμενος, η, ον	
Inf.	ἵστασθαι				στήσασθαι[53]	

impf. act. ἵστην, ἵστης, ἵστη...and mid. ἱστάμην, ἵστασο, ἵστατο[41]...

plpf. εἱστήκη[38 58] "I had stood" = "I was standing"

pres. subj. στέομεν[78]

δίδωμι, δώσω[6 66 80], ἔδωκα, δέδωκα, δέδομαι, ἐδόθην: give

	Present	Imperfect	Aorist
Active	δίδωμι δίδομεν δίδως δίδοτε δίδωσιν διδόᾱσιν	ἐδίδουν ἐδίδομεν ἐδίδους ἐδίδοτε ἐδίδου[20,22 82]ἐδίδοσαν	ἔδωκα ἔδομεν ἔδωκας ἔδοτε ἔδωκεν[4 times]ἔδοσαν
Imp	δίδου δίδοτε		δός[31] δότε[48]
Pple	διδούς, διδοῦσα, διδόν διδόντος, -ούσης, -όντος		δούς, δοῦσα, δόν δόντος, δούσης, δόντος
Inf.	διδόναι		δοῦναι, δόμεναι[89]
Middle	δίδομαι διδόμεθα δίδοσαι δίδοσθε δίδοται δίδονται	ἐδιδόμην ἐδιδόμεθα ἐδίδοσο ἐδίδοσθε ἐδίδοτο ἐδίδοντο	ἐδόμην ἐδόμεθα ἔδου ἔδοσθε ἔδοτο ἔδοντο
Imp	δίδου δίδοσθε		δοῦ δόσθε
Pple	διδόμενος, η, ον		δόμενος, η, ον
Inf.	δίδοσθαι		δόσθαι

Aor. subjunctive δῶῃ[53,80] Aor. mid. subj. ἐπιδώμεθα[80]

τίθημι, θήσω[64], ἔθηκα, τέθηκα, τέθειμαι, ἐτέθην: put, place; make

	Present	Imperfect	Aorist
Active	τίθημι τίθεμεν τίθης τίθετε τίθησιν[103] τιθέᾱσιν	ἐτίθην ἐτίθεμεν ἐτίθεις ἐτίθετε ἐτίθει[75] ἐτίθεσαν	ἔθηκα ἔθεμεν ἔθηκας ἔθετε ἔθηκεν[10 times]ἔθεσαν
Imp	τίθει τίθετε		θές[28] θέτε
Pple	τιθείς, τιθεῖσα, τιθέν τιθέντος, -είσης, -έντος		θείς, θεῖσα, θέν θέντος, θεῖσα, θέντος
Inf.	τιθέναι		θεῖναι[9, 10]
Middle	τίθεμαι τιθέμεθα τίθεσαι τίθεσθε τίθεται τίθενται	ἐτιθέμην ἐτιθέμεθα ἐτίθεσο ἐτίθεσθε ἐτίθετο ἐτίθεντο	ἐθέμην ἐθέμεθα ἔθου ἔθεσθε ἔθετο ἔθεντο
Imp	τίθεσο τίθεσθε		θοῦ[33,34] θέσθε
Pple	τιθέμενος, η, ον		θέμενος, η, ον[90]
Inf.	τίθεσθαι		θέσθαι

Aor. subjunctive θῇς[44] Aor. subj. καταθείομαι[66]

Alphabatized List of Core Vocabulary
In Homer's *Iliad* 6 and 22

The following alphabetized list is a running list of words that occur five or more times in *Iliad* 6 and 22. In addition to the core vocabulary (10 or more) in the introduction, the list below includes all words occurring between 5 and 9 times. A running list of these same words is available on the website as a separate file. The number of occurrences, indicated at the end of the dictionary entry, were tabulated by the author.

Digital flashcards are available on the website in PowerPoint (unicode Greek) and .jpg formats.

ἀγαθός, -ή, -όν: good, brave, noble, 6
ἄγω: to lead, bring, carry, convey, 18
ἀ-θάνατος, -ον: undying, immortal, 5
Ἀθήνη (Ἀθηναίη) ἡ: Athena, 24
αἴ: if, whether, 11
αἰδέομαι: be or feel ashamed of; respect, 5
Ἄϊδης, ὁ: Hades, 12
αἰεί, αἰέν: always, forever, in every case, 5
αἰνός, -ή, -όν: terrible, dire, dread, grim, 8
αἱρέω: to seize, take; *mid.* choose (aor. ἑλ) 12
αἴρω (ἀείρω): to take away, raise, lift up, 6
αἶσα, ἡ: fate, lot, portion, destiny, 6
ἀκούω: to hear, listen to, 6
ἄκρη, ἡ: summit, mountain-top, 7
ἄλγος, τό: pain, distress, grief, 5
Ἀλέξανδρος, ὁ: Alexander (Paris), 6
ἀλέομαι: to escape, avoid, flee from, 5
ἀλλά: but, yet, 68
ἀλλήλων, -λοις, -λους: one another, 11
ἄλλος, -η, -ο: other, one...another, 29
ἄλοχος, ἡ: wife, spouse, 17
ἅμα: at the same time; along with (+ dat.), 9
ἀμύμων, -ονος: blameless, noble, 9
ἀμφί-πολος, ἡ: handmaid, attendant, 12
ἀμφί: on both sides, round, 14
ἄν: modal adv., (else κε) 14
ἀνά: up, upon (+ dat.); up to, on to (+ acc.), 6
ἀν-έρχομαι: to approach, come back, 5
ἄνευ-θε: without, free from; *adv.* far away, 5
ἀνήρ, ἀνδρός, ὁ: a man, 39
ἄνθρωπος, ὁ: human being, 6
ἀν-ίημι: to release, send up, give up, 6
ἄνωγα: to command, order, bid, 7
ἅπας, ἅπασα, ἅπαν: every, quite all, 6
ἀπό: from, away from. (+ gen.), 18
Ἀπόλλων, ὁ: Apollo, 5

ἄρα: then, therefore, it seems, it turns out, 68
Ἀργεῖος, -η, -ον: Argive, 6
ἄριστος, -η, -ον: best, most excellent, 9
ἀστήρ, ἀστρός, ὁ: star, 8
ἄστυ, τὸ: a city, town, 19
αὖ: again, in turn; further, moreover, 6
αὖ-θι: on the spot, here, here, there, 6
αὐτάρ, ἀτάρ: but, yet, 23
αὖτε: again, this time, in turn, 16
αὐτός, -ή, -ό: -self; he, she, it; the same, 41
Ἀχαιός, ὁ: Achaian, 30
Ἀχιλλεύς, ὁ: Achilles, 32

βαίνω: to walk, step, go, 17
βάλλω: to throw, shoot, hit, strike, 8
Βελλεροφότης, ὁ: Bellerophon, 7
βοή, ἡ: shout, 34
βοῦς, ὁ, ἡ: cow, ox, bull; cattle, oxen, 6

γαῖα, ἡ: earth, ground, land, country, 8
γάρ: for, since, 47
γε: at least, at any rate; indeed, 46
γενεή, ἡ: race, family, lineage, 6
γέρων, -οντος, ὁ: elder, old man, 8
γίγνομαι: to become, come to be, be born, 15
γιγνώσκω: to learn, note, realize, know, 6
γλαυκ-ῶπις, -ιδος: bright-eyed, grey-eyed, 5
γοάω: to wail, groan, weep, 5
γόνυ, γουνός, τό: the knee, 14
γυνή, γυναικός, ἡ: a woman, wife, 13

δάκρυον, τό: tear (neuter δάκρυ) 5
δαμάζω: to overcome, subdue, tame, 12
δέ: but, and, on the other hand, 405
δεινός, -ή, -όν: fearful, terrible, strange 5
δέχομαι: to accept, receive; wait for, expect 5
δή: indeed, surely, really, certainly, just, 35
διά: through (gen.) on account of (acc.), 8
δίδωμι: to give, offer, grant, provide, 17
Διομήδης, -εος, ὁ: Diomedes, 5
δῖος, -α, -ον: god-like, divine, wondrous, 24
διώκω: to pursue, follow; prosecute, 8
δόμος, ὁ: house, abode, 10
δόρυ, δουρός, τό: spear, tree, stem, 10
δύναμαι: to be able, can, be capable, 6
δύω: come, go; go into, put on (garments) 9
δῶμα, -ατος, τό: house, 6

ἕ: him, her, it (acc. reflex; gen. οὗ, dat. οἷ) 10

ἔγχος, -εός, τό: spear, lance, 17
ἐγώ: I, 99
ἐθέλω: to be willing, wish, desire, 10
εἰ: if, whether, 27
εἶδον: saw; *pass*. appear (aor. ὁράω) 20
εἰμί: to be, exist, 88
εἶπον: *aor*., said, spoke, 20
εἰς: into, to, in regard to (+ acc.), 22
ἐκ: out of, from (+ gen.), 32
Ἕκτωρ, -ορος, ὁ: Hector, 76
ἐλαύνω: to drive; drive off; set in motion, 5
ἐλεέω: to pity, have compassion for, 9
Ἑλένη, ἡ: Helen, 6
ἕλκω: to drag, drag away, 7
ἐμός, -ή, -όν: my, mine, 19
ἐν: in, on, among. (+ dat.), 79
ἕνεκα (εἵνεκα): for the sake of, because of, 8
ἔνθα: there, thither; then, at that time, 17
ἐξ-εν-αρίζω: to strip from armor, 6
ἑός, -ή, -όν (ὅς, ἥ, ὅν): his, her, its own 13
ἐπεί: when, after, since, because, 34
ἔπειτα: then, next, secondly, 14
ἐπί: to, toward (acc.), near, at (dat., gen.), 42
ἔπος, -εος, τό: a word, 12
ἔργον, τό: work, labor, deed, act, 8
ἐρύω: to drag, haul, pull, draw, 7
ἔρχομαι: to come, go, 23
ἐσθλός, -ή, -όν: good, well-born, noble, 7
ἑταῖρος, ὁ: comrade, companion, 5
ἔτι: still, besides, further, 18
εὖ: well, 7
εὐρύς, -εῖα, -ύ: wide, broad, spacious, 6
εὔχομαι: boast, vaunt, exult; pray to (dat) 6
ἔχω: to have, hold; be able; be disposed, 20

Ζεύς, ὁ: Zeus, 11
Ζεύς, ὁ: Zeus, 17
ζωός, ή, όν: alive, living, 5

ἤ: in truth, truly (begins open question) 83
ἤ: or (either...or); than, 19
ἠδέ: and, 16
ἠέ: or, either...or, 7
Ἠετίων, -ωνος, ὁ: Eetion, 5
ἦμαρ, -ατος, τό: day, 11
ἠμί: to speak, say, 6
ἥρως, ὁ: hero, warrior, 5
ἤτοι: now surely, truly, 4

θάλαμος, ὁ: room, chamber, sleeping room 7
θάνατος, ὁ: death, 8
θεά, ἡ: goddess, 5
θείνω: to slay; strike, wound (aor. ἔπεφνα) 5
θεός, ὁ, ἡ: god, goddess, 39
θέω: to run, rush, 5
θνῄσκω: to die, be dying, perish, 12
θυγάτηρ, ἡ: a daughter, 7
θυμός, ὁ: heart, soul, mind, spirit, 33

ἱκάνω: to approach, come, arrive, reach, 8
ἱκνέομαι: to go, come, approach, arrive, 5
Ἴλιος, ἡ: Ilium, Troy, 14
ἵππος, ὁ: horse, 8
ἵστημι: to make stand, stand, 21

καί: and; even, also, 198
κακός, -ή, -όν: bad, base, ignoble, 16
καλέω: to call, summon, invite, 6
καλός, -ή, -όν: beautiful, fair, noble, fine, 14
καλύπτω: to conceal, cover, 5
κάρη, -ητος τό: head, 6
κασί-γνητος, ὁ: a brother, 5
κατα-κτείνω: to kill, slay, 7
κατά: down (acc., gen.); throughout, over (acc) 33
κε, κεν: modal adv., (Att. ἄν) 54
κεῖμαι: to lie down, be laid, 9
κελεύω: to bid, order, command, exhort, 5
κιχάνω: to reach, come upon, find, 6
κλαίω: to weep, lament, wail, 6
κόλπος, ὁ: bosom, lap; hollow, 5
κονίη, ἡ: dust, a cloud of dust, 4
κορυθ-αίολος, -η, -ο: with glancing helm, 12
κόρυς, κόρυθος ἡ: helmet, 5
κρατερός, -ή, -όν: strong, stout, mighty, 5
κτείνω: to kill, slay, 12
κῦδος, -εος, ὁ: glory, majesty, 6
κύων, κυνός, ὁ: a dog, 15

λαμβάνω: to take, receive, catch, grasp, 5
λανθάνω: to escape notice of, forget (gen) 5
λαός, ὁ: people, 14
λείπω: to leave, forsake, abandon, 7
λίσσομαι: to beg, pray, entreat, supplicate, 6
Λυκίη: Lycia, 7

μακρός, ά, όν: long, far, distant, large, 5
μάλα: very, very much, exceedingly, 17

μάλιστα: most of all; certainly, especially, 7
μάχη, ἡ: battle, fight, combat, 6
μάχομαι: to fight, contend, 13
μέγαρον, τό: hall, chief-room, large room, 13
μέγας, μεγάλη, μέγα: big, great, important, 35
μέμαα: to strive, yearn, be eager, 8
μέν: on the one hand, 58
μένος, τό: might, force, prowess, 15
μένω: to stay, wait for, await, 14
μέσ(σ)ος, -η, -ον: the middle of, 5
μετά: with (+ gen.); after (+ acc.), 11
μή: not, lest, 29
μήτηρ, ἡ: a mother, 19
μιμνήσκω: to remind, recall, recollect (gen) 5
μίμνω: to stay, remain, abide; await, 5
μιν: him, her, it, 36
μυθέομαι: to say, speak of, mention, 5

ναίω: to inhabit, dwell,, live, abide, 5
ναῦς, ἡ: ship, 15
νηός, τό: temple, 7
νήπιος, -η, -ον: young; childish, foolish, 9
νοέω: to notice, perceive; think, suppose, 6
νῦν: now; as it is, 40
νύξ, -κτος, ἡ: night, 5

ὁ, ἡ, τό: this, that; he, she, it, 850?
ὅδε, ἥδε, τόδε: this, this here, 17
οἶδα: to know, 10
οἶκος, ὁ: a house, abode, dwelling, 6
οἶος, -η, -ον: alone, lone, only, 6
ὄλλυμι: to destroy, lose, consume, kill, 7
ὀξύς, -εῖα, -ύ: sharp, piercing; keen, 7
ὀπίσ(σ)ω: backwards; in the future, later, 6
ὅς, ἥ, ὅ: who, which, that, 205?
ὅσος, -η, -ον: as much as, many as; all who, 6
ὅτε: when, at some time, 20
ὅτι (ὅττι): that; because, 6
οὐ, οὐκ, οὐχ: not, 56
οὐδέ: and not, but not, nor, not even, 45
οὔ-τε: and not, neither...nor, 12
οὗτος, αὕτη, τοῦτο: this, these, 13
ὄφρα: till, until; in order that, so that, 18

παῖς, παιδός, ὁ, ἡ: child, boy, girl; slave, 26
πάλλω: to shake, brandish; quiver, 5
παρά: from, at, to the side of, 12
πάρος: before, formerly, in former time 6

πᾶς, πᾶσα, πᾶν: every, all, the whole, 31
πατήρ, ὁ: a father, 25
πεδίον, τό: a plain, 11
πείθω: to persuade, win over; *mid.* obey, 16
πέλομαι: to be, become, 8
πέρ: very, even, indeed, just, 19
περί: around, about, concerning (gen, dat, acc), 15
πῇ: in what way?; πῃ in any way, 4
Πηλείων, -ωνος, ὁ: son of Peleus, 5
πίπτω: to fall, fall down, drop, 5
πόλεμος, ὁ: battle, fight, war, 10
πόλις, ἡ: a city, 19
πολύς, πολλά, πολύ: much, many, 35
πόνος, ὁ: work, labor, toil, 5
πόρω: to give, furnish, offer, supply, 5
ποτέ: ever, at some time, once, 12
πότνια, ἡ: mistress, queen, 8
ποῦ: where?; που: somewhere, I suppose, 9
πούς, ποδός, ὁ: a foot (dat. pl. ποσίν) 15
Πρίαμος, ὁ: Priam, 18
πρίν: until, before, 8
Προῖτος, ὁ: Proetus, 5
πρός: to, towards (+ acc.), near (+ dat.), 16
προσ-αυδάω: to speak, address, accost, 11
προσ-εῖπον: spoke to, addressed, 10
πρόσ-θεν: before, in front, 5
πρόσ-φημι: to speak to, address, 8
πρῶτος, -η, -ον: first, earliest; foremost, 11
πτόλις, -ιος, ἡ: a city, 5
πύλαι, αἱ: gates, 13
πῦρ, πυρός, τό: fire, 9
πύργος, ὁ: wall, rampart, tower, 7
πῶς: how?; πως: somehow, in any way, 5

σάκος, τό: a shield, 5
σεύω: to set in motion, drive; hasten, 5
σῆμα, -ατος τό: sign, mark; grave-mound, 5
Σκαιαί, αἱ: Scaean (gates), 5
σός, -ή, -όν: your, yours, 12
στῆθος, τό: chest, breast, 5
σύ: you, 38
σύν: along with, with, together (+ dat.), 6
σφεῖς: they, 6

τάχα: soon, presently; quickly, forthwith, 6
ταχύς, εῖα, ύ: quick, swift, hastily, 6
τε: and, both, 145
τεῖχος, -εος, τό: a wall, 16

τέκνον, τό: a child, 9
τέκος, -εος, τό: a child, 5
τεῦχος, -εος, τό: armor, arms; tool, 11
τεύχω: to make, build, construct, prepare, 7
τίθημι: to make; set, put, place, arrange, 16
τίκτω: beget, conceive, bear, bring forth, 16
τίς, τί: who? which?; τις, τι, anyone, -thing, 55
τοι: to you (σοι); you know, to be sure, 29
τόσος, -η, -ον: so much, so many, so great, 5
τότε: at that time, then, τοτέ, at some time, 8
Τροίη, ἡ: Troy, 5
Τρώς, Τρωός, ὁ: Trojan, 46
Τυδεύς, -έος, ὁ: Tydeus, 5

υἱός, -οῦ, ὁ: a son, 24
ὑπ-ισχνέομαι: to promise, 5
ὑπό: because of, from (gen.), under (dat.), 17

φαίδιμος -η -ον: glistening, shining, bright 7
φέρω: to bring, carry, bear, 10
φεύγω: to flee, escape; defend in court, 11
φημί: to say, claim, assert; think, 27
φίλος, -η, -ον: dear, friendly; friend, 31
φοβέω: to put to flight, terrify, frighten, 8
φρήν, φρενός, ἡ: mind, wits, understanding, 11
φρονέω: to think, devise, be prudent, 6
φωνέω: to utter, speak, 6

χάλκειος, -εα, -εον: bronze, brazen, copper, 4
χαλκός, ὁ: copper, bronze, 9
χείρ, χειρός, ἡ: hand, 24
χέω: to pour, shed, 5
χρύσεος, -η, -ον: golden, of gold, 5
ψυχή, ἡ: soul, life, breath, life, spirit, 6

ὦ: O! oh! (article introducing vocative) 10
ὧδε: in this way, so, thus, 5
ὠκύς, -εῖα, -ύ: quick, swift, fleet, 7
ὦμος, ὁ: shoulder, 7
ὡς: as, thus, so, that; when, since, 85